本书为浙江省教育科学规划立项课题"华人生命教育的发展与反思：海峡两岸生命教育范式及策略比较研究"（课题编号2016SCG202）成果

生命教育十五讲

——儒学生命教育取向

何仁富　汪丽华　著

中国广播影视出版社

内容简介

　　人生命的全过程皆是由一次次的生命活动组成的，而一次次生命活动的质量又决定着人生命全过程的质量，生命教育就是让人的生命质量得以提升的一种教育形式。而在生命教育的发展中，从原来那种抽象的学理与教育实践转向基于中华人文传统的具体学理与教育实践已经成为一种必然趋势。

　　《生命教育十五讲》即以"儒学生命教育"的视角出发，从生命的"生"与"死"的两端找到中间"活"的答案，探讨存在于生命中的"生活"的真义，让国人能够通过生命管理，真正成为"我自己"，最终实现"我之为我"的生命价值。因此，本书也可视为是我们生命教育研究与教学实践中的一部转向性著作，有着极大的参考价值。

| 目　录 |

第一讲　生命教育的前世今生

第一节　走向生命成熟的生命教育 ……………………………………　2

第二节　化解生命困顿的生命教育 ……………………………………　5

第三节　爱与身心灵全人生命教育 ……………………………………　10

第二讲　生命起源与生命诞生

第一节　人类生命起源的神圣性 ………………………………………　17

第二节　个体生命诞生的庄严性 ………………………………………　22

第三节　生命存在的神圣与尊严 ………………………………………　28

第三讲　生命成长与生命任务

第一节　生命成长的生命意蕴 …………………………………………　33

第二节　生命成长的三次断奶 …………………………………………　37

第三节　生命成长的八个阶段 …………………………………………　41

第四讲 生命困顿与危机应对

第一节 生命困顿与生命意识的缺失 …………………………… 49

第二节 自杀危机与生命信念的失落 …………………………… 53

第三节 危机干预与生命存在的守护 …………………………… 58

第五讲 生命超越与生命境界

第一节 生命连接与生命的重建 ………………………………… 65

第二节 向善改过与自我的超越 ………………………………… 69

第三节 生命成长中的境界提升 ………………………………… 75

第六讲 死亡处境与死亡难题

第一节 死亡处境与死亡恐惧 …………………………………… 82

第二节 死亡品质与死亡态度 …………………………………… 86

第三节 不得好死与死亡难题 …………………………………… 89

第七讲 死亡权利与死亡准备

第一节 死亡权利的生命内涵 …………………………………… 95

第二节 濒死状态与死亡准备 …………………………………… 99

第三节 临终关怀与安宁疗护 …………………………………… 106

第八讲 生命传承与生死态度

第一节 丧葬祭祀与生命传承 …………………………………… 113

第二节 死亡尊严与向死而生 …………………………………… 118

第三节 生死态度与生命意义 …………………………………… 124

第九讲 现代科技与生死伦理

第一节 现代科技与生育伦理 …………………………………… 129

第二节　现代科技与死亡伦理 …………………………………… 134

第三节　现代科技与生命伦理 …………………………………… 140

第十讲　生命困惑与生死智慧

第一节　现代生活的生命困惑 …………………………………… 145

第二节　古典宗教的生死智慧 …………………………………… 150

第三节　古典哲学的生死智慧 …………………………………… 156

第十一讲　天地之德与夫妇之道

第一节　真善美圣与爱情形上学 ………………………………… 162

第二节　弱水三千与爱情伦理学 ………………………………… 166

第三节　恩爱夫妻与爱情实践学 ………………………………… 171

第十二讲　天伦之乐与父子之道

第一节　父母之爱与家庭亲情 …………………………………… 177

第二节　子女之爱与亲情人伦 …………………………………… 181

第三节　连根养根与孝道人生 …………………………………… 187

第十三讲　人伦之乐与朋友之道

第一节　家庭之爱与社会之爱 …………………………………… 194

第二节　兄友弟恭的生命意味 …………………………………… 198

第三节　诚信益友与友谊之道 …………………………………… 202

第十四讲　人际之礼与待人之道

第一节　陌生人社会中的人性坚守 ……………………………… 209

第二节　现实生活世界的人道落实 ……………………………… 214

第三节　走向全球伦理的仁爱信念 ……………………………… 218

第十五讲　大地伦理与待物之道

第一节　现代环境意识的觉醒 …………………………………… 226

第二节　现代生态伦理的建构 …………………………………… 229

第三节　天人合一的生态智慧 …………………………………… 234

后　记 …………………………………………………………… 241

第一讲　生命教育的前世今生

生命教育作为一个概念，只有一百多年的历史，但是作为一种教育思想或对教育本质的界定，实际上已经有两千多年的历史。

两千五百年以前，古希腊的苏格拉底放弃了原来的石匠工人的工作，开始在雅典传播智慧。而他传播的智慧，恰恰是要让当时雅典的年轻人认识每一个人自己的生命，他有一句非常重要的名言，"未经审查的人生不是真正的人生。"换言之，他的教育目的，就是要每一个人自觉地反省自己的生命，促进自己生命的成长。与苏格拉底大概同时代，中国的孔子也在流离四方的情况下，招了一大批学生，传播他对教育或人类生命的理解。他教学生礼、乐、射、御、书、数六艺，他要人做一个完整的人、全面的人。宋明理学时候的儒家学者强调，读书学习是为了变化气质，是要让我们自己的生命发生根本性的改变，这个改变是向君子、贤人、圣人方向的改变。在西方，文艺复兴以后出现了大学，大学当时所做的教育主要是一种通识教育，培养通才，让每一个人的各个方面都得以真正地展开。不管是苏格拉底还是孔子，不管是宋儒还是西方近代的大学，他们所从事的教育，本质上就是一种让人的"生命"成为真正意义上的"人"的生命，这就是生命教育。所以，教育在本质上来说，原先就是生命的教育或者说生命教育。

随着西方近代社会的发展，尤其是科学技术的迅速发展，导致人类对社会、自然和对人自己的了解，越来越深入，也越来越细化，相应地，人类社会的知识也越分越细，学科也越来越窄。这样一种状况导致了"只见树木不见森林"的知识状况，也导致了教育本身越来越脱离作为一个整体的生命自身的成长。教育被知识充塞，却忘记了生命本身。

当教育忘记了生命以后，生命也不再完全能够受到教育整合的滋润。教育只是成为纯粹的知识的传授、能力的训练、技能的培养，而不是生命的成长。由此，一方面，教育作为一种事业或者产业，获得了迅速的发展，另一方面，人类却越来越感觉到生命自身出了问题。这些问题包括：人自己没办法把握自己的人生，人自己没办法和他人和谐相处，人自己没有办法和自然和谐相处。人类社会产生了一种普遍的生命困顿，出现了很多反生命的行为，这样一种状况，使得现代生命教育得以适应时代需要而被提出来。

第一节　走向生命成熟的生命教育

"生命教育"的概念是美国20世纪60年代针对青少年吸毒、自杀、他杀、性危害等现象高发而提出的。其内涵是倡导认识生命、珍惜生命、尊重生命、爱护生命、享受生命、超越生命，提升生命质量，创造生命价值。美国的杰·唐纳·华特士于1968年在加州创建"阿南达村"学校，开始倡导生命教育的思想，被认为是现代生命教育的开始。

华特士将自己的"生命教育"思想和相关理念总结在《生命教育：与孩子一同迎向人生挑战》[①]一书中。作者在本书中提出了一系列生命教育的教育理念，例如：教育的价值是引导学生充分体悟人生的意义，教导他们

---

① ［美］华特士著，林莺译：《生命教育：与孩子一同迎向人生挑战》，四川大学出版社2006年版。

成为一个成功的"人"；教育是为了引导学生走向成熟（即恰如其分的与自身之外的其他现实发生关系的能力）的境界；教育必须引起学生兴趣，才能使他们有效学习；教育必须注重人性化：教育必须与自然及学生的自身经验结合，等等。就核心观念而言，华特士认为，教育是为了使人获得真正意义上的"成熟"。"成熟"不仅仅是与年龄相关的简单概念，成熟意味着一种特定关系的建立。

人类生命的存在，总是与其他生命个体相互依存的，是与养育人类和其他生命的自然环境相互依存的，是与人类不断创造出的非生命物质相互依存的。就人类个体生命来说，人与人之间总是相互依存的；而作为发展中的个体，处于不断变化中的各个生命阶段也是相互联系的；在某一特定阶段，个体的身体、情感、思维、意志也是相互影响的。总之，人们无时无刻不存在于各种关系之中。人的生命就是一种在关系中的存在。

现实教育往往忽视培养学生建立和谐关系的能力。因此，人们在生活、交往与解决问题的过程中，往往只愿意站在自己的立场上而忽视或者根本不顾他人或者其他存在者的立场。虽然看起来人们能够从不同的角度来看待事物，但实际上往往只是为了证明自身观点的正确，而并不能在事实与人、事实与事实、人与人之间，建立起恰当的联系。这，正是生命不成熟的表现。生命教育的根本责任，就是要培养受教育者建立和谐关系的能力。

人们通过四种基本方式同世界建立联系：身体、情感、意志力和智力。人们能否与世界建立起和谐关系，关键在于能否使身体、情感、意志力和智力发展出成熟的品质，成为个体走向成熟的有效方式。

身体是人类生命的物质基础。通过身体，人类与周围的物质世界直接相连。如果个体不能发展出健康的体魄和对身体的自控能力，身体就可能从协助个体成熟的朋友，变成阻碍个体发展的敌人。

人们总是带着情感回应世间万事的。如果一个人常常处于强烈的恨与爱而焦躁不安，就会感情用事而不能真正地倾听他人。现代教育在相当程度上是忽视甚至贬低情感的意义的，到处充斥着冰冷冷的客观性，充斥着对人类情感的普遍贬低与丑化。思维能力是自然赋予人类探索未知世界的有效方式；而情感，作为另一种方式，当其处于平和的状态时，对于人类的发展而言则更为重要。

持久积极的意志力，能够帮助人们战胜自身的缺点，如贪婪、懒惰、怯懦等，进而实现人生目标。在现实生活中，有很多人经过一两次漫不经心的尝试就丧失了继续往前努力的勇气；有很多人口头上说一说，仅仅纸上谈兵就妄图任务能够自己完成；也有很多人，只是因为遇到了一点小小的波折，就完全放弃努力了。意志力是成熟的关键因素，生命教育必须重视意志力的培养。

智力是人类理解的工具。如果没有清晰的思维力，我们不但对外在的物质世界混混沌沌，更不可能清醒认识自身的人生经历。现代教育虽然重视发展人的思维能力，但却割裂了它与前三者的联系，因此不能得到完全的发展。如果将智力与其他三种成熟的方式割裂开来，它就会像一株营养不良的贫血的植物一样，虽然能长高，但却细瘦、苍白、脆弱而无力。

作为生命成熟的四种工具，身体、情感、意志力与思维能力的发展，始终是联系在一起的，它们彼此相互依存，相互影响。一个人的情绪通常会影响他的姿态。当一个人不高兴时，他通常会目光向下，耷拉着脑袋，或者斜靠在桌子上。但是相对的，身体姿态也能够影响情绪和感情。如果在高兴的时候，将身体前倾，把脑袋耷拉下来，用手抱头，这种姿势马上就会为沮丧打开大门。相反，坐直向前看的姿态，则能促进情绪和意志的发展。如果你抬头挺胸，就很容易确定你是坚强的，你有能力战胜困难。

真正的"成熟"，是身体、情感、意志和思维的平衡发展。任何一个方面的偏废都将打破平衡，这也就意味着，作为一个生命，这个人是不成熟的。拥有强健体魄和超凡身体控制力，但情感、意志力或智力不成熟的人，无异于一个人类野兽，对所有刺激的反应均处于纯粹的本能水平；拥有敏锐而平静的情感，但其他三方面没有成熟的人，极容易迷失于抑郁和其他未名的恐惧之中；而仅拥有坚强意志力的人，身体方面的脆弱会导致性格的残暴，情感控制的缺失使其极易陷入不必要的愤怒与对抗，不成熟的智力会使其缺乏理智的反省而陷入不羁的行为。

人类个体生命从出生到死亡，要经历四个走向"成熟"的周期。每一个周期有不同的"成熟"任务：

从出生到 24 岁左右是第一个成熟周期。这一周期的主要任务，是发展出成熟所需要的四种"成熟工具"，即对应于身体、情感、意志力、智力的：健康，能对身体进行自控；情绪稳定，感情丰富；积极的、持久的意志力；清晰敏锐的思维能力。这一周期的"成熟"是为接下来的人生打下坚实的基础。

从 25 岁到 48 岁接下来的 24 年属于第二个成熟周期。在这一周期内，个体生命主要是利用四种"成熟工具"为获得物质上的成功而忙忙碌碌。

大约从 48 岁开始，个体开始进入第三个成熟周期。在这一周期内，个体不再踯躅于物质上的追求，而是致力于用自己所获得的人生经验教导年轻人。

大约从 72 岁开始，个体进入了最后一个成熟周期。这一时期是冥想与沉思永恒真理的理想时期。在这一周期内，个体不再用自己积累的所谓知识教导年轻人，而开始与他人分享在漫漫人生道路上获得的人生智慧并为迎接死亡做准备。

从最初学习控制肢体，到最终学会面对死亡，人的成熟不是一个机械的、在某个年龄达到某种成熟的过程，而是一个自然连续的，甚至没有终点的过程。

第二节　化解生命困顿的生命教育

现代生命教育的出现，主观上是要引领个体生命走向成熟，客观上则是要化解现实生活中的生命困顿。"生命教育"被提出、被重视，与现代社会生活中普遍的生命困顿密切相关。1979年，澳大利亚悉尼成立了"生命教育中心"，这是西方国家最早使用"生命教育"概念（1ife education）的机构，现在该中心已成为一个正式的国际性机构，是联合国的"非政府组织"（NGO）中的一员。其基本的宗旨便是：防止"药物滥用、暴力与艾滋病"。

华人世界兴起的生命教育，也主要是从社会上尤其是青少年一些反生命的行为，如吸毒、自残、自杀、毫无同情心、生命的无意义感、生活无目的性、无法与他人沟通、与社会格格不入等现象为催发的。在华人社会，最早、最系统开展生命教育的是中国台湾。台湾生命教育的提倡背景与暴力密切相关。所谓"暴力"，包含两方面：一是不尊重与伤害他人生命的暴力；一是青少年的自我伤害或自杀。这两类戕害生命的暴力事件层出不穷，而且年龄层也逐渐下降，这是台湾地区倡议生命教育的主要社会背景。[①]

尽管海内外生命教育在具体议题上有不同的侧重点，但是，面对生命困顿的根本解决之道则是相通的。要让孩子远离毒品，就要给他们一个正向而积极的生命起点；反生命行为的真正制止并不在于防堵、监测、打击犯罪或通报系统的建立，而在于根本的防患未然；防患未然之道在于正面人生观的建立以及家庭社会的互爱互助。依此，真正的生命教育便应该帮助青少年从小开始探索与认识生命的意义、尊重与珍惜生命的价值，热爱并发展每个人独特的生命，并将自己的生命与天地人之间建立美好的共融共在关系。

台湾地区的生命教育从1996年推行，而自2005年起，生命教育已列入高中正式课程的选修课。从2003年起，在高中生命教育类课程中共推出八门选修课程，包括[②]：《生命教育概论》《哲学与人生》《宗教与人生》《生死关怀》《道德思考与抉择》《性爱与婚姻伦理》《生命与科技伦理》

---

① 《生命教育的内涵与哲学基础》，辅仁大学生命教育学术研讨会论文，2000年3月24日。
② 纪洁芳、刘可德等编：《台湾地区中小学生命教育教学资源手册》，彰化师大商业教育学系，2005年3月。

《人格统整与灵性发展》。

生命教育类总教育目标包含三个方面：引领学生进行终极课程与终极实践的省思，以建构深刻的人生观、宗教观与生死观；培养学生道德思考能力，并学习"态度必须公正，立场不必中立"的精神，来反省生命中的重大伦理议题；内化学生的人生观与伦理价值观，以统整其知情意行，提升其生命境界。

《生命教育概论》帮助学生：了解生命教育的意义、目的与内涵；认识哲学与人生的根本议题；探究宗教的本质并反省宗教与个人生命的议题；思考生死课题，并学习临终关怀与悲伤辅导的基本理念；掌握道德的本质，并初步发展道德判断的能力；了解与反省有关性与婚姻的基本伦理议题；学习与探讨生命伦理与科技伦理的基本议题；体认知行合一的重要与困难，进而摸索人格统整与灵性发展的途径。

《哲学与人生》帮助学生：引导学生对哲学范畴的认知与觉察；引导学生认识宇宙的宏观与个体生命的微观；引导学生体会价值观与人生的关系；引导学生实践道理观与人生的关系；引导学生赏析艺术与人生的关系；引导学生省思宗教与人生的关系；引导学生体悟社会与人生的关系；引导学生建立自我追寻与人生意义的探索。

《宗教与人生》帮助学生：认识与理解宗教的意义、本质与内涵；认识与理解世界各大宗教文化及其特质；观察与理解台湾社会与民间本土的宗教传统发展现况；认识与理解宗教在人类历史、文化及社会中所蕴含的深度与广度；认识到宗教信仰与个人生命的内在关联性；深刻地思维并体会出人的"宗教向度"。

《生死关怀》帮助学生：思考死亡和生命的关系与含义；认识死亡概念的内涵与发展；健康看待死亡；省思宗教文化的生死观；了解失落与悲伤的本质与因应；了解自杀与学习防治自杀；探讨丧葬文化之意涵；认识临终关怀的理念与实施；厘清死亡相关议题；从死亡的必然性省思生的意义与价值。

《道德思考与抉择》帮助学生：了解道德思考的重要性；探索道德的本质；掌握善恶是非等道德的特性；认识主要的道德理论；发展道德判断的能力与方法；体认道德实践与人生观、世界观的关系。

《性爱与婚姻伦理》帮助学生：探索与了解性的人学与基本的性伦理观；探索两性关系、友谊与恋爱的伦理议题；探索与了解合乎伦理的性行为与性关系；探讨与婚姻有关的伦理议题。

《生命与科技伦理》帮助学生：了解生命伦理与科技伦理的意涵及重要性；掌握生命与科技伦理领域进行伦理判断的基本原则和方法；认识生命与科技伦理领域之主要议题、正反主张，并能进行初步伦理反省。

《人格统整与灵性发展》帮助学生：探讨不同的人性观点与假说，并进行批判与统合；了解自我与社会的关系，规划人生未来的目标；了解人格的特质及其知行合一的重要性；增进健康情绪的知识、态度与能力；了解品格的内涵，并养成良好的品格；了解灵性发展的内涵及途径，促进心灵的成长。

大陆地区的生命教育开展与推动，同样很大程度上是为了直面和化解生命困顿。已故生命教育专家郑晓江教授对此有非常明确的表达。他认为①，由于当代中国的教育过于关注学生的"知识增长"，而忽视学生"生命成长"的素质教育，导致许多学生出现了"生命的困顿"，表现为陷入了严重的郁闷、无聊、纠结、"活得很累"；严重者则发展到——网瘾、自闭、斗殴、自残；再严重者就沦入到——吸毒、自杀、伤害他人的种种困境之中。

就大学生而言，其生命困顿主要表现在生命价值的缺失与生活意义的迷惘上。从根本上而言，只有科学性知识教育而缺乏人文性生命教育的学生难以寻觅生命的价值和生活的意义。许多学生可以通过学习上的考试获得学位；他们学到了无数的公式，也能解很多复杂的尖端题目，可是却无

---

① 郑晓江：《生命困顿与生命教育——关于在大学教育中引入生命教育的思考》，出自何仁富等主编：《大学生命教育的理论与实践》第216-229页，中国广播电视出版社2012年版。

法知晓生命的价值和意义在哪里。许多大学生生命存在的"生态"是：80后的大学生是"郁闷"，即常常有特别憋屈的感觉，特别闹心，但又感到无可奈何不知如何是好，还没办法发泄，陷入特别茫然、无所适从的一种状态；而到了90后的大学生，则是所谓"纠结"，即常常心情低落、心境烦乱，感觉到样样不顺、心烦意乱，陷入某种无可奈何的境地，似乎五脏都搅到一块的感觉，难于解开或理清的缠结。这种困惑或混乱状态可以用"囧"字来表达，大学生们欲求很多却无法实现，想要的东西没有，不想要的全来到，人生于是陷于混乱之中。

生命价值与生活意义严重流失产生的生命困顿会造成大学生们另一种人生悲剧——大学校园的暴力问题，这主要指大学生对他人之生命毫无尊重意识，轻率地甚至是毫无道理地伤害甚至杀害他人的生命。在当代教育中，许多学生仅仅成为知识灌输的对象，而没被视为一个身心灵都要获得成长的"生命体"，许多学子的道德品质、文化素质、人格人性等都出现了程度不同的问题，有些还相当严重，这就使其生命问题、生存问题和生活问题皆十分严重，少数人甚至走上残害自我及他人生命的道路。仅仅有科学性知识教育会让我们的学生没有了生命的品质，没有了生命的价值和生活的意义感，将产生严重的问题。

要克服生命困顿，必须大力推广"生命教育"，开设有关生命教育的专门课程，并在各门课程中渗透生命教育的意识，以之来增强大学生们的生命意识，尊重生命、珍惜生命、和谐生命，使学生们摆脱生命困顿，获得快乐的生活与幸福成功的人生。

也正是为了克服和应对越来越严重的生命困顿，2010年7月《国家中长期教育改革与发展纲要（2010-2020）》明确提出要"重视生命教育"，要把育人为本作为教育工作的根本要求，把促进学生健康成长作为学校一切工作的出发点和落脚点。《刚要》强调，要教育学生在学会知识技能、学会动手动脑的同时，学会生存生活，学会做人做事，促进学生主动适应社会，促进学生身心健康、体魄强健、意志坚强，培养学生良好的审美情趣和人文素养。

第三节　爱与身心灵全人生命教育

从生命教育的产生和发展来说，促进生命走向成熟和化解生活中的生命困顿，可以说是生命教育成长的两翼。一方面，生命的不成熟会导致诸多生命困顿；另一方面，生命困顿也正是生命不成熟的表现。因此，根本上说，促进生命成熟和化解生命困顿是一体的两面，二者不可偏废，两者的着力点都在于，让个体生命实现身心灵的健康和谐发展。

人的生命作为一种实际存在，既不只是功利主义眼里的身体欲望，也不只是心理主义眼里的心理原子，同时也不只是哲学综合宗教眼里的精神孤岛。现实的人的生命存在实际上是身、心、灵的统一体。身、心、灵是我们生命存在的三个同时呈现的层次或者状态。"身"，即躯体或生理，对应于英文中的 body，是我们可以肉眼直观到的我们的生命存在，可名之为"自然生理生命"；"心"，即内心或心理，对应于英文中的 mind，是我们可以意识体验到的我们的生命存在，可名之为"个性心理生命"；"灵"，即灵性或精神，对应于英文中的 spirit，是我们可以直觉领悟到的我们的生命存在，可以名之为"灵性精神生命"。因为生命存在是这样一个全人的多层面存在，相应地，生命教育也便有身、心、灵不同层次的目标，以实现全人生命的和谐成长。

当我们用"身体"来说我们的生命存在时，并不只是指称生理层面的血肉形躯（肉体），更是表明，它是一个由历史、社会、文化所建构而成的存在。身体既是我们了解和理解自我的起点，又是我们作为个体生命与社会、自然沟通交往的存在支点甚至价值支点。因此，无论是勘察人的生命本质，还是究诘人的现实处境，都不能不将身体作为一个重要的起点和条件。作为生命存在的我们的"身体"，也可以叫作"生理生命""自然生命"或者"自然生理生命",等等,它包括不同方面的"身体性"存在,凡是我们的生命存在中可以用物质形态来标示的东西,都可以涵盖于"身"之中。

心,作为我们的"个性心理生命",既不是完全生理性的也不是完全非生理性的,它与我们的"自然生理生命"即身既相关联又有超越。在通常的意义上,作为我们"个性心理生命"的"心"有三种功能,分别指向不同的时间流程,这就是我们的知、情、意。"知"是对世界、自我以及世界与自我关系的认知和理解,其侧重点在于对已经存在的、过去的资源的知性整理,尽管也有"预知",但是这种"预知"是根据已有的知逻辑推演出来的,而不是直接针对未来的知。"情"是对自己内在身心存在的各个方面以及自己生命与外在他人和世界关系的当下协调,侧重于对当下感受的调整。"意"是对自己生命所面对的未来处境以及自己所将要采取的生命活动的抉择和决心,其侧重在将要发生但还没有发生的事情的一种把握和选择。我们的"心"在现实的生命活动中,往往分别用知、情、意不同的活动方式指向不同的生命存在方面,同时也自我协调。

"灵"是我们生命存在最高最重要的部分,但也是最说不清楚的部分。"灵"作为人的"灵性精神生命"是绝对超越性的,即与"自然生理生命"不具有直接关联。灵是为我们的生命活动界定意义、指引方向的能力。没有"灵"的指引,我们当然也能够有"身"和"心"的活动,我们的身体每天照常可以吃饭、睡觉、上班等,我们的心理同样会有感知、有感情、有意愿等,但是,这样的身体活动就与动物的本能性身体活动没有什么区别了,这样的心理活动就会带来知情意本身的混乱和不协调,生命的意义和方向就没有彰显,生命就处于"黑暗"之中。灵性是我们生命最内在的真正的自我,是生命的核心,它包括三个层次:最内在的信念信仰系统,中间层次的价值观念系统以及最外层和最直接显现的意义赋予能力。

身、心、灵是我们个体生命存在的三个层面,但却不是相互分离的层面,而是相互贯通合为一体的生命存在整体。作为一个整体的生命存在,身、心、灵各自承担不同功能。如果我们可以将个体生命存在形象地比喻为一辆"汽车"的话，那么，身就是生命的基础，犹如汽车的四轮；心是生命的中枢，犹如汽车的发动机；灵是生命的方向，犹如汽车的方向盘。三者必须合作统一，才会有真正意义的生命活动，生命才会既有能量又有方向。不过，在这种统一中，身心灵各自执行着完全不同的功能，其中"心"作为生命存在的"中枢"，是生命存在的动能系统，它是否接受"灵"的指引，对于生命活动的意义呈现具有决定性作用。

生命存在的根本目标是寻求生命存在的意义，为生命活动找寻理由。对生命意义的寻求是由"心"这个中枢具体实施的，但又只有"灵"才具有发现和赋予意义的能力。"心"在现实的活动中，可以分别指向身、心、灵三个方向发展，由此就会形成不同的生存状态、生活态度及生命境界。如果"心"的发展方向为"身"，生命就会执着于以"身"为代表的"有形之物"，就会形成以物质性欲望的追求和满足为主要内容的生存状态、以追求"身外之物"为主要目的的生活态度以及绝对功利主义的生命境界。如果"心"的发展方向为"心"，生命就会执着于以"心"为代表的"自我自身"，就会形成以自我感受快乐为主要内容的生存状态、以追求自我快乐体验为主要目的生活态度以及自我中心主义的生命境界。如果"心"的发展方向指向的是"灵"，则会超越当下的一切执着，生命便有成长及超越的可能性，就会形成以意义获得为主要内容的生存状态、以坚定的信仰守持为主要目的的生活态度以及现实理想主义或理想现实主义的生命境界。

生命教育的根本目标就是要促进生命的美好，身心灵全人生命教育当然是要促进个体生命在身、心、灵各个层面都趋于美好并进而实现全人生命的美好。这种"美好"，是尽可能让我们的"心"指向"灵"，然后再以"灵"来引领我们的"身""心"。由此，我们可以将身心灵全人生命教育的目标具体分解为身、心、灵三个层面的具体目标。

自然生理生命层面的生命教育是最低目标：核心是"预防生命的伤害，

成就生命的健康"，具体包括：自然生命的安全与健康；心理疾病的预防与心理健康；生命困顿如吸毒、艾滋病等的超克；生命自我伤害尤其是自杀的预防。

个性心理生命层面的生命教育是中级目标：核心是"提升生命的能量，实现生命的价值"，具体包括：确立人活在爱的关系中的信念；培育孝亲的生命能力；培养实现友情、爱情的生命能力；培养在不同生命关系中实现生命价值的能力；培养植根生命于传统、文化和社会中的能力；培养尊重大自然的态度，做到天人和谐的能力。

灵性精神层面的生命教育是终极目标：核心是"开掘生命的智慧，创造生命的美好"，具体包括：培养一颗柔软的心，不做伤害生命的事；建构积极的人生观，让自己活得更有价值；培养一颗爱人的心，珍惜自己、尊重别人；培养敢爱敢不恨的生命勇气和生活态度；学会思考生死问题，探讨人生终极关怀。

要实现身心灵全人生命健康和谐的生命教育，可以从两个方面同时着力，一是以爱的培育为核心，促进生命走向成熟，促进个体生命与自己以外的他者建构和谐的生命关系，这种生命关系的建构恰恰是促进个体生命走向成熟；二是以智慧的认知为核心，促进个体生命对生命本身的历程、状态、使命、归宿等重大问题进行系统的思考，对真、善、美、圣、神的生命价值做自觉的追求，这种智慧认知恰恰是帮助个体生命理解生命本质、化解生命困顿的保证。

所以，生命教育本质上是一种爱与智慧的全人生命教育。爱的培育帮助个体生命实现和谐生命关系的建构，从而走向生命成熟；智慧的增长帮助个体生命洞悉生命的本质和确立生命的价值，从而化解生命困顿。爱的培育是将个体生命纳入具体的生命关系中，通过爱的关系的体验和塑造，促进个体生命爱的意识的觉醒、爱的能力的提升，从而自觉建构和谐生命关系。智慧的增长是将个体生命纳入整体生命的发展历程来审视，通过了解生老病死的生命规律、了解生命不同阶段的生命任务、了解个体生命的价值目标，促进个体生命超越个体当下的有限经验，实现对生命整体的、发展的理解，从而自觉化解生命困顿。

爱的培育和智慧的增长同时进行，可以帮助个体生命获得身心灵全人生命的健康成长、和谐发展，实现生命对真、善、美、神圣的价值追求。用一句综合性的描述来说，生命教育是帮助个体生命在生、老、病、死的生命历程中，在与天、地、人、物的关系中，实现真、善、美、神圣的生命价值。

生命教育是教育生命的，同时又是以生命教育的。此即是"以生命影响生命""以生命感动生命""以生命感通生命""以生命引领生命"。生命教育必须从"影响""感动""感通"甚至"引领"生命的独特"生命力"着手，而这种"生命力"，根本的就是"仁爱力"和"智慧力"。

同时，我们还必须关注到，华人社会的生命教育，从1997年台湾开始正式公开有组织地推动生命教育，至今已经二十年。大陆地区的生命教育推动，很难以一个全局性的标志性事件作为起始点，但是，从比较公开地讨论、推进生命教育的研究与实践，也已经十多年。两岸生命教育的开展有先后，有侧重，有诸多的不同，但是也有不少相同或者相似的地方，比如社会转型带来的生命困顿，大致相同的文化背景，对家庭人伦与社会关系的重视，青少年成长中自杀自伤等严重生命事件带来的教育困扰，等等。华人生命教育，是华人社会开展的、针对或者面向华人社会的生命个体的生命教育。"华人"或者"华人社会"，天然地为"华人生命教育"指涉出其"人文"或者"文化"的视域。这个视域至少包括：（1）作为一个一般意义上的"生命个体"与"人文"的关系；（2）作为一位文化意义上的"华人"或者"中国人"，与五千年的中华文明的深层关系；（3）作为一位生活于"现代世界"的"中国人"或者"华人"，在中华文化遭遇西方文化挑战而形成的"三千年未有之大变局"的社会文化背景下，与变动中的现代世界文化及中西文化的遭遇与转型的动态关系。基于这样一种人文视域来反思和审视当下华人社会的生命教育，我们发现，两岸的生命教育似乎有一个共同的趋向：那就是有让生命教育中"人"的话题（抽象的个体生命）遮蔽"中国人"及"现代世界的中国人"的话题的趋向。换言之，"华人生命教育"在一定程度上失却了"华人之为华人"或者说"中国人之为中国人"的人文（文化）视域。

由此，就"华人生命教育"而言，在生命教育实践中引导个体生命的成长与意义建构，就不应该只是一个抽象的生命个体的自我建构，同时也应该是基于中华文化根基和现代使命的意义建构。换言之，华人生命教育必须展开自己的人文视域，将中华文化作为"华人生命教育"的底色，在自觉为"人"的基础上，还需要自觉为"中国人"，自觉为"现代世界的中国人"。

华人生命教育作为"本土化"的生命教育，当然应该从传统文化的方方面面特别是优秀的传统文化内容中吸取营养。在丰富深厚的传统文化中，相对而言，儒家和儒学，更应该成为华人生命教育的人文底色。因为儒家的教化，奠定了整个中国社会的礼俗，塑造了中国人的基本社会人格；儒学本就是生命的学问，对个体生命由己而人而家而国而天下，有一整套完整的理论叙述；儒家即宗教即道德即哲学的理论品格，比较完整地呈现了个体生命存在的各个方面；儒家一直注重教育，而且其教育根本上就是生命教育，有一整套关于生命教育的理念、策略、方法、途径等的叙述与实践。《中庸》言："天命之谓性，率性之谓道，修道之谓教。"这可以视作儒学在哲学层面上对生命和教育及其内在关系的形而上学建构。《论语》言："志于道，据于德，依于仁，游于艺。"可以视为儒学生命教育的纲领或者核心理念。《大学》言："格物、致知、诚意、正心、修身、齐家、治国、平天下。"根本上展现了儒学生命教育的实践路径。而孔子、孟子关于庸人、士人、君子、贤人、圣人的人格设计，则呈现了儒学生命教育的理想目标和大人境界。而在现实生活世界层面，儒学和儒家影响所形成的诸如"五福""三不朽""五常""五伦""三纲""八德"等观念，呈现了丰富的生命教育内容。总之，儒学生命教育是由"性"而"道"十字撑开的，彰显人性的亮度、人生的长度、人格的高度、人伦的宽度、人文的厚度、人道的广度的全人生命教育。这也是本书定位为"儒学生命教育取向"的重要缘由。

第二讲　生命起源与生命诞生

我们可以在这里谈论我们的生命，意味着我们已经是一个现实的生命存在。这个现实的生命存在作为一个"有"，曾经是个"无"，是"无中生有"。这个"无中生有"的环节便是我们作为个体生命的"诞生"。因此，对生命的了解和理解，姑且可以从我们的诞生或者说出生开始。另一方面，我们个体生命的从无到有是以生命作为一种存在的类从无到有为前提的，没有生命作为"生命"的源起，便不可能有人的生命的存在，更不可能有作为个体生命的我们每一个人生命的存在。因此，理解"出生"的意味之前，还必须了解和理解生命起源的意味。

第一节　人类生命起源的神圣性

没有人确切知道地球上有多少种生物，甚至有人说，地球上的生命基本上仍处于未知领域。目前经命名的物种有 170 万种，但推测地球上的生物有 500 万到 1 亿种，人类只不过是其中一种。

根据目前有关生命的生物学知识，大多数人接受生物被划分为六界的分类系统，这就是古细菌界、真细菌界、原生生物界、真菌界、植物界和动物界。生物系统结构由界、门、纲、目、科、属、种组成。种集合而为属，属集合而为科，科集合而为目，目集合而为纲，纲集合而为门，门集合而为界，其中科、属、种是基本的，种是生物的最基本分类单位。六界系统体现了生物从简单到复杂，从低级到高级的进化阶梯。古细菌生存在极端的环境中，非常像生命起源早期优势的生命形式。真细菌都是单细胞的。这种单细胞生物只有一条环状染色体，只有核质，没有核膜，也没有由膜包围的细胞器，称为原核生物。古细菌和真细菌都是最原始的生物。

不管是低等生物还是高等生物，作为生命形式，他们又具有一些相同的特征。现代生命科学的不同学科如植物学、动物学、微生物学、遗传学、细胞生物学、生物化学、植物生理学、动物生理学及生态学，等等，帮助我们对生命从宏观到微观，直至分子水平进行无限逼近方式的认识，以求得生命是什么的真谛。就目前的生命科学成就来说，我们已经知道，作为"物质存在"的生命，是由核酸（DNA，RNA）、蛋白质和碳基化学物质等组成的。基因组（DNA）携带着整套遗传信息。从有性生殖开始，通过基因配对、基因重组，祖先的性状通过精卵结合，传给了下一代，又丰富了下一代的遗传多样性。在这个意义上，生命被看成是由核酸和蛋白质等物质组成的多分子体系，它具有不断自我更新、繁殖后代以及对外界产生反应的能力。

不过，对生命的这种认识，到目前为止，也只有人类生命这样一种生命形式具有。因为人类生命有恩格斯所说的地球上最美丽的花朵"精神"。也正因为如此，对具有思考和反思这种精神能力的人类生命的起源的追问，便成为一个十分重要的生命问题，神话、宗教、哲学、科学，都尝试对此做出回答。可以说，生命起源是一个亘古未解之谜，地球上的生命产生于何时何地？是怎样产生的？千百年来，人们在破解这一谜底之时，遇到了不少陷阱，同时也见到了前所未有的光明。

圣经《创世纪》的第一章中，描述世界万物的生命乃是由上帝所创造的，并且记载人之所以不同于万物，乃是因为在万物中，只有人是按照上帝的形象所造的。《诗篇》第八篇是一首对上帝创造的颂赞诗，其中也述说，在上帝所造的万物中，上帝特别地眷顾"人"，并且强调上帝要人去治理万物。虽然这两段圣经的内容并不冗长，但其中所论述的生命观点，却澄明了一切生命的基础，并且非常完整地揭示了人类生命最重要的一些问题（如生命意义、价值及目的）的基督教答案。

在两千五百年前的春秋时代，老子在《道德经》里写道，"道生一，一生二，二生三，三生万物。"用现在的话说，就是地球上的生命是由少到多，慢慢演化而来。它们有一个共同的祖先，这个祖先就是"一"，而这个"一"是由天地而生，用今天的话说，可能就是由无机界所形成。

在科学的视野，关于生命的起源这个概念有两种解释：一，宇宙生命的起源；二，地球三维时空里生命的起源。两者有关联，但是两者是不同的概念。地球上生命的起源，是在宇宙生命的基础上产生的，没有宇宙生命，不会有地球上的生命。地球不是孤立的，它是宇宙的一个微小的组成部分，相对于宇宙来说，它比一粒几乎看不见的微尘还要小。绝不会发生这种情况：地球与宇宙毫无关联而独自产生生命，只能是地球生命来源于宇宙生命，是宇宙生命的一个组成部分。

客观地说，生命何时、何处、特别是怎样起源的问题，是现代自然科学尚未完全解决的重大问题，是人们关注和争论的焦点。历史上对这个问题也存在着多种臆测和假说，并有很多争议。随着认识的不断深入和各种不同的证据的发现，人们对生命起源的问题会有更深入的研究和认识。

尽管宗教、哲学、科学依据其各自的思考逻辑，对于生命的起源及其在宇宙中的地位有着近乎完全不同的论述和论证，从生命教育视野来说，我们也不必对所有这些不同论述都去一一分析和了解，但是，从这些不同的思考中，我们仍然可以获得我们认识生命与宇宙的一个重要的立足点，以及由此而必须确立的我们面对个体生命的基本态度。这就是：从生命的起源看，弱小单一的个体生命，具有强大无限的宇宙性背景。也就是说，每一个个体生命都不是孤零零地悬空存在的，而是具有一个宇宙性的根基。

这个宇宙性根基，宗教家把它叫作神或者神性；科学家将它叫作自然或者物性；哲学家则视其为本体或者宇宙精神或者天（理）。

正是因为每一个个体生命都有这样一个宇宙性的根基，个体生命才不只是属于个体的脆弱肉体生命，而是值得敬畏的宇宙神性生命。培根曾经说："人类在肉体方面的确与禽兽相近；如果人类在精神方面再不与神相类似，那么，人就是卑污下贱的动物了。"①这个精神方面与神相似的东西，就是人能够用理性去思考、探究。这是人性中的神性内容。

基督教认为，人是神按照自己的形象和样式造成的，既然神造人，人就不能造神；人所造的神，是像人的神，不能使我们敬拜它。我们又思考到神的属性，因为神是灵，所以他把我们造成有灵的活人；因为神是圣洁的，所以他把我们造成有德性的人；因为神是创造者，所以他把创造的本能放在我们里面；因为神是主，所以他把自由的权柄放在我们的生命中；因为神是永恒的，所以我们有永远的本质；因为神是光，神是爱，所以神要在荣耀尊贵里，借着他的恩典，使我们与他有交通；因为神是生命，所以照着神所应许的，人可以借着他的儿子耶稣基督得到永生。

实际上我们每个人都是有神性的。这神性就是我们心灵深处的品质，它催人成长、进步。这种神性决定了每个人的品质高贵，只有人人都找到自己身上的这种神性，那么我们才不会平庸，成为一个真正的高尚之人。

生命本质上说都是具有一定的神性的，这个神性即是与物性相对，是在乎未来的。生命现象的意义是超越生命自身理解能力的，如果人的生命真的只是某种偶然或者说毫无意义的话，那么生命也坚持不到今天，人和其他生物也就不会在乎生死，更不会舍命创造下一代并为他们争取生存权。我们可能会不喜欢某些人，也有可能不喜欢所有的人，但我们不喜欢他们的理由绝不是因为他们身上有着善和美的成分，厌恶源于丑和恶的存在，求善爱美是人的本能。何为善，善是一种被认可了的秩序，善是对自己某

---

① 培根：《论无神论》，《人生哲学宝库》第23页。

些部分的抑制与放弃，善是一种保存资源以待未来的表面消极，善是对自我的泛化扩大，善是美的最高体现，善是无须时间和空间支持的美，是美在记忆深处的沉淀。美是生命记忆和体验的再现，是相对最大信息增量的简单表达，是对生命意义的确认。人对善和美的热爱实际上是人超越"物"存在的基本表现，属于神性范畴。

　　人的神性除了表现在人们对善和美的普遍热爱上之外还表现在历史进程之中，无论多少人，也无论这些人采取何种手段否定生命的神性与意义，总有更多人，情愿做出更大的牺牲以维护人的意义，尽管到目前为止人们为自己找到的存在意义还是那么牵强与可笑，可这种可笑中带着原始的执着，执着得让人肃然起敬。同样人类到目前为自己塑造的神多少可能还有一点偏狭，可这些神至少做到了一点，那就是他们都在设法维护最广大的人群的利益，他们相信好与坏是有本质区别的，也就是说他们在努力避免着什么，这个"什么"究竟是什么呢？或许是神认为人不应该放弃努力，也许宇宙万物当初都有过想进化成生命的企图，可毕竟只有很少的一部分成就为生命，这是为什么呢？因为其他的生命前形式都没有坚持下去，它们放弃了努力，它们否认了未来存在精彩的可能，它们停留为"物"了，失去了生命的性征，这也许就是人与物的不同来源。人之所以成为人本身就是一种结果，这个产生结果的原因也许人或人的前形式从来就没有弄懂过，可他们一定是做对了什么，这个潜藏在人的认识能力之外的"对"一直在牵引着人，它在努力规范着人的行为，而人也愿意接受这种规范，这就是人类进步的力量，也是人的神性表现，这种表现我们在历史中几乎随处可见，善的坚持和牺牲的勇气几乎从来就没有缺过席，有恶的地方必然有善的存在，而正是善的存在一次次把濒临深渊的人群拉回了正途，善和恶的较量从来就没有停止过，准确地讲，正是人的神性本质促成了对错之辩的永恒存在。

　　另外，人的神性在人的任务自觉上也有表现，除了抽象任务外人的存在任务中还有另一个相对的和潜在的任务性存在，这个任务性存在就是维护泛我的存在，从宏观生命存在利益的总高度看这算不得任务，充其量只是一种维护和协调，可从个体生命看来又绝对是个任务，因为人的肉体感觉是隔离的，这表现在饥饿感只对我个人负责，他的饿不是我的饿，我无需对他的饿负责，他疼我也是无法感应的，可现实生活中偏偏存在一种不疼之疼，疼得人痛不欲生，这就是人类对自己后代或亲人的爱，这种爱是无须"物态"神经连通的，这种爱常常又转化成一种任务，把这种任务泛化就又成了一种责任，而这种泛化后的责任心我们是随处可见的，即使社会上层已经彻底颓废或堕落了，民间依然会把这种属于人的责任扛下去，这就是人的神性存在的另一种表现。

第二节　个体生命诞生的庄严性

生命起源学解决的是天人关系，或者说个体生命与宇宙生命的关系。但是，宇宙生命、天、自然抑或神，并不是我们每个个体生命的直接当下的缘起所在，而只是根源性的缘起所在。当最早的个体生命以及人类的祖先被天、自然抑或神创造后，人类个体生命便有了他独特的一代一代的诞生模式，并由此而将所有个体生命关联为一个作为类的存在体。个体生命于是与整个人类生命具有了一种相依相存的关系。因此，从生命教育视野说，我们必须进一步从人类视域探索和思考生命尤其是个体生命诞生的意味。

尽管个体生命是秉受天地人之灵气而诞生的，但作为一个实实在在的生命个体，还是通过父母之间的性爱活动而遗传父母的部分基因而成的。人之初都是由一个受精卵经过不断的分裂增殖发育而成的，在这个受精卵里蕴涵着父母的无数个遗传基因。详尽设定了后代的容貌、生理、性格、体质，甚至于某种遗传病，子女就是按照这些特征发育成长的。不过，这种基因的遗传并不是一个简单的自然过程，而是一个非常复杂神圣的"自然—人为"过程。

在男性生殖系统中，睾丸中存在大量的精曲小管，它们是制造精子的车间，一批批精子在精曲小管中被制造出来。"慷慨"的睾丸每秒产生300-600个精子，然后集中输送到附睾中整装待发。女性生殖系统的输卵管的喇叭形开口紧靠卵巢，准备随时捕捉卵巢排出的卵子，"吝啬"的卵巢每月排出一个成熟的卵泡，卵子裹在其中。卵子从喇叭形开口进入输卵管后，靠输卵管内壁上纤毛的摆动，渐渐向子宫移去。

个体生命的形成和诞生是通过男女两性的结合实现的。在正常的性活动中，一次射入女子阴道的精子有2亿—4亿个，它们聚集在子宫颈口，等待进入子宫。但子宫颈管又细又长，大部分精子无法入内，只有5000个精子进入了子宫腔。精子像鱼一样尖尖的脑袋有利于破浪泳进，长长的尾巴有力地摆动。到达输卵管壶腹部的精子只剩下30—50个，它们一起围攻等在那里的卵子，并集体寻找突破口。最后，只有一名幸运的精子，用头部红色的顶体酶"攻入"卵子体内，实现真正的"生命之吻"，一个新的小生命——受精卵由此诞生了。

受精卵一边分裂，一边向子宫移动，到达子宫需7-8天。受精卵到达子宫后，分泌出蓝色黏液，以固定于子宫内膜。随后受精卵长出根须，深深扎根在子宫壁中。受精后的第三星期，2毫米长的小小胚胎，已具备发育成全身各个器官的原始结构——外、中、内三个胚层。第四星期，6毫米长的小生命已经出现脑、脊柱、心脏和肝脏了。第五个半星期，长到14毫米，有眼睛有鼻子，还有了小嘴巴，尽管它们还只是雏形。到第六星期，皮肤下面直直的脊柱挺起来了，肌肉、肋骨已长出，一些腺体已开始形成，手指也初步长出。第八星期的小生命，长达4厘米，几乎所有的器官已就位，长出了黑黑的眼珠，在大大的脑袋中，脑神经细胞也已大量形成。

两个月以后，胚胎改名叫胎儿。此时，小生命体重已13克。四个月的胎儿，在超声波屏幕上已清晰可见。此时，耳朵已经像模像样地长成，能够听见声音。胎教即从此时开始。第六星期时，已有了小手，但直到17个星期，小手才成型，而且上面也有指甲。第4星期时已经长出了两只小脚，但直到第 9 个星期，小腿、脚趾才正式开始发育。第六个月时，胎儿全身覆盖着一层薄薄的绒毛，直到出生前才褪去，只留下头上的头发。八个多月，长到 24 厘米左右。十月怀胎，一朝分娩，小生命在旧房子里住了 280 天，被从妈妈的阴道里送了出来，一个被叫作"人"的个体生命来到人间①，这便是个体生命的"诞生"。

个体生命的诞生具有其不可替代的基本事实意味。一方面，我的出生不是由我自己选择和决定的，我不是自己想出生便来到世界上的。用存在主义的话说，"我是被抛到这个世界上来的"。我之所以出生，我以什么样的身体样式出生，我以什么性别出生，我出生在什么时间、地点，……所有与我出生有关的事件，都不是由我决定的，不是由我选择的，甚至似乎是与我"无关涉的"。另一方面，每一个个体生命的诞生实际上又包含着"身体——心智——灵性"的三重诞生。

我的出生，实际上标志着"我"以一个独特的"身体形象"展现于世人面前，存在于"这个"世界上。并且，我开始"使用"我的身体，不管是不是自觉地使用。我用我的嘴吃奶和哭喊，我用我的眼睛看人间冷暖，我用我的手挥动空气展示力量，我用我的身体的某些部分排泄我不需要的废物……总之，我似乎一下子就被"身体"所左右，并且似乎还要一辈子都被这个身体所左右。

我的出生就意味着我可能拥有了用眼睛看、用耳朵听、用鼻子嗅、用身体触的能力，亦即用我们的感觉器官去感知的能力；拥有了分清你我、分清父母、分清世界的能力，亦即用我们的思维器官去进行知性甚至理性思维的能力；拥有了高兴、愤怒、喜欢、厌恶、恐惧、惊愕、悲伤等的能力，亦即对情绪情感的体验和表达的能力；拥有了使用我的肢体去爬行、走动、奔跑，用我的牙齿咀嚼、用我的喉咙吞咽的能力，以及使用我们的身体去实践的意志能力。换言之，我们出生便拥有了一种可能的健全的"个性心理"

---

① 参考视频：《爱的奇迹》（55 分钟），http://v.youku.com/v_show/id_XMzY1MDYyOTgw.html。

能力。

而且，我们的出生还意味着，我们具有了潜在的学习能力，我们可以领悟父母、老师的教导，能够感受到父母、长辈的养育恩德，能够思考和选择自己的人生道路，能够确立和实现自己的人生目标……这些能力是一种潜在的"灵性精神"能力。

个体生命的诞生不仅具有事实上的意味，还具有我们可以充分想象的若干可能的意味。

个体的诞生具有宇宙意义，每一个个体生命都是茫茫宇宙中的"唯一者"。200亿年的宇宙演化，200亿光年的茫茫宇宙，无数颗星球的生死转化，无数种存在者的存亡灭续，你居然能够成为其中之一分子，成为唯你能成为的其中之一分子。你成了这浩瀚宇宙中之顶天立地者，无数的存在者看着你的出生，无数的存在者为你而存在。"在无穷的空间，无穷的时间中，你感到你的渺小吗？你便当想到你能认识广宇悠宙之无穷尽性，你的心也与广宇悠宙一样的无穷尽。其次，你要知道，你的身体，亦非如你所见之七尺形骸。你呼吸，你身体便成天地之气往来之枢。在你身体内，每一刹那有无穷远的星云之吸引力，在流通。在你身体内，有与宇宙同时开始的生命之流，在贯注。你身体是宇宙生命之流的河道。宇宙生命自流自无始之始，渗透过你身体，而流到无终之终。你生命之本质来自无始之始，终于无终之终。同时你如是之生命，是一亘古所未有，万世之后，所不能再遇。"①

个体的诞生也具有无穷的大地意义，他是无数竞争者中的幸运者。你在地球出生了，目前已知的唯一有生命存在的星球；你以人的身份和面目出生了，目前我们已知的唯一智慧生命；你在中国出生了，目前我们已知的有智慧文明以来唯一不间断文明的国度；你作为父母的孩子出生了，作为目前一生所可能创造的几十个生命中的幸运者，作为父亲一生所可能创

---

① 唐君毅：《人生之体验》第38-39页。《唐君毅全集》卷3，九州出版社2016年版。

造的若干亿个生命中的幸运者；你健康地出生了，在人类和整个生命进化历程中，你获得了最为强壮、健康和适应环境的健康基因……

个体的诞生还具有人类的意义，每一个个体都是人类生命的传承者。你出生，父母的生命进入了你的生命；你出生，父母的父母以致整个人类的生命进入了你的生命；你出生，意味着人类未来的生命将从你开始；因为你的出生，一个或者更多的新生命的出生将成为可能；人类将得到延续……

个体的诞生也具有个体本身的意义，每一个个体生命都是自己生命价值的承担者。你的出生，是你之为你的一个标志性事件：你拥有了自己的独一无二的身体；你拥有了你自己独一无二的家庭即社会关系；你拥有了你自己独一无二的面孔、身份以及姓名；你还将创造你自己独一无二的个性、人格；最重要的，你的生命成为一个真实的生命，你将担待它的一切，在这一生。

个体的诞生还具有社会的意义，每一个个体都是社会价值的创造者。因为你的出生，一个男人成了父亲；因为你的出生，一个女人成了母亲；因为你的出生，一个护士实现了她的价值；因为你的出生，一个家庭多了一份亲情、一份爱、一份快乐和幸福；因为你的出生，一所幼儿园、学校将增加一个成员；因为你的出生，派出所的户口簿将发生改变；因为你的出生，中国的人口数量、人口结构将发生改变；因为你的出生，地球环境、人类文明都可能发生改变……

个体的诞生还具有天下的意义，每一个个体生命都是文化价值的体现者。你的出生，标志着一个人以及与人有关的一切的生命得到确认；你将成为人之为人的一个标本、一个榜样；你将演绎整个人类的发展历程，人类整个的历史都将呈现在你的一生中；你将展示人类独有的智慧；你将承传人类独有的文明；你将用你的智慧增进人类的文明成果……

总之，个体生命的诞生，并不只是秉受天地之灵气，也不只是获取父母之基因遗传。在相当程度上，人类个体生命的诞生，是整个人类社会关系的产物，同时又在生产着整个人类社会关系，尤其是血亲关系。在整个人类生命中，个体生命永远都只是那个生命谱系的一环，上承祖宗先人，下传子孙后代，左连兄弟姐妹，右接丈夫妻子，如此不断延伸，个体生命就在一个由血亲关系组成的巨大网络中而成为人类的一员。

从生命教育视野说，对个体生命诞生的追问的启示在于，我们每一个人必须学会"感恩"，感恩天地（通常我们会说"谢天谢地"）、感恩父母（我们通常谓"孝敬父母"）、感念祖宗（我们通常会说"认祖归宗""光宗耀祖"）、感恩生命。感恩是我们应该学会的基本生命立场。感恩之心，是我们自己生命真实本质理解的性情呈现。因为，我们的生命是被给予的、被培养的、被教导的、被养育的。一句话，我们的生命是被赐予的。

天地，给予我们生命的灵性根本，我们感恩天地，是领会我们生命的神圣性。

父母，给予我们生命的肉体精血，我们感恩父母，是领会我们生命的血亲性。

圣贤，给予我们生命的精神品质，我们感恩圣贤，是领会我们生命的人文性。

亲友，给予我们生命的情感寄托，我们感恩亲友，是领会我们生命的社会性。

…………

我们感恩天地，赋予我们生命以根基；我们感恩父母，给予我们生命的延绵；我们感恩先贤，给予我们生命以灵魂；我们感恩老师，给予我们生命以翅膀。感恩亲情友情爱情；感恩天地圣贤父母；感恩兄弟姐妹朋友；感恩路人与仇敌；感恩苍生万物！在这些感恩中，你突然发现，你的生命不再单单只属于你自己的，你属于所有。你珍惜你的生命，就是珍惜宇宙一切；你实践你的生命就是创造一切。在感恩中生活，你的生命不再孤单。在感恩中生活，你的生命不再弱小。在感恩中生活，你的生命不再枯萎。

第三节　生命存在的神圣与尊严

生命的神圣性是人类对自身生命的敬畏和崇拜。生命的神圣并非源于宗教，而是人类的一种初始经验。人类对生命有一种原始的、与生俱来的惊讶、赞叹与敬畏。"生命之被相信为神圣者只是因为它就是生命。神圣性的观念发生在活着、生命力的基本感觉之体验和害怕它灭绝的基本恐惧之始源经验中。人敬畏地站在他自己的生命力、他的世系和种族的生命力之前，敬畏感乃是这种神圣的归属，因而是对它的承认。"① 生命的神圣是人类自己心灵的一种建构。因为，如果生命不被视作或者经验为神圣的，那么便没有什么东西可以是神圣的。说生命被经验为神圣的，也就是个体生命的神圣性。因为倘若个体生命不被视为神圣的，也就不存在生命的神圣性。

在无穷的空间、无穷的时间中，你感到你的渺小吗？你便当想到你能认识广宇悠宙之无穷尽性，你的心也与广宇悠宙一样的无穷尽。其次，你要知道，你的身体，亦非如你所见之七尺形骸。你呼吸，你身体便成天地之气往来之枢。在你身体内，每一刹那有无穷远的星云之吸引力，在流通。在你身体内，有与宇宙同时开始的生命之流，在贯注。你身体是宇宙生命之流的河道。宇宙生命自流自无始之始，渗透过你身体，而流到无终之终。你生命之本质来自无始之始，终于无终之终。同时你如是之生命，是一亘古所未有，万世之后，所不能再遇。你犹如海上的逝波，你一度存在，将沉没入永远之过去。你感到人生之飘忽吗？然而如是之你是亘古所未有，万世之后所不能再遇，这即证明如是之你，是唯一无二的。你之唯一无二，使你之存在有至高无上之价值。因宇宙不能莫有你，他莫有你，他将永无

---

① 〔美〕波伊曼著，陈瑞麟等译：《今生今世》，第56页，广州出版社1998年版。

处弥补他的缺憾。宇宙莫有你，他将不是如是的宇宙，如是的宇宙，将不复存在。你要珍贵你唯一无二之人格，如是的宇宙，依赖你而存在。

人类在宇宙中的起源是极其难得的，古往今来，多少思想家、文学家都在歌唱人的生命的伟大，人被视作"万物的灵长"。同时，人类才是宇宙的观察者，宇宙因人而存在。而且，人赋予宇宙以生命和价值。人的这种独一无二性的地位，正说明了人的生命的神圣性。

每一个个体生命的诞生和存在都是不可复制的，都是独一无二的，都是大自然的杰作，也是父母生命的直接延续。生命所具有的这种神圣性和唯一性，是生命自身价值存在的基础和前提。

每个人的生命都是唯一的，并无更多的所谓生命。一方面，"我"的生命与"他"的生命不同，故而是唯一的。生命从分子存在的水平看也许是相同的，但人的生命不仅仅是生理性的，更是精神的、社会的与文化的。每个人生存与生活的环境和条件都不完全相同，所以，其生命的表现形态和人生的存在状况也就不一样。每个人的生活内涵及其人生道路都是不同的，所以每个人的生命必然是唯一的。意识到每个人生命的独特性，我们就应该在人生中努力活出自我的价值来。另一方面，每个人"此生"只有一次，不会有第二次，更不会有更多次。生命是在一维时间中延续的，它一去不复返。这一点启示我们，必须万分珍惜自己的生命，充分利用生命中宝贵的分分秒秒，善用此生，善待生命，努力活够天地自然赋予我们的生命时光。

生命的神圣性表明"所有生命都是神圣不可侵犯的"。这种不可侵犯性也体现了生命的尊严性。而人的生命的尊严则直接昭示了人活着的生命品质。

人的生命具有自我决定性，是人的生命的内在规定。人的生命是有生物生命与人格生命的区分。人格是生命品质也就是尊严的核心，是人类生命的目的本身。人格作为目的，也就是把"自己为自己负责"当作目的。尊严从其构成成分来说，"包括相对外在事件而言的自主性、自我决定和对个人的行动负责。尊严也包括自我觉醒和一个人条件和行动以及他们大概的结局之认知。尊严通常包含了合理性，虽然这并不总是实情。它也包含了表达性，或者更确切地，自我表达性——一个对自己在这个世界中的断定。它确信也包含了自我接受和自我尊严：一个人是谁和是什么的肯定。"①简言之，生命的尊严包括：自主性；自觉意识；自我表达性，即对自己在这个世界中的断定；自我接受与自我尊重。

有价值的生命或生命的品质，可从人类生命的自然、精神与社会三方面得到说明。

生命品质首先表现为肉体生命的满足。放浪形骸、肆情声色固然不是好的人生态度，但紧紧地束缚躯体、禁锢心灵也不是正确的人生观。人的一生，在遵循人际的、社会的、道德的规范之下，不妨尽情尽兴尽形地享受生命。而享受生命最重要的表现就是人的七情六欲的实现，从中可分出品质高下。七情六欲是人的生命的基本属性，但是对其满足却不单单是物质层面的追求和感官方面的满足，还有精神的内容，如爱情，这便是人类生命的高贵方面。当我们能对生命有所欲且能使各种欲求相互适宜时，生命才值得一过，倘若我们对生命无所欲求，也就谈不上生命的品质了。

生命品质更表现为精神生活的超越。人的生命具有精神性，这是人类生命区别于动物的本质所在。对人而言，肉体生命是有限的，客观上对肉体需要的满足也是有限的。许多时候，人生的痛苦不是来自肉体而是来自精神。人类精神生活不仅是无限的，而且能克服肉体无法摆脱的有限带来的束缚，从而使人达到自由境界，并使生命真正变得神圣伟大。

颜回是孔子的得意弟子。孔子每每谈及他的这个学生时，其喜悦与赞赏之情溢于言表："贤哉！回也。一瓢饮，一箪食，在陋巷，人不堪其忧，回也不改其乐。"孔子自己也是十分享受这种精神快乐的，"子曰：饭疏食，饮水，曲肱而枕之，乐亦在其中矣。不义而富且贵，于我如浮云。"孔颜乐处，

---

① ［美］路易斯·波伊曼等著，魏德骥等译：《解构死亡——死亡、自杀、安乐死与死刑剖析》，第116页，广州出版社1998年版。

这是中国知识分子所追求的至高精神境界，也正是自古至今，许多贫寒之士的生命过得异常丰富多彩的人格力量所在。人总要有点精神，这才是真正的人。

生命品质还表现为社会生命的奉献。在所有生命形式中，人的本能是最脆弱的，人是不可能靠自己的本能生存下去的。十月怀胎，十八年的父母抚养，人必须在社会中通过文化的教化才能生存与生活。因此人的生命具有必然的社会性。由此，人的生命的品质就不只在于个人肉体生命的享乐、精神生命的体验，更在于超越个体，实践社会生命的奉献，从而达到整体生命的高度。

第三讲　生命成长与生命任务

生命从无到有，是一种奇迹，甚至是神迹，所以敬畏生命是生命教育理念的起点。个体生命的诞生在相当程度上以一种浓缩的方式重复着类生命的全部奇迹，只是这一过程是在父母参与下并在母亲体内完成的，因此感恩生命成为我们理解个体生命价值的起点。个体生命一旦诞生，就获得了他不可取代的独一无二的价值意义，他将自己面对从出生到死亡的全部人生历程，这一历程实际上就是个体生命成长的历史，也是个体实现自己全部生命潜能、价值与意义的历程。个体生命的成长在相当程度上是个人人格的成长。这一过程同时也就是将自己生命真实实现出来建构"独一无二"之我的人格生命的过程。

第一节　生命成长的生命意蕴

作为一种有生命、有肉体的自然存在物，人和其他动物一样，也有机体生存的自然需求和满足这种需求的物质对象。人的生理需要，如吃、喝、住、行，饮食、男女等，是维持人的肉体组织的生命存在的一种"自然必然性"，是人的最基本的需要。不过，人的这些需要同其他动物的需要在表现方式、满足方式、实现过程等方面都具有本质的不同。

动物的需要的遗传性是近乎绝对的、超时空的、全方位的、整体化的，而人的需要除肉体的最低限度生理需要外，其他需要甚至需要的表现和满足方式则是后天的；动物的需要只有维持其生存即直接的生命活动的单一的生理需要，而人的需要则是生理、精神、享受、发展等全方位的；动物的需要具有确定性，人的需要则具有可塑性和历史性，它在很大程度上依赖于社会历史和文化环境；动物的需要是本能的、直感的，人的需要则是自觉的、理智的；动物的需要是个体性的，而人的需要则是社会性的；动物的需要是被动性、适应性的，而人的需要则是主动性、自创性的。

由于动物的需要特性，动物的本质结构、特性、功能与周围世界就像一个齿轮系统一样，是直接同一的。动物的生理、心理、行为结构及其功能都被大自然设计得相当完美，它们只需要也只能依照自己的物种遗传基因所安排的"图式"去感受特定的世界，去进行必然如此的本能活动。在与动物物种对应的特定环境里，动物的需求满足、肉体生存、生命活动等都比人更容易、更稳定、更完美、更有保证。但也正因为如此，动物永远无法超越它的本能生命之流，永远只能按本能去展开它的生命活动。大自然恩赐给它们的特定化的优越性，使得它们只能确定不移地永远"安居"在动物王国里。

与动物的特定化相反，人是一种无论是在生存需求、生理结构、感受器官上，还是在生活环境、行为活动上，都是未特定化的，或者说，人的天生本能是极不完备的，人根本无法靠其本能就可以保证和维持他的生存。在这个意义上，人是被自然剥夺了的存在，是"自然的弃子"。自然只完成了人的一半，另一半则必须由人自己完成。

人是自然的"弃子"，他无依无靠，没有本能的引导，到处流浪，到处奔波，他感到与世界的分离陌生、孤独恐惧。可是，这初看起来的"天灾人祸"却反而使人"因祸得福"。正因为人的非特定化，人必须自己决定自己应如何占有世界，自己决定自己在世界上应如何生活。也就是说，人的虚无性的非特定化，直接带来人面对世界以及世界对于人的开放性，这种开放性表明：人与什么环境、什么世界建立什么关系，人怎样满足自身需求、支配自己行为都是尚未确立的，是有待人自己去建构和确定的。诚如马克思所说的，动物仅仅利用外部自然界单纯地以自己的存在来使自然界改变，而人则通过他所做出的改变来使自然界为自己的目的服务，来支配自然界。这便是人同其他动物的最后的本质的区别。

在一定意义上，正因为人是自然的弃子和流浪儿，人才是自然和自身的主人；正因为自然恩赐于人的是空缺、匮乏，人才是富有、充足的；正因为自然没有给人任何现存的生活资料、需求对象，人才有权把自己的意志体现于任何物中，并使它成为人的东西。因为，完美性总是和僵死性、圆满性总是和保守性联系在一起的，而现成的优越性也总是和无所作为的依赖性联系在一起的。动物的特定化是自然赐予的天然优越条件，动物依赖大自然的完美恩赐而生活，它们的全部生命活动只不过是在演奏着它们生命和行为中早已预先谱写好了的旋律而已。但也正因为如此，动物从来就不会对自然产生怀疑、思考；也不会有陌生感和被自然遗弃的孤独感；也不需要有某种"穿透"外部事物、照亮自己征途的智慧之光。

而人是自然的弃子，是流浪儿，他只有依靠自己的劳作才能生存，通过自己的创造，才能有自己的生活。而人的劳动又是自己选择的，所以他必须"自食其果"，承担相应的责任。加之外界对象之于人的陌生感，迫使人对对象世界加以尊重，并尽可能去体验它、感知它、理解它、掌握它。这就有必要为自己的行动寻找灯塔。于是，理性、知识等应运而生，以弥补人的先天不足。理性思维"侵入"事物内部，从而产生各种科学知识；理智使人有选择余地，并全面地满足人的各种需要；理性教人运用技巧、方法、计谋以达到目的；理性使人创造性地改变现成事物；使人记住过去、预见未来；使人创造并运用语言、文字等符号系统；并且使人具有自我意识能力。正是这些使人的生存和发展表现为理性的形式。

在人类生命成长的历程中，人依靠自己创造了一个完全不同于"自然世界"的"人为世界"，并生活于其中。在根本的意义上，我们今天生活的世界与其说是自然界，不如说是一个包括人化、人工、人造世界在内的人类世界（或人为世界）。尽管我们不可能离开天然世界而生存，但是，如果不创造或不生活在这个人类世界中，人也就不可能作为真正的人而生存着。人就是人的世界，人的世界就是人自己。这是人类生命成长的人类学结果，也是其生命存在的人类学前提。

人类世界体现了人的本质力量，通过人类世界，人创造了自己。人类世界是人类在历史的、社会的实践活动中创造出来的。对于人来说，人类世界是人通过自己的实践创造活动，使自己的目的、需要、愿望、情感、智慧、意志等本质力量对象化、现实化，并合规律、合目的地融入天然世界之中最终塑造出来的。通过创造人类世界，人也创造了自己。诚如马克思说："正是通过对对象世界的改造，人才实际上确证自己是类存在物"，而"实际创造一个对象世界、改造无机的自然界，这是人作为有意识的类存在物的自我确证"[①]。因为"从理论方面来说，植物、动物、石头、空气、光，等等，部分地作为自然科学的对象，部分地作为艺术的对象，都是人的精神的无机自然界，是人为了能够宴乐和消化而必须准备好的精神食粮；同样地，从实践方面来说，这些东西也是人的生活和人的活动的一部分"[②]。人类的整个文明发展史，实质上就是一个不断在天然世界上打上人的烙印，不断在先前的、现成的人类世界上创造出更加膨胀着的人类世界的历史。人类世界就是人类的存在、生命、生活、意义、价值、追求、寄托、希望。它就是人类自己。正因为这样，我们必须冷静、理智、公正、客观地看待这个我们生存于其中的人类世界。

如果不只是从描述性而是从价值性角度来审视人类世界，我们就会发现，人类自己创造的这个人类世界始终是具有利害、真假、善恶、美丑的

---

① 马克思：《1844年经济学—哲学手稿》，第50页。

② 同①，第49页。

两面性的。一方面，人类世界推动着人类的文明进步；另一方面，"随着文明的发达，社会邪恶的总量也在增长"（康德）。一方面，现实的人类世界为人类带来了欢乐；另一方面，"从欢乐的喷泉中间涌出了一些苦涩的水滴，它带来苦恼，即使在花香鬘影中间"（卢克来修）。一方面，人类世界使我们从中获得了自由；另一方面，"在使我们获得自由的同时也使我们受到了奴役"（劳顿）。一方面，人类世界使我们上升为世界的明星和主人；另一方面，"人又失去了现实感，他甚至不能理解自己在现实中所占有的地位和作用"（佩切伊）。一方面，人类世界维持着我们的生存，推动着我们的发展；另一方面，"我们本身的产物同时也聚合为一种统治我们的、不受我们控制的、与我们愿望背道而驰的并且把我们的打算化为乌有的物质力量"（马克思）。我们人类喜剧性地创造了一个真正有益于自己的人类世界，同时又悲剧性地创造了一个非人的世界。这就是人类世界的裂变化。正因为现实的人类世界有这样一种裂变，我们就必须以理性批判的态度来看待它。诚如帕斯卡尔所说，人的伟大之所以伟大，就在于他认识自己可悲，一棵树并不认识自己可悲。因此，认识自己可悲乃是可悲的，然而认识我们之所以可悲，却是伟大的。

第二节　生命成长的三次断奶

就个体生命来说，生命成长是在"断奶"实现的。在文化学和生命学意义上，奶不只是一个象形的乳房，而是生命存在和成长的根基。所有哺乳动物都是靠母亲用奶给予新生命最初的营养的，都是"哺乳"长大的。人也不例外。但是，所有的哺乳动物又都不是要一直靠母乳喂养的，在一定年龄和阶段，必须"断奶"而让小生命自己寻找新的营养源，学会自我营养。人也不例外。

断奶作为一个合成词，会给我们这样一些意向：（1）母乳作为上天赐予我们的天然营养，只能是我们最原初的营养而不可能是终身营养，没有人也没有任何哺乳动物可以终身依靠母乳成长，因此，断奶是必然的也是必需的。（2）母乳之所以不可能作为我们成长的终身营养，一则是因为伴随着我们个体生命的迅速成长，母乳本身的营养已经不足以支撑我们自己生命成长所需的营养，二则是上天的造化，要我们每个个体生命必须自己担待自己。（3）断奶不是一件轻松的事情，而是一件对母子都很痛苦的事情。对母亲来说，意味着原来与她一体的小生命现在将慢慢地远离她，她不再是这个小生命的绝对必要的担待者；对于小生命来讲，他突然丧失了一直作为自己生命全部营养的母乳，不仅有饥饿的危险而且还有"被抛弃"的失落，他必须学会适应新的食物、离开母体的生活。（4）断奶就是生命的成长，断奶并不是不要营养，而是自己开始找寻新的营养源，通过自己的劳作营养自己的生命，哪怕这些劳作是最简单、最原始的，比如咀嚼。这种劳作就是生命成长，这些新的源源不断的营养源可以提供新生命以更加丰富的营养，如此生命可以成为一个自主的生命个体。（5）断奶可以有时间上的早与晚，也可以有方式上的主动与被动，但是只要是断奶，必定会带来迷茫、彷徨，甚至饥不择食、慌不择路。但实现断奶所得到的，却是一个新的生活世界，一个完全可以自己做主的生活世界。

对于绝大多数哺乳动物来说，只需要最初的这次直接的断奶就实现了个体生命的独立了，在初次断奶以后，他们便可以自己学会咀嚼甚至寻找食物，安顿和成长自己的生命。也有一些哺乳动物在初次断奶以后还会与母亲在一起生活一段时间，学会一些生存技能，诸如攀爬、捕猎等。但，一旦这些小生命有了基本的自我养活的技能，就会很快被强行驱逐出原来的生活圈子而不得不去寻找自己的新生活。

人是所有哺乳动物中本能最弱小的一种。因为人几乎不能够靠本能生存下来。人不仅要在母体中经过漫长的"十月怀胎"才以一个真实的新生命的形式来到这个世界，而且还需要母乳喂养几乎长达一年的时间，才能够直立行走和自己吃食物，才开始断奶。即使断奶了，还得靠父母的照顾、牵引，孔子说，三年才免于父母之怀。即使免于父母之怀，也并不是自己出去开始养活自己，而是被送到幼儿园、小学、中学甚至大学，学习生存技能、生活能力，这就是"学生"的本意。可见，就本能意义上来说，人是非常软弱的，是需要父母乃至整个社会照顾时间最长的"哺乳动物"。

但是，人也是所有哺乳动物中最强大的一种。因为人的生命主要不是靠本能维持和发展的。正如帕斯卡尔说的，尽管人是一棵软弱的芦苇，但却是一棵有思想的芦苇。这个"思想"给了人的生命以本能不能给予的无尽的力量和生活世界。也因此，人之成为人，也就不能靠本能化的一次断奶可以完成，而必须是逐步摆脱依靠本能的状态，而成长为依靠人之为人的那些力量来支撑自己的生命的状态。由此，人的生命成长就不只是一次断奶，而是多次断奶。

人是一个独特的身、心、灵合一的生命存在。由于人的生命存在的身心灵结构，人的生命成长就会有身体即生理生命的成长、个性即心理生命的成长以及灵性即精神生命的成长，人的生命成长中也就必然有生理断奶、心理断奶和精神断奶三次断奶运动。

生理断奶，这是人的身体生命获得独立的运动。个体生命一般在一周岁左右断奶，称为"生理断奶"。母乳是婴儿最理想的食品。然而，母乳虽好，也并非完美无缺。从营养学角度说，母乳中的维生素 D 就很少，满足不了婴儿成长中的营养需求。而婴儿在出生 10—12 个月的时候，胃肠消化功能就基本完善了，对营养的需要也会逐渐增加，很显然，这个时候母乳的量和质都已经不能满足婴儿生长发育的需要，此时辅食的需求量在增加，这正是婴儿开始断奶的适宜时期。良好的"生理断奶"可以让孩子的自然生命即身体获得充足的营养，能够很快学会自己站立并独立行走，并学会自己吃饭获得身体所需的营养。这次成功的断奶标志着我们作为一个独立的生命个体跨出了一大步，即可以脱离母亲的怀抱而自己营养和支配自己的身体！这是了不起的一大步，是我们自然生命真正成为一个人的标志，因为直立行走正是作为动物的人和其他动物的最大区别。

心理断奶，这是人的心智生命获得独立的运动。孩子长到十三四岁时，孩子存在心理上逐步与父母及其他成人割断关系，并逐步走向自立的阶段，这一过程叫作"心理断奶"。这一阶段关系到孩子能否健康步入成年期。心理学家研究发现，处于"心理断奶"期的孩子，感情波动最大，他们向往独立又难以自立，常自以为已经长大成人而不再对父母言听计从，但在行动上却常表现得幼稚和偏颇，一遇到困难、挫折，往往会气馁、苦闷、彷徨，长此以往，性格容易变得孤僻、脆弱。"心理断奶"的过程，是个体生命成长过程中走向心智成熟的阶段。这一阶段，个体生命开始在知、情、意方面寻求自己的成长，也即开始形成自己的"个性"。

良好的"心理断奶"可以促进孩子从不成熟走向成熟。但是，人不只是有心智生命和身体生命的生命存在。人还是一种可以为自己的生命与生活赋予意义的生命存在。这种赋予生活以意义的东西就是"精神"或者说"灵性"。"生理断奶"和"心理断奶"可以成长人的自然生理生命和心智生命，但是即使是知情意的发展也并不意味着人的灵性精神生命可以得到真正成长。经过生理断奶和心理断奶，个体生命的身、心都可以得到自我成长的机缘。但是生命的方向不是由身和心决定的，而是由灵也就是我们最内在的精神决定的。如果我们的灵还在蒙昧中未能醒觉，不能够从母体成长出来，那么我们的生命就会没有方向感，就会迷茫。这就有如，一个身体健康、心智正常的人，却可能会觉得生活毫无意义而陷入迷茫一样。因此，就个体生命成长来说，还必须有第三次的断奶，即"精神断奶"。

所谓精神断奶，就是让我们内在的灵性觉醒，让我们的良心运作，让我们在精神上成人，为自己的生命探寻方向。用通俗的话说，就是确立自己的人生观、价值观、生死观以及生活观，为自己的生命找到意义。精神断奶与灵性成长并不必然意味着一种宗教行为。实际上，灵可以通过很多方式去接触。心的潜能有知、情、意三种，而这三种都能够带领我们往上走到灵的层次。换言之，精神断奶是要把我们的"心"引向"灵"。

精神断奶所形成的灵性觉醒，是为生命规划方向、赋予意义的最重要的一次断奶。我们可以通过对人文经典的学习、对人伦性情的开发、对人生欲望的把握、对生死互渗的领悟，以知、情、意、死的不同方式让自己的灵性觉醒。

通过知来接触灵，主要是学习人文学科的知识，譬如艺术、文学、宗教、哲学等，尤其是接触那些伟大的人文经典。通过这些学科，可以了解艺术家、文学家、宗教家、哲学家的思想和体验，并且以此对照自己的经验。在这种思考及想象的过程中，自然就会与灵发生接触，并且能够保持互动的关系。通过情来让灵性觉醒，其实就是要让自己的性情得以开发。情是我们心的已发状态。人皆有心，因而人也皆有情。当我们把情投入他人时，就会有感通。这种"通"就是灵的显现。通过意觉醒灵性，其实就是能够在"意"上学会一种"不要"。意是一种追求、一种"要"，然而，真正的"要"其实是能够做到"不要"。如果能够把"要"翻转为"不要"，将会感觉生命没有了遮蔽。我们还可能在死亡面前觉醒灵性。死亡是个体生命的终点站，也是人的生命中最本己的、必然要来又不知道何时来的可能性。从终点，我们才能看到整个路径；从死亡，才更能看到生命的全景。正因为如此，死亡可以昭示生命的灵性。我们在体验亲人的死亡时，我们的灵魂会受到震动，此即所谓"子欲养而亲不待"之痛。我们在意识中"先行到死中去"，体验自己的死亡，我们也会有一种对生命的终极反思，这种终极反思就可以启示我们的灵，而给我们生命以方向。

第三节　生命成长的八个阶段

生命的成长不仅有三次断奶的"质变"，而且是一个用自己的选择和行动来填充生命括号的阶段性成长过程。个体生命的出生只是为我们的生命在世界中的存在画上了前括号，死亡则是后括号，我们的成长便是通过自己的选择和被选择填充这个生命的括号。罗马城不是一天建成的，一步也不能登天，生命的成长是分阶段的，而不同的成长阶段有不同的生命使命需要实现，只有充分认识和实现阶段性的生命任务与生命使命，个体生命的成长才是充实的。就此而言，圣贤之人亦如是，所以孔子说自己，十五志于学，三十而立，四十而不惑，五十而知天命，六十而耳顺，七十从心所欲而不逾矩。

人格心理学家埃里克森的生命成长历程论，对于我们认识和理解个体生命成长的阶段和使命，具有现实的借鉴意义。埃里克森认为，个体生命的成长包括有机体成熟、自我成长和社会关系三个不可分割的过程，经受着内外部的一切冲突，其发展按渐成的固定顺序分为八个阶段。每一发展阶段都存在着一种发展危机。危机的解决标志着前一阶段向后一阶段的转化。顺利地渡过危机是一种成功的解决，反之，则是一种不成功的解决。成功的解决有助于自我力量的增强和对环境的适应；不成功的解决则会削弱自我的力量，阻碍对环境的适应。

对于个体生命的成长来说，前一阶段危机的成功解决，会为以后的发展发挥良好的基础作用；不成功的解决则会造成发展障碍，累积起来，将会导致个体生命适应能力的丧失。当然，发展危机的解决并不是按照"全"或"无"的方式进行的。事实上，每一发展危机的解决都存在着"成功"和"不成功"两种成分。所谓成功的解决，只是在这种解决中成功的成分占优势，反之亦然。

婴儿期：信任对不信任（0—1.5岁）。第一阶段的年龄是从出生到一岁半，这相当于弗洛伊德的口唇期。这一阶段的婴儿主要是用口部来接触社会的，此外还通过双眼、触觉去接受外界的刺激。在母亲给予照料和婴儿接受照料的相互作用中形成本阶段的发展危机："信任"对"不信任"。如果母亲对婴儿给予爱抚和有规律的照料，婴儿将产生信任感；反之，如果母亲的爱抚和照料有缺陷、反复无常，婴儿就会产生不信任感。如果婴儿发展的信任感居多，就达到了他的第一项社会成就。这时，他不会因母亲离开而焦虑和哭闹，因为婴儿内心已发展出这样的信任：即使母亲离开了视线，如果自已需要母亲，她自会到场。这种恒定的、连续的、一致的体验，使婴儿有了自我同一性（或自我统合）的最初感觉。自我同一性的最初形成，是儿童内心记忆中的、可预见到的感觉和心象，与外界已熟悉的、可预见到的事物及人物的统合。

在这一阶段，婴儿既产生信任感也产生不信任感，如果信任感比率居多时，就成功地解决了发展危机。但并不是说，不信任感就绝对消极，事实上，一定比率的不信任感恰恰是有利于人的健康发展的。只不过，整体上说，信任感应当超过不信任感。这一原则也适用于其他发展阶段。个体生命成功地解决信任—不信任的发展危机，生命人格中便会形成"希望"的品质。具有"希望"品质的儿童，敢于冒险、不怕挫折和失败。相反，如果未能成功解决这一发展危机，个体生命人格中则可能形成"恐惧"的生命特质。

儿童早期：自主性对羞怯和疑虑（1.5—3岁）。第二阶段的年龄从一岁半到三岁左右，相当于弗洛伊德的肛门期。埃里克森同意弗洛伊德的观点，认为这一阶段活动的基本方式是保持和排除、坚持和放弃。但是，在埃里克森看来，这些方式不只包括肛门区，还包括坚持用自己的双手和双脚的活动。这一时期的儿童反复用"我""我的"和"不"等词来表示自己的自主性。但父母则往往不允许自己的孩子为所欲为，而要按照社会的要求来训练他们，控制他们的行为。这一阶段的发展危机是："自主性"对"羞怯"和"疑虑"（或自主行动对羞怯怀疑）的冲突。自主性意味着一个人能按照自己的意愿行事的能力，例如控制自己的括约肌，用自己的双足站立行走，用自己的双手，等等。羞怯和疑虑感则来自社会的期待和压力。如果父母训练过严和不公正的体罚就会使儿童产生羞怯和疑虑。因此，明智的父母对本阶段儿童的态度需要注意掌握分寸，既给予适度的自由，同时也要在某些方面加以有节制的控制。

如果自主性对羞怯和疑虑的发展危机得到成功的解决，在儿童的生命人格中就会形成"意志"的品质。意志是个体生命进行自由选择和自我抑制的不屈不挠的决心，尽管在幼儿期不可避免地也会体验到羞怯和疑虑。如果不成功地解决这一发展危机，则会在个体的生命人格中形成"自我怀疑"的特质。可见，无论是成功地解决或不成功地解决这一生命任务，其结果都会影响个体生命如何生活。

学前期：主动性对罪疚感（3—6岁）。第三阶段的年龄从三岁至六岁左右，相当于弗洛伊德的性器期。这一阶段的儿童表现出制订计划，订立目标，并积极保持以达到目标。他们对性别差异开始产生特别的好奇心和求知欲。本阶段的发展危机是："主动性"对"罪疚感"（或自动自发对退缩愧疚）。顺利渡过前两个阶段的儿童，已经认识到自己是人。在这一阶段中，他们所面临的问题则是，他们能成为什么样的人。他们尝试检验各种限制，以便确定什么是允许的，什么是不允许的。如果父母鼓励儿童的主动性和想象力，他们便会获得创新精神，并成功离开这一阶段。如果父母嘲笑或挖苦儿童的创造性和想象力，儿童则会丧失自信心。当他们回想起自己被父母讥笑的行为时，就容易产生罪疚感，因而只能在别人为其安排好的狭隘的生活圈子中生活。

如果在这一阶段中儿童发展了较多的主动性或进取精神，就会在生命人格中形成"目的"的品质；如果未能成功地解决本阶段的发展危机，则在生命人格中就会形成更多的"无价值感"。

学龄期：勤奋对自卑（6—12岁）。第四阶段从六岁至十二岁，相当于弗洛伊德的潜伏期。在本阶段，儿童转向学习各种必要的谋生技能和使自己成为社会生产者所具备的专业技能。在这一阶段，从所要学的课程中，儿童产生了一种勤奋感，这种感情将使儿童满怀信心地在社会中寻找自己的工作。如果儿童不能发展出勤奋感，就容易产生自卑感。因此，本阶段的发展危机是："勤奋感"对"自卑感"（或勤奋进取对自贬自卑）。勤奋感占优势的儿童，其生命人格中就形成了"能力"的品质；如果不能成功地解决本阶段的发展危机，则在生命人格中会形成"无能感"。

青年期：同一性对角色混淆（12—18岁）。第五阶段从十二岁至十八岁左右，相当于弗洛伊德的生殖期。埃里克森赞同弗洛伊德的说法，承认青春期驱力的增加是破坏性的，但他认为问题的另一方面：青年还因新的社会冲突和要求而变得困扰和混乱。因此，青春期的主要任务是建立一种新的"自我同一性"，其发展危机是："同一性"对"角色混淆"（或自我统合对角色混乱）。

"自我同一性"是一种"熟悉自身"的感觉，一种"知道自己将会怎样生活"的感觉，是在说明被预期的事物时出现的一种"内在的自信"。自我同一性包括多方面的内容，诸如社会与个人的统合、个人的主体方面与客体方面的统合、自己的历史任务的认识与个人愿望的统合，等等。虽然自我同一性的形成是个终生过程，但这个问题在青春期则成为生命成长的核心问题并构成危机。一方面，在青春期，各种本能冲动的高涨助长了青年同一性危机，青年人突然觉得仿佛他们的那些冲动似乎已受自己意志的约束，不再任其为所欲为了；另一方面，青春期身体的急剧变化导致了青少年急切地想要认识自己，这一时期的青少年总是会花很多时间对着镜子左顾右盼，或者耗费不少时间整理打扮自己的仪容；再一方面，对于即将承担社会义务压力的青年来说，他们不可避免地想要了解自己在他人心目中的印象，自己是否符合他人的心意，因而常常为自己将在社会中占有什么地位而苦恼。这些因素导致青年期"自我同一性危机"的出现。

如果青年在这一阶段不能建立良好的自我同一性，就会产生"角色混淆"和"消极的同一性"。角色混淆是指，不能选择自己生活的角色，或者只是口头上承担一定的角色，但很快又改变角色。消极的同一性（或反向认同）是指，获得为一定的社会文化所不予认可的、令人厌恶的角色。由于生命里成长的阶段性，特别是精神断奶尚未完成，青年往往会痛苦地感到他们没有能力持久地承担义务，他们感到要做出的决断实在是来得太多、太快。为了避免同一性的提前完结，避免过早接纳四分五裂的社会角色，他们有时就会进入一个心理社会的合法延缓期。例如，有些青年人，在做出最后决断之前，会选择暂时离开大学去旅行，或者去经历各种不同的工作。

随着自我同一性的形成，一个人就具备了"忠诚"的品质。如果不能成功地解决本阶段的发展危机，就会在生命人格中留下"不确定感"。

成人早期：亲密对孤独（18—24岁）。第六阶段从十八岁至二十四岁，也称为成年早期。只有建立起良好的同一性的青年，才能担当起成年早期的任务——与异性伴侣的亲密关系，因为，只有当一个人能够确保自己的同一性时，才能在与别人的真正共享中忘却自己、成就对方，并与对方达成真正的感情共鸣。比如，如果一个男青年只关注自己的"男子汉"气概，他就不可能成为一个最好的"情人"，因为，他会过分注意自己，不能毫无牵挂地、无私而温柔地对待异性伴侣，因而难以与异性情侣达到真正的感情共鸣。本阶段的发展危机是："亲密"对"孤独"（或友爱亲密对孤僻疏离）。

为了有益于个人和社会，每个人都应当发展适宜的亲密关系，这种亲密关系是一个值得爱的异性伴侣，能够并乐意彼此分享相互的信任，能够并乐意与对方严格遵守工作周期、生殖周期以及娱乐周期，彼此可以实现感情共鸣的情欲高潮。真正的亲密感是两个人都愿意共享和互相调节他们生活中的一切重要方面。

如果一个人在第五阶段形成的友爱亲密胜过孤僻疏离，那么他就形成"爱"的品质。这种爱，是一种永远抑制内在分裂机能的互相献身。相反，如果不能成功地解决本阶段的发展危机，则会导致青年乱婚。

成人中期：繁殖对停滞（25—65岁）。第七阶段为成年中期，从二十五岁至六十五岁。这一阶段的男女成人已经建立了家庭，他们的兴趣开始扩展到下一代，生儿育女，关怀下一代的健康发展。他们进入"繁殖"对"停滞"（或精力充沛对颓废迟滞）的阶段。这里的"繁殖"具有广泛的含义，不仅指对下一代的照料，而且指通过工作创造事物和思想。

一个没有"繁殖"感的人，是一个"停滞和人际贫乏"的人。如果一个人的繁殖感高于停滞感，那么在其人格中就形成"关心"的品质。具有这一品质的人，能自觉自愿地关心他人的疾苦和需要，能给他人以温暖和爱。

反之，则形成"自私"的品质。

老年期：自我整合对失望（65 岁—死亡）。第八阶段为老年期，从六十五岁直至死亡。通常把老年看成是身心衰老时期。他们丧失了体力和健康，失去了工作，减少了收入，随着时间的流逝，还丧失了配偶、亲戚和朋友。因此，老年人一方面必须做出身体和社会的适应，另一方面也必须在内心斗争中实现自我整合，即保住自己的生命潜能，用以维系生存。这一阶段的发展危机是："自我整合"对"失望"（或完美无缺对悲观沮丧）。

八阶段生命成长历程及生命任务：

年龄段	存在的冲突	发展顺利	发展障碍
婴儿期 （0-1岁）	信任感 ——怀疑感	对人信赖，有安全感	与人交往焦虑不安
婴儿后期 （2-3岁）	自主感 ——羞怯感	能自我控制，行动有信心	自我怀疑，行动畏首畏尾
幼儿期 （4-5岁）	自信 ——退缩内疚	有目的方向，能独立进行	畏惧退缩，无自我价值感
儿童期 （6-11岁）	勤奋进取 ——自贬自卑	具有求学、做事、待人的基本能力	缺乏生活基本能力，充满失败感
青年期 （12-18岁）	自我统合 ——角色混乱	自我观念明确，追求方向肯定	生活缺乏目标，感到彷徨迷失
成人前期 （19-25岁）	友爱亲密 ——孤独疏离	成功的情感生活，奠定事业基础	孤独寂寞，无法与人亲密相处
成人中期 （26-60岁）	精力充沛 ——颓废迟滞	热爱家庭，栽培后进	自我放纵，不顾未来
成人后期 （60岁以上）	完美无缺 ——悲观绝望	随心所欲，安享天年	悔恨旧事，徒呼胜负

如果一个人在前面七个生命阶段都能够顺利渡过，他肯定是一个有幸福生活和有所贡献的人，他们因此而有"完善感"和"充实感"，而不怕死亡。这种人在这一阶段回首往事时，自我是整合的，怀着充实的感情准备告别人间。而回首以往的失败人生者则体验到失望感。由于他们生活中的某一或某些主要目标尚未达到，因而不愿匆匆离开人间，没有面向死亡的准备。

　　个人生命成长的八个阶段，是以循环的方式联系在一起的。在第八个阶段中，老年人对死亡的态度会直接影响下一代婴儿期的信任感。如果一个人的自我整合胜过了失望，他就有了"智慧"的品质，即能够以超脱的态度对待生活和死亡；反之，则导致"无意义感"和"失望"。

第四讲　生命困顿与危机应对

　　人的一生都在不断地适应和发展。这个适应与发展过程，实际上是通过调整自己的身心，以便在现实生活环境中维持一种良好而有效的生存状态。这是一个个体生命与环境条件相互作用的过程。在我们的成长过程中，环境条件既可能支持个人的适应与发展，也可能阻碍个人的适应与发展。当环境条件阻碍人的适应与发展时，就有可能给我们的生存、生活带来适应不良、发展困难。这便是"生命困顿"。当生命困顿发展到极端时就会产生"心理危机"，甚至导致自杀这样的极端生命事件。因此，我们必须了解和理解生命困顿、心理危机形成的原因以及应该有的应对方法，以便"转危为机"，实现生命的成长。

第一节　生命困顿与生命意识的缺失

　　心理危机是外在环境因素和个人内在生命特质共同作用的结果，但深层次的则是生命意识的缺乏。心理危机也并不只是"心理"的危机，因为"心理"毕竟只是生命的一个部分，所以"心理"危机本质上具有生命的意义，是生命成长和发展中的某种艰难困苦和无力应对，当然也可能是生命进一步成长和升华的一个契机。"危机"一词本就蕴含辩证思维：一方面是危，指生命危险；一方面是机，指挽救生命的机会或契机。危机的危险性体现在，如果心理危机过分严重，威胁到一个人的生活，个体可能采用不恰当的方法应对问题，会导致心理社会功能的下降，甚至出现精神崩溃、自杀或他杀。危机的机遇性则在于，如在危机状况下，个体成功地把握心理危机或及时得到适当有效的干预，个体可能学会了新的应对技能，不但重新得到了心理平衡，还获得了心理的进一步成熟和发展。

依据不同的标准，心理危机可以分为不同的类型。布拉默把危机分为发展性危机、境遇性危机、存在性危机[1]。鲍尔温根据心理病态程度将心理危机分为六种类型[2]：倾向性危机、过渡期危机、创伤性危机、发展性危机、精神病理性危机、精神科急症。综合起来，心理危机主要可以分为发展性危机、境遇性危机、存在性危机、病理性危机。

发展性危机是指在正常成长和发展过程中，急剧的变化或转变所导致的异常反应。境遇性危机是指当出现罕见或超常事件，且个人无法预测和控制时出现的危机。病理性危机是指由于某些严重的心理疾病而致的心理危机，如因人格障碍、抑郁症和精神分裂症而引发的心理危机等。存在性危机是指伴随着重要的人生问题，如关于人生目的、人生意义、人生责任、独立性、自由和承诺等出现的内部冲突和焦虑。存在性危机是最深层的心理危机。

对心理危机的正确自我意识和调整以及干预，都建立在对心理危机成因的准确认知上。1954 年，美国心理学家卡普兰（Caplan）首次提出心理危机的概念并对其进行了系统研究。他提出，心理危机是当个体面临突然或重大生活逆遇或者说"困难情境"时所出现的心理失衡状态。"心理危

---

① B.E.Gilliland, R.K.James 著，肖水源等译：《危机干预策略》，中国轻工业出版社 2000 年版，第 22-23 页。

② 转引自段鑫星、程婧：《大学生心理危机干预》，科学出版社 2006 年版，第 13 页。

机需要同时具备几个要素：客观事件、主观感受、个体无法应对以及心理失衡。"[①]产生心理危机的客观事件属于心理危机产生的"应激源因素"，而个体对相关客观事件的主观感受，则属于心理危机产生的"易感性因素"。当这两项因素产生的独特结合，导致个体觉得无法应对"客观事件"带来的结果，并最终导致心理失衡，心理危机就产生了。

从生命教育视域来说，心理危机的成因尽管有"生活事件"的主要因素，但是，危机毕竟是个体的一种主观感受，因此，某一事件是否会让我们陷入危机，并不是由这个事件直接决定的，而是主要取决于我们对事件的认知。认知在很大程度上则受教育的影响。心理危机本质上是一种生命困顿，是生命自我危害的危机，是个体生命面对生活事件或者外在遭遇，自己生命内在缺乏协调性应对机制，转而危害自己现实生活和生命存在。这种危机根本上是由于对生命缺少认识、敬畏与尊重导致的，是生命意识的缺乏导致的。

生命意识欠缺的普遍性，既催生了心理危机，也折射出生命教育缺位的严重性。生命教育的缺位导致对生命、死亡等缺乏正确的、本质的认知，或者说只有错误的、表面的认知，由此导致无法正确面对生活中所遭遇到的诸多事件或者现象。不同类型和不同个体的心理危机所呈现的生命困顿可能是不一样的。比如，存在性心理危机呈现的生命困顿在于，无法找到他所希望的关于生命意义的终极答案，多是生死问题上的混沌；境遇性心理危机的生命困顿在于，无法以全身心正常面对生活事件，多是生活与生命的混淆；发展性心理危机的生命困顿在于，无法认清不同阶段的生命任务并着力完成，多是身心灵内在的混乱。

首先，缺乏对生命的神圣性的认知，形成泛科学主义的纯粹生物学生命观，导致生命神圣性的解魅。当人类由生物学而遗传学而基因改良，由生殖探讨而对生命本身做越来越深入分析研究时，生命的神圣性便逐渐地

---

① 马建青等著：《大学生心理危机干预的理论与实务》，杭州出版社 2011 年版，第 6 页。

解魅。当生命的里里外外都像一张白纸一般袒露在每一个人的面前时，当生命似乎也能像我们制造其他商品一般可以任意设计并从工厂的流水线上大批量地生产出来时，生命的神圣性便荡然无存了。当生命丧失其神圣性后，对待生命的态度也就不再可能是敬畏和尊重了，于是便可以随随便便对待他人的生命（杀人）或者自己的生命（自杀）。根本上，个体生命不只是一团肉体的自然生命，还是具有精神信念的精神生命，是具有社会关系的社会生命，是自然宇宙创生的宇宙生命。作为精神生命所具有的创造性和超越性，作为宇宙生命所具有的唯一性和绝对性，作为社会生命所具有的历史性和亲缘性，都彰显了人的生命所具有的神圣性。

其次，缺乏对生命与死亡相互渗透的辩证认知，形成对死亡缺乏自觉的盲目主义生死观，导致对死亡和生命的双重无知。由于缺乏生命教育和死亡教育，人们对于生死互渗的辩证关系缺乏认知，由此导致两种极端：或者以为死亡是解决生命问题的最后答案，以为死亡可以让生命问题"一了百了"；或者以为死亡只不过是肉体生命的暂时消失，生命可以简单轮回，"脑袋掉了碗口那么大个疤"，"十八年后我又是一条好汉"。这样的生死观将生命与死亡完全对立，不能在生命与死亡之间建立起辩证的渗透，活着还是死去，成了一个类似莎士比亚"be or not to be"的绝对化选择，这是心理危机极端表现的深层次根源。对于生命来说，生与死是其两面。在根本上，人生问题的解决必须求之于对死亡问题的体认，而死亡问题的解决又必须求之于人生问题的化解。因此，对死亡的切己的思考与体认，实际上是人生真相彰显的最大契机。

再次，缺乏对生命与生活的辩证关系的认知，形成缺少生命根底和片面追责生命的错误生活态度，导致因生活困惑演化为生命困顿并形成危机。许多现代的青少年大多倾向于、埋首于、专注于物质性的感性生活而忘怀了生命的层面，从而常常出现生活的意义与生命价值的危机。"一些走极端者，他们只知生活而不知生命，以为生活就是生命，以至于生活感受不好就放弃生命存在。他们往往把生活的感受视为人生的全部，所以，生活中的不顺心、不如意、不高兴，等等，皆可以成为走向自杀的理由。"[①] 本来，生命是生活的基础，生活是生命的体现，两者应该完全合一于人生；但是，在人们现实的人生中，生命表现为内在的，而生活是外在的；生命求的是稳定，生活求的是变化；生命是有机体的成长，而生活则是各种人生滋味的总和。于是，人之生命与生活实际上形成了一种内在紧张，两者经常发生矛盾、摩擦、不一致，等等。

最后，缺乏对生命内部身心灵关系的辩证认知，从而形成忽视灵性精神生命的片面的躯体主义或者心理主义的生命观，导致人的身、心缺少灵的引导而失去生命方向。人的生命作为一种实际存在，是身、心、灵的统一体。由于人的生命的三重性，人的生命成长就会分别有自然生理生命的成长、个性心理生命的成长和灵性精神生命的成长[②]，每一次成长实际上都是一次"断奶"。我们需要直面"断奶"的痛苦与困惑，更要努力实现断奶的任务，尤其是自觉的"精神断奶"与"精神成人"。精神成人实质上就是自己灵性的觉醒，以引导身心能量。但是，灵的获得又不能离开心的运作。化解生命困顿便说将"心"引到"灵"的方向。

生命意识的缺乏所形成的生命困顿可能导致心理危机，而自杀（或者杀人）则是心理危机的最极端表现。自杀危机的预防，必须有生命意识的自我觉察以及对于自杀本身的生命反思。

第二节　自杀危机与生命信念的失落

法国哲学家加缪说："真正严肃的哲学问题只有一个，那就是——自杀……许多人认为他们的生命不值得再继续下去，因而就结束了生命；我

---

① 郑晓江：《生命教育演讲录》，江西人民出版社 2008 年版，第 37 页。

② 何仁富、汪丽华：《生命教育的学理基础、核心价值及实践模式》，载《福建论坛》2009年第 4 期。

还看到另外一些人，他们荒唐地为着那些所谓赋予他们生活意义的理想和幻想而死（被人称之为生活的理由同时也就是死的充分理由）。因而我认为生命意义的问题是诸问题中最急需回答的问题。……人们向来把自杀当作一种社会现象来分析。而我则正相反，我认为问题首先是个人思想与自杀之间的关系问题。自杀的行动是在内心中默默酝酿着的，犹如酝酿一部伟大的作品。但这个人本身并不觉察。……开始思想，就是开始设下伏雷。社会在一开始与自杀并无关联。隐痛是深藏于人的内心深处的，正是应该在人的内心深处去探寻自杀。这死亡的游戏是由面对存在的清醒过渡到要脱离光明的逃遁。我们应该沿着这条线索去理解自杀。……自杀只不过是承认生活着并不'值得'。"①

　　一个人判断自己到底要不要活下去，比起其他任何哲学问题都要来得迫切而重要。对于选择自杀的人来说，自杀的原因无奇不有，诸如观念、人际、学业、就业、家庭、感情等因素。但根本的却是，在当事人看来，生活的意义已经完全丧失，当下的生活是不值得过的，而自己又找不出任何改变的可能，因此似乎唯一的选择就只能是"自杀"结束生命。自杀者将生命抛给了一个绝对化的两难选择：或者痛苦，或者死亡。加缪在《西西弗斯神话》中呈现了一个独特的生命哲学视角。西西弗斯不知何故触怒了天神，被惩罚推巨石上山。无奈他费了九牛二虎之力把石头推至山顶，石头却又自动滚下山来，他只好走下去再推。有人劝他认输算了，以免白费力气。西西弗斯却坚持不断地反复推石头上山。理由很简单：不推就是认输，推了虽然不会赢，但只要继续推就不算输。结合西西弗斯的故事，我们不难看出，自杀的人或许会想一走了之算了，却缺少了那种不服输的勇气。

　　生命既"是其所是"，又"是其所不是"，这是生命的本质特性。生命"是其所是"表明了人类生命的现实本质，生命"是其所不是"则表明了生命的超越本质。生命的现实有已然与实然的方面，这两方面都使得人类总生

---

① ［法］加缪著，杜小真译：《西西弗斯的神话》。

存于理想与现实、应然与已然、超越与实然的矛盾冲突之中。这种矛盾冲突也就是生命与生活之间的不一致性。面对这种生命与生活的不一致性，不同的个体会采取不同的、甚至截然相反的干预策略：纯粹的理想主义者否定现实，纯粹的现实主义者则抛弃理想，而大多数人则是在两者间寻求张力与平衡。

生命必须通过形式来表现与表达。生活就是生命的表达与表现形式。现实生活中，生命存在的意义与生活的种种形式会产生冲突。处理生活与生命本身的内在张力与平衡，实际上是我们的生命适应环境过程中自我身心调节的根本任务。当生命与生活冲突时，人们所无法控制的是生活。当一个人将矛头指向生活时，如果不明白生命与生活之间本来必然具有的张力，便会将矛头指向生命本身，生命也必然遭到毁灭。对他来说，任由生活继续下去，无异于毁灭自己的生命。自杀者往往并不厌弃生命，而只是企图控制无法掌握的事。所以，自杀根源于生命与生活之间的紧张。

被称为"悲观哲学家"的 19 世纪德国哲学家叔本华，用哲学的概念分析方法，驳斥了自杀的意义与价值。他发现想自杀的人心中浮现一个想法，那便是"生不如死"，正是这个想法促使他走上绝路。这个想法其实蕴含着一种比较状态，也就是死后会比活着好受些。问题是，人的死亡会把这份比较一扫而空！如果自杀连"生不如死"这种先前的认定也保不住，所冒的风险无疑是太高了，因此还是慎重为好。叔本华的繁复思索解释了一个重要的人生真理，那就是，无论如何，我们都需要先落实生命主体的存在，再谈进一步的人生抉择。因为失了生命存在主体便失去一切了，其余都没有什么好谈的了。活着是一切的根本。除非是成仁取义，否则什么都不值得赔上性命。功课差、失恋、欠债、失业、与人争执，等等，这一切都比不上一条命来得重要。去医院看看病痛的人，与死神拔河的人，也许我们会更珍惜自己的生命。因此，如果一个自杀的人有机会坐下来跟自己好好谈一谈，也许就能自我超越而远离自杀了。

就人的本性来讲，生存的欲望是非常强烈的。当一个人真的要自杀时，他们的痛苦一定是远远超过了他们生存的欲望。一方面是生活的欲望，另一方面是想摆脱生活中悲惨痛苦的欲望，这两者之间发生了激烈的斗争。你希望活下去，也希望摆脱痛苦，这两种欲望都很强烈。如果痛苦不幸过于强大，你感到根本无法既活着又摆脱那些痛苦不幸，于是，你很可能断定：除了自杀之外，别无出路。自杀本身并不是目的，它只不过是对问题的解决途径。有强烈死亡愿望的人是矛盾和茫然的。他们的思维模式是非逻辑性的，其所做的选择只是停留在非此即彼的思维模式上。他们只看到两种可能的选择：痛苦或死亡，尤其不能想象自己能向前走或者会更加幸福，不能想象自己有走向成功的未来。

哲学家康德曾经提出反对自杀的六个理由，可以帮助我们对自杀行为做进一步的生命反思：（1）人生来都有义务，尤其是对自己要有义务，这是成为人的一个条件。对自己的义务之一就是保护自己的生命。自杀就是无视对自己的义务。（2）自杀是对自己的轻蔑。自杀者把自己看成了一个东西，自己可以随便处置。因而别人也就可以随便处置，所以自杀把人性降低成动物的等级。（3）自杀毁灭了生命，因而破坏了履行义务的条件。（4）自杀同时也说明自杀者弃绝了他所处的道德共同体。他弃绝了一切与他相关的所有社会关系，和这些关系维护的道德。自杀等同于不承认这个共同体的任何道德。（5）自杀实际上包含着一种情感矛盾：自杀者自杀是为了一了百了，让自己"解脱"。可是解脱，这个希望本身是对一个有生命的人才有意义的。没有生命的人无所谓解脱不解脱，因为对于死人而言，生活没有所谓的更好或更糟。所以所谓自杀，潜意识里还是想"活得更好"，可是他的选择却是消灭了生命本身。（6）自杀等同于自我谋杀。一个人完全无视任何权威，一个会自杀的人，并没有理性的保证不去谋杀别人，如果他能做自己生命的主宰，他就会成为别人生命的主宰。[①]

自杀行为本质上可以看作是对痛苦的逃避，同时也是痛苦的呼唤。自

---

① ［美］恩格尔哈特：《生命伦理学基础》，北京大学出版社2006年版。

杀行为是试图从陷阱中逃脱，是一种"被击败"和"被包围"的感觉。"被击败感"可来自外在环境，比如不良的人际关系、学业失败、家庭变故等应激因素；也可能来自无法控制的内在混乱。这种"击败"激发起一个充分的"击败效应"，使当事人在处境中出现被推入陷阱的感觉。当事人也预期他们将没有能力去逃脱那些最烦人的事物。进一步，他们相信自己很少有可能被其他人或环境力量来挽救。"痛苦的呼唤"可能在一开始具有发泄不满的成分，及至后来感到逃脱的可能已经很小，则可能发展为绝望。在这种条件下，缺乏社会支持和易于取得致死性方法，必然容易导致极端的自毁行为。

选择死亡是一件严肃的事情，不是可以草率而为的。只要生命有一丝活下去的理由，就不应该放弃！在一个人欲结束自己生命之前，不妨拷问自己：这样死得其时吗？有足够的理由吗？死是最好的做法吗？带给亲人是最小的痛苦吗？从伦理角度说，自杀的伦理基础必须考虑：

第一，深思熟虑或情急所至——最合理的时机。自杀是对死亡的选择，它必须是根源于当事人对自我所处状况的深刻、独到的体验，并由此产生的对生命意义的自我否定。所谓情急所至即遭遇有可能毁灭自己的意外情况，此时灵魂与肉体产生冲突。选择肉体的死亡，从而保全灵魂的完整。此时的自杀是一种自我保全行为。所谓宁为玉碎，不为瓦全。当然，还有一种情况，即突如其来的生存的某种丧失，从而产生了以往生命意义领悟上的断灭，由此走向对死亡的肯定。

第二，使生命值得活下去的理由不存在——最充分的理由。生命已失去光泽，变得昏暗，没有了清醒的判断；痛苦远远超出了自我承受能力；一切变得绝望，陷入于绝境；活着已是一种负担与累赘。

第三，生命因此而完整——最好的做法。人生是求其圆满，而非求其长短。而当人无法求得各方面的自身完整（自然死亡）时，求取生命在某一方面的完整，便成为死亡选择的有力支撑。活着如果是一种毁灭，那么，死亡就是一种成全。自古以来，威武不屈、宁折不弯、守身如玉……多是当事人对生命品质至上性的一种追求。

（4）存有给亲人带来痛苦与心灵创伤吗——最小痛苦。自杀在某种程度上是对痛苦的解脱。离开这一点，便无法理解自杀。然而，人总是生活在一种生命共同体中的。唯有当事人对死亡的选择立足于"自我"和"我——人"相关性角度完整地理解，从而做出决定，共同体中的他人对当事人的此等决定认同时，自杀方是可接受的。而当当事人的理解与共同体的理解无法一致时，而且给亲人造成的痛苦远大于自杀所消除的自身痛苦时，这便是不负责任，自杀行为是断不可接受的。

上述四个方面构成一个理智整体，缺一不可。这就是自杀行为的生命伦理基础。无论从哪种角度看，青少年正处于生命生长时期，上述自杀的伦理基础于他们都是不成立的。第一，青少年还不具有成熟的理性，尤其是对生命与死亡的本质还缺乏正确的认识，即生命意识存在自身缺陷，因此，他们的自杀没有健全的理智和理由，是毫无意义的。第二，它造成社会不稳定。一个未成年人自杀死亡会带给他人尤其是亲友无尽的伤痛。第三，青少年是社会的未来和有生力量，青少年自杀无疑是社会的自我毁灭。如果一个社会不能很有效地抑制青少年自杀现象，那就是人类的悲哀。

第三节　危机干预与生命存在的守护

心理危机包含三个最基本的要素：第一，重大改变。如，个体生活中发生重大事件、遭受挫折境遇、面临严峻挑战、遇到严重阻碍。第二，无能为力。惯用的干预策略、防御机制失效，努力尝试解决失败，产生严重的乏力感和失控感。第三，心理失衡。以往平静、平衡和稳定的状态被打破，各项功能出现明显失调，认知狭窄负性（只看到消极悲观无望）、情感低落易躁（抑郁、烦躁、易激惹）、行为僵硬刻板（不能做灵活的选择、不作为或重复无效行为）。

心理危机发生时，往往伴有急性情绪困扰（焦虑、抑郁、烦躁），认知改变（思维焦灼和记忆减退），躯体不适（失眠、头痛、腰酸背痛）和行为改变（不再早起锻炼、生活常规改变）。因此，可以从情绪、认知、行为、躯体几个方面观察危机当事人的症状表现。

（1）情绪方面：表现出高度的焦虑、紧张，丧失感，空虚感，而且可伴随恐惧、愤怒、烦恼、羞惭、怀疑、不信任、沮丧、忧郁、悲伤、绝望、无助、麻木、否认、孤独、不安，烦躁、自责、过分敏感或警觉、无法放松、持续担忧、担心家人健康，害怕染病，害怕死去，等等。

（2）认知方面：身心沉浸于悲痛中，导致记忆和知觉改变；常出现注意力不集中、缺乏自信、无法做决定，健忘、效能降低、不能把思想从危机事件上转移等。做决定和解决问题的能力受影响。

（3）行为方面：社会退缩、不敢出门、害怕见人，有的则过分地依赖于他人；放弃以前的兴趣；呈现反复洗手、反复消毒、暴饮暴食等行为，容易自责或怪罪他人、不能专心学习或工作；与社会联系破坏，可产生对自身或周围的破坏性行为；拒绝帮助，认为接受帮助是软弱无力的表现；行为和思维情感不一致；出现过去没有的非典型行为。

（4）躯体方面：有疲乏、失眠、做噩梦、容易惊吓、感觉呼吸困难或窒息、哽塞感、肌肉紧张、头痛、头晕、食欲不振、胃部不适、腹泻等。

作为心理危机的极端形式，自杀危机并不是一定会变成自杀事件的。许多自杀者在采取行动前会有一系列的信息发出，它们往往被认为带有"求救"信号的色彩。一些人最后自杀并不是因为他们真的想死，而是因为根本就没有人注意到他们要自杀，甚至他们发出的求生信号被嘲笑或置若罔闻。其实，只要有人发现其自杀倾向并进行干预，自杀企图付诸实施的可能性及其最终死亡率就会大幅下降。因此，及时发现自杀信号，对于挽救自杀者至关重要。

一般而言，对自杀信号的识别可以从以下几个方面进行观察：

（1）个性有忽然的改变。如性格变得越来越糟糕甚至反常，一个沉默的人忽然变得滔滔不绝，一个冷漠的人忽然变得热情，特别是个性急剧改变的情形应当引起足够重视。

（2）谈论过自杀并考虑过自杀方法。包括在邮件、日记或乱涂乱画的只言片语中流露死亡念头。如常说"活着真没有意思""我不再能承受一些东西""没有人理解我""我感觉压力很大""我真的不想活了""我活不下去了"等类似语言，既是自杀企图的表示，也是求助信号。

（3）写过有关自杀的诗或文字。有的个体通过写遗书、留便条或写给自己远方的朋友或亲人书信请同学转交，这些文字信息的表达既是内心挣扎的表述，也是积极寻求社会支持的求救信息。

（4）饮食与睡眠习惯突然改变。比如暴饮暴食或茶水不进，忽然嗜睡或长夜难眠等，这些生活节律的改变都是内心冲突与变化的躯体反应，应当引起重视。

（5）成绩下降、逃课或者离校出走。当问题困难到难以解决时，可能会选择逃避与退缩，最常用的方法就是逃课和离校出走，逃避现实而不寻求解决方法。

（6）不明原因突然给同学、朋友或家人送礼物、请客、赔礼道歉、述说告别的话等。这类个体的异常行为表现必须引起足够重视，很多情况下，对这些信号我们会忽视，甚至认为是开玩笑。

（7）长期受抑郁症困扰的个体。特别是在大学生中罹患家族抑郁病史的个体，更容易受抑郁症的侵袭，这种痛苦常常是不为常人所感知的。

（8）情绪和行为突然明显异常。如特别烦躁、焦虑、恐惧，或异常低落，突然从低落变为平静，言语突然变多或变少，饮食睡眠受到严重影响、自虐等。

当个体出现以上一方面或多方面的行为变化时，就需要引起高度重视。

自杀强度的判断可以用以下一些问题来做出分析与辨识：

"你有这个念头多久了？"（越久自杀强度越高）

"你打算用什么方法自杀？"（越激烈的行动自杀强度越高）

"你实际去准备了吗？"（已经开始着手准备者自杀强度较高）

"你写过遗书吗？"（有遗书者自杀强度较高）

"你曾经将这想法告诉过别人吗？"（不曾告诉别人者自杀强度较高）

"倘若你现在就死了，还有什么挂念的吗？"（挂念越少者自杀强度越高）

"在什么条件下可以解决问题，让你不必去死？当然，也许不会真的发生，我只是假设而已。"（找得到免死条件者，自杀强度较低；无论如何都要死者，自杀强度较高）

自杀干预是心理危机干预中最重要的内容。如果当事人声称要自杀，且计划详细可行，这个人基本就可以划入高危人群，短时间内他可能会去自杀。如何与自杀危机者说话，是一门"艺术"，同时也是很专业的"技术"。一般来说要注意：

不要说"你不能自杀"。事实上他们能，这种说法仿佛挑战他们是不是"敢"或"能"的力量。自杀者已无须我们再去挑战他的自我意象或没有能力的感觉。

不要说"你不敢自杀"。尤其是在紧张的人际关系中，这种说法是逼人去死的另一种说法，自杀者会产生"做给你看"的抗拒心理与行为。

不要说"这只是一个阶段，它会在一夕间消失殆尽"，这句话有两种意涵，一是当事人并没有什么不对，只是时间的问题罢了，其实不然。另一意涵是当事人现在的心情可以不必在乎，过一阵子就好了。如此一来只有加深自杀危机者孤独与不被重视的感受。

不要陷入与自杀者讨价还价的困境。例如有些个案会要求干预者协助完成某些事以换取他的不自杀，如正在分手阶段的失恋者会以自杀作为阻止事件继续发生的手段。

不要对自杀者所言之事表示震惊，因自杀者有时会试探你陪他的能耐，他们尝试表达内在深沉的痛苦感受，需要你的支持而不是与其负面的自我意象对抗。

不要答应你做不到的事，例如答应自杀危机者让情侣回头等，因为这些正在发生的情境并非你能掌控，尤其是向某些人承诺你会"使自杀危机者不会自杀"。

不要陷入自杀价值（或意义）的争辩，例如争辩"当生命已无价值时，人们是否有生命自主权？"等，它会诱导自杀者认为你可能支持他的决定。哲学议题应在适当时机讨论。

不要使自杀者落单，直到你确定他已无自杀企图的危险。如果你不确定状况，可以寻求更专业的判断。

不要对过去自杀的企图使用"成功"或"不成功"的字眼。谈自杀的适当字眼如"自杀想法""自杀企图"与"完成自杀"，成不成功意味着没有把事情做正确，"自杀不成功"的说法使他产生"连这件事都做不好"的感受。

不要为自杀者寻找活下去的各种理由。我们习惯请人找出十个活下去的理由，对自杀者而言，尤其是高度心慌意乱与意念纠结的人，难以厘清如何活下去，列不出十项岂不是又是一大挫败？只要找得到一项理由活下去，就够了。

自杀危机者最常说的一句话是"没有人在乎我"。你可以说："当你消失之后，一定会有某人或某物会想你吧！那会是谁？或什么事或物？"如果自杀危机者有答案，就鼓励他为该人、事或物活下去。找一个活下去的理由，该理由可以是一个人或一个对他而言有价值的事或物。

心理危机尤其是自杀危机事关人命，因此心理危机干预必须以救人为主，以保证生命安全为首要目标。自伤或伤人事件一旦发生，对于一个家庭来说就是一场巨大的灾难；对于学生本人来说，可能断送生命；对于同学来说，是一种强烈的应激刺激；对于学校和社会来说，造成的损失和影响也是巨大的。因此，心理危机干预必须确立"生命高于一切"的基本原则，包括：生命安全高于一切、生命价值高于一切、生命成长高于一切。

生命安全高于一切。心理危机干预必须首先进行及时的情绪疏导，确保生命安全。每一个人的生命只有一次，每一个人的生命存在是从事其他一切人生活动的基本前提。没有人，没有构成人的个体生命，就没有价值的世界。这决定了我们面对心理危机事件时，必须首先、及时地保护危机当事人及相关人的生命安全。

生命价值高于一切。心理危机干预必须坚持价值中立与价值引导相结合。处于心理危机中的当事人，大多处在极端情绪之中，很难理性地接受"道理"，更需要的是安抚情绪。这就决定了在心理危机干预中，必须首先尊重危机当事人对事情的认知及其背后的价值观，不做价值评判，这就是"价值中立"。但是，心理危机之所以成为危机并不是当事人遭遇的事情本身，而是当事人对所遭遇的事情的认知和判断，根本上是特定的价值观。因此，深层次上说，要真正让危机当事人彻底度过危机，又必须进行价值引导，帮助其改变错误的价值观和认知态度。

生命成长高于一切。心理危机干预必须治标兼治本，促进当事人生命成长。大学生心理危机干预不能只是就事论事，仅仅停留在缓解症状上。危机干预的最终目标应该是转"危险"为"机会"，通过危机干预，充分调动当事人的积极资源，在有效干预当前危机的基础上，从中获得新的经验，重整认知结构，从绝望中看到希望，从危机中看到生机，使自己变得坚强和自信，全面提高心理素质和能力。心理危机干预并不只是将危机当事人从"危险"中拉过来就结束，心理危机干预应把促进当事人和当事人所在团体的发展作为基本原则。

第五讲　生命超越与生命境界

"危机"一词本就蕴含辩证思维：一方面是危，指生命危险；一方面是机，指挽救生命的机会或契机。危机的危险性体现在，如果心理危机过分严重，威胁到一个人的生活，个体可能采用不恰当的方法应对问题，会导致心理社会功能的下降，甚至出现精神崩溃、自杀或他杀。危机的机遇性则在于，如在危机状况下，个体成功地把握心理危机或及时得到适当有效的干预，个体可能学会了新的应对技能，不但重新得到了心理平衡，还获得了心理的进一步成熟和发展。从生命教育视域来说，心理危机干预的最终和最重要的目标，应该是帮助危机当事人走出意义困境，重建生命意义。

第一节　生命连接与生命的重建

人的存在及其一切心理、行为本身都可以从倾注着人类本质力量的对"有意义"生活追求的角度去理解和把握。意义治疗大师弗兰克尔甚至认为，真正的危机其实就是意义的危机。因为一个意识到他对于一位正热切地等待着他，或者对一项未完成的工作，所担负的职责的人，将永远不会抛弃他的生命。他知道了他的存在的"为什么",他将能够承担起几乎所有的"如何"。

心理危机干预可以通过多种方式来开展,如个别干预、团体干预、网络干预、电话干预等。各种干预形式各有利弊,应探寻各种形式的有效结合,以期达到最佳的干预效果。不同的干预形式当然也需要不同的技巧,包括技术和方法。不过,不管哪一种干预形式,与危机当事人建立生命连接、进行有效交流,始终是最重要也是最基本的技巧。

首先,完全接纳并密切关注危机当事人的当下生命状态。完全的接纳和密切的关注主要包括:(1)理解当事人的情绪和行为。危机干预工作者要保持始终如一,平静地面对当事人表现出的绝望、焦虑甚至敌意,为他们营造安全和信任的氛围,建立信任。(2)尊重当事人的个人观念和境遇。危机干预工作者在这个阶段要保持价值中立,不对危机当事人此时此地的看法和行为做出简单评判,使当事人感到自己受尊重、被接纳,获得一种自我价值感。(3)使当事人意识到自己被密切关注,而不是被忽视。在当事人叙述的过程中,危机干预工作者应保持全身心地倾听与关注,与当事人保持适度接近的距离,呈一定角度,不要面对面,以免让当事人感到紧张和不安。危机干预工作者要通过点头、保持眼神接触、微笑、给予适当的言语反馈(包括恰当的语调和措辞)等,向当事人传达关心、参与和信任的态度。

其次,认真倾听和充分共情当事人表达的呈现和表达的各种生命信息。在基本信任和生命连接建立的基础上,危机当事人会以语言和非语言的方式呈现和表达出各种生命信息,此时,危机干预者的倾听和共情就显得特别重要。倾听不是仅仅用耳朵听,更需要用心去设身处地的感受。倾听技能包括观察当事人的非言语行为,如姿势、表情、举动、语调等;理解当事人言语所传达的信息;注意当事人叙述的前后连接,并与其生活的社会环境相关联,等等。在倾听过程中,倾听者可以通过澄清、释义、情感反馈和归纳总结等倾听技术,加深对当事人的了解与认识。危机干预者要通过语言和动作等方式向当事人表达理解，并能够立足于当事人的情感立场，用当事人的眼睛看世界，并用自己的方式表达其内心体验。例如，某自杀未遂同学向干预人员叙述他在得知女友要与他分手的消息后，一个人失魂落魄地跑到山上，干预人员可以趁机表示对他的理解："你当时感到很绝望、很无助、很愤怒，对么？要是我，可能也会有这样的感觉。"

再次，恰当使用提问和适当沉默，领会危机当事人的生命意愿。在危机干预中，恰当的提问可以彰显危机问题的本质。提问可以是封闭式也可以是开放式，要视情况而用。封闭式提问用于向当事人了解特别的或具体的资料，对某些特别行为资料进行确认，以"是"或"否"来回答。封闭式提问的常用词有"是否""有没有""能否""对不对"等等。封闭式提问常在危机干预的初期阶段使用，用来确定某些特殊资料，帮助危机干预者快速判断正在发生什么。在交流过程中，当事人很可能出现长时间的沉默，这时危机干预者不要认为是自己交流能力不足，也不要试图发表意见来打破这段沉默，更不要随便催促当事人做出回答。因为危机当事人需要时间进行思考，连珠炮式的提问和无休止的说教无助于解决危机，反而会使当事人产生厌烦。而适当保持沉默，则可以加深理解和达到双方的共情。双方的沉默可以给当事人传达出这样的信息："我知道你现在很难用言语表达你的苦衷，我理解你，并且随时都会帮助你。"一段长长的沉默之后，往往会出现有价值的信息。在这段时间内，危机干预者也可以对自己的问题以及当事人的表现进行消化和理解，给自己充裕的时间来思考如何更好地掌控局面，建立彼此生命的连接。

最后，做好适度引导，促进危机当事人的危机转化。在心理危机干预中，一般来说我们要对当事人的人格、观念和境遇保持尊重，不加入价值评判，保持价值中立。但在操作中，根据实际情况，危机干预者有时必须对当事人的有关行为做出判断，特别是要控制事态发展时，常常应该给予当事人一些直接、明确和适度的指导。"适度"表现在：不对当事人的人格进行评判；不能通过情绪反应等流露出对当事人的好恶感情；对于当事人的行为做出合理而有力的价值引导；适当使用表扬、鼓励等正强化来表达对当事人良好表现的赞赏。

人的生命是一个身、心、灵的统一体。身是生命的物质能量系统，心是生命的心理能量系统，但生命的方向盘却掌握在灵性精神手里。人的灵性精神生命最内在的是信念信仰，其次是由信念信仰系统建构的价值等级序列即价值观，最外层的是基于个人价值观系统的意义赋予方式或者说意义建构方式。三者作为一个统一体掌控着生命的方向，决定一个人做什么或不做什么，怎么做或不怎么做。当一个人自己的价值观和意义生产方式与社会的价值观和意义生产方式产生了巨大冲突，而自己又无法调和时，就容易产生心理危机。从心理危机的实际表现来说，几乎所有的危机当事人尤其是自杀心理危机当事人，无不表现出人生的无意义感或者说意义赋予能力偏低。这彰显出危机当事人的价值观和意义赋予模式与现实社会或者微环境的价值观与意义赋予模式发生了巨大冲突。

从生命教育视域看，价值观是人的心理建构的基石，心理危机的产生往往与人的价值观冲突有着密不可分的联系。价值观冲突是引发青少年心理危机的主要原因，而价值观引导则是青少年心理危机干预的"关节点"所在。因此，心理危机的干预，最终需要通过教育来完成，尤其是生命教育（包括死亡教育）。对生命本身存在及其意义的了解，确立正确的生死态度，是我们维护心理健康、克服心理危机极其重要的内容。

人活着是需要意义支撑的，人活着也是需要创造价值的。生命存在本身的神圣性和唯一性就决定了其至高无上的价值，但是要领悟到生命的意义并去创造生命的价值，则是需要学习的。而死亡就是学习生命最好的老师。当一个人能够从生命的终点"死"回望"生"，并做好随时接受死亡的准备时，他就为自己的生命确定了基本的价值与意义，那就是认真活在当下。一个有充分意义感的人，就能够感受到人生和现实世界的价值，就能够体验到人生的快乐和幸福，同时也必然是一个积极乐观、心理健康的人。

第二节　向善改过与自我的超越

危机干预中的生命连接与生命重建要最终转化为当事人的生命能量，还必须依靠当事人本人对自己生命的爱，以实现生命觉醒与自我超越。爱是生命的底色，生命是爱的展现。真实的生命，就是活在爱的关系中的生命。但是，不管是家庭之爱还是社会之爱、自然之爱，爱的实施者都是作为个体生命的"我"。"爱自己"是一件说起来容易做起来难的事。因为人的生命是一个"顶天立地"的复杂存在，既有"通天"的神圣性，也有"接地"的世俗性，还有"依人"的自由选择性。

我们需要有一个健康的肉身，因为我们要用这个健康的肉身来实现其他非肉身的价值，如求真、求善、求美、求神圣；如爱父母、爱家人、爱朋友、爱社会、爱国家、爱天下。正因为肉身的存在与健康是我们实现生命中其他非肉身目标的基础和前提，因此在任何情况下，尊重和爱护我们肉体生命的存在，便是我们尊重生命、爱护生命的最基本要求。孔子曰："父母唯其疾之忧也。"曾子曰："身体发肤受之父母，不敢毁损也。"

肉体生命是我们整个生命存在的前提和基础。因此，尊重和爱护生命的最基本前提是尊重我们的肉体生命。肉体生命在任何条件下都没有罪过，我们没有理由将生活的不愉快怪罪于肉体生命并企图损害它甚至消灭它。肉体生命是实现我们整个生命存在的价值与意义的载体与工具。因此，实现生命的价值与意义，并不在于满足甚至不断地满足肉体的欲望，以追求纯粹感官的"快乐"与"享受"，而在于合理地消费肉体生命以实现非肉身的价值与意义。爱我们自己的肉体生命，需要克服不健康的一些生活习性，养成健康的生活方式。

联合国世界卫生组织就此提出以下 10 条标准，可以作为我们维护肉体生命健康的参照：（1）有足够充沛的精力，能从容不迫地应付日常生活和工作的压力；（2）处事乐观，态度积极，乐于承担责任，不挑剔事务的巨细；（3）善于休息，睡眠良好；（4）应变力强，能适应环境的各种变化；（5）能够抵抗一般性感冒和传染病；（6）体重得当，身体均匀，站立时，头、肩、臂位置协调；（7）眼睛明亮，反应敏锐，眼睑不发炎；（8）牙齿清洁，无空洞，无痛感，牙龈颜色正常，无出血现象；（9）头发有光泽，无头皮屑；（10）肌肉、皮肤有弹性，走路感到轻松。

心是个体生命的发动机。因此，心理的健康影响着整个个体生命的存在状态。心理健康，从广义上讲，是指一种高效而满意的持续的心理状态；从狭义上讲，是指人的基本心理活动的过程内容完整、协调一致，即知、情、意、行、人格完整协调，能适应社会。美国著名人本主义心理学家马斯洛和密特尔就心理健康提出 10 条经典标准：（1）有充分的自我安全感；（2）能充分了解自己，并能恰当估计自己的能力；（3）生活理想切合实际；（4）不脱离周围现实环境；（5）能保持人格的完整与和谐；（6）善于从经验中学习；（7）能保持良好的人际关系；（8）能适度地宣泄情感和控制情绪；（9）在符合团体要求的前提下，能有限度地发挥个性；（10）在不违背社会规范的前提下，能适当地满足个人的基本需要。

影响我们心理健康的因素很多，但是，情绪的管理则是最为重要的。因为消极情绪管理不善，会导致严重的心理困惑甚至心理疾病。因此，珍爱我们的心理生命，最重要的是学会管理情绪。

埃利斯在 20 世纪 50 年代提出情绪 ABC 理论。A 指诱发性事件，B 指由 A 引起的信念（对 A 的认知和评价），C 指情绪和行为的后果。这一理论认为，情绪不是由某一诱发事件本身所引起的，诱发性事件 A 只是引起情绪及行为反应的间接原因；情绪是由经历这一事件的个体对事件的解释和评价所引起的。B（人们对诱发性事件所持的信念、看法、解释）才是引起人的情绪和行为反应的更直接的原因。根据这样一种情绪理论，管理情绪最核心的不是去控制自己无法控制的"诱发性事件"或"情绪与行为的后果"，而应该是管理自己可以掌控的"对诱发性事件的信念和解释"，以及不合理的信念。

不合理的自我信念是一种非理性信念，是会导致情绪和行为问题的不合理认知。不合理信念有三个基本特征：绝对化、概括化、糟糕至极。在词语上都以"必须""应该""一定"为表现。常见的不合理自我信念包括：（1）自己绝对要获得周围的人，尤其是周围重要人物的喜爱和赞许；（2）要求自己是全能的，只有在人生道路的每一个环节都有成就时才能体现自己的人生价值；（3）世界上有许多无用的、可憎的、邪恶的坏人，对他们应歧视和排斥，给予严厉的谴责和惩罚；（4）当生活中出现不如意的事情时，就有大难临头的感觉；（5）人生道路上充满艰难困苦，人的责任和压力太重，因此要设法逃避现实；（6）人的不愉快均由外在环境因素造成，因此人是无法克服痛苦和困扰的；（7）对危险和可怕的事情应高度警惕，时刻关注，随时做好准备；（8）一个人以往的经历决定了现在的行为，而且是永远无法改变的；（9）人是需要依赖他人而生活的，因此，总希望有一个强而有力的人让自己依靠；（10）人应十分投入地关心他人，为他人的问题而伤心难过，这样才能使自己的情感得到寄托；（11）人生中的每一个问题，都要有一个精确的答案和完美的解决方法，一旦不能如此，就十分痛苦。

认识到这些常见的不合理信念，我们就需要通过合理的方式进行调节。

首先，建立合理的认知结构。情绪 ABC 理论告诉我们，人的精神烦恼和情绪困扰大多来自其对现实的不合理、不符合逻辑或消极认知所致。在现实生活中，我们要学会发现并解除这些不合理信念对我们的制约，明白任何事物都有其黑、白两面，用合理的信念支配自己。

其次，培养积极宽容的人生态度。宽容是宽大有气量，不计较或追究。不管外界对你多么苛刻，对你有多么不公，只要你用一种博大的胸怀去包容一切，接纳一切，世界慢慢地会变好起来。宽容别人、宽容生活，就是宽容自己。

再次，培养笑对人生的超然胸襟。用超然的心态看待一切，不去苛求。

特别是当你的好心得不到别人的理解时，更要拿出一份超然。托尔斯泰年轻的时候，回到故乡，把父亲留给他的庄园尽数分给农奴，想让他们过一份自由幸福的生活。想不到，农奴们不但不感激他，反而大骂他：我们当奴隶当惯了，只会当奴隶，你分了土地，我吃什么呀？这类的事我们都可能遇到。

最后，学会运用情绪放松技术。当出现消极情绪体验时，还可以运用放松训练，通过躯体内部自我调整达到身心平衡的目的。放松技术非常多，主要有调息放松、调意放松和调身放松。调息放松，又叫深呼吸放松法，即调节自己的呼吸，有意识地进行一呼一息的训练，延长吸气或呼气的时间。

人的德性生命或者灵性生命是我们个体生命的方向盘。依据儒家基本思想，每一个人都有上天赋予的基本人性，所谓"天命之谓性"。这个先天人性具有向善性，是我们生命行为展开的基础，表现在人皆有"恻隐之心""羞恶之心""恭敬之心""是非之心"，由此而有仁、义、礼、智四德的根基。但是，这四心是很微弱的，如"泉之始达""火之始燃"，需要不断充养。而不断的积小善而为大善，便是这样一种充养人性的自我关爱。要实现我们生命的成长，我们必须多有善行，行善迁善。

个人生命的成长总是渐进的，在修行过程中，不可避免会面临各种过错。如何改过修身，也是珍爱我们的德性生命的重要方面。所谓"过"，其实就是我们在生命列车运行中的任何一个刹那偏离了方向。字面意思即走过了"一寸"。常言曰：人非圣贤，孰能无过？过而不改，是谓过矣；过而改之，是不过也。

《论语》中，孔子在《学而》篇和《子罕》篇里反复说："过则勿惮改。"不要怕改正错误。但一般人恰恰就是不勇于承认错误，也不勇于改正错误。究其心理，一方面是难过面子关，由于不好意思而文过饰非；另一方面是心存侥幸，以为人家不会发现自己的错误，结果是欲盖弥彰，在错误的泥坑中越陷越深。

中国儒家的传统注重一个"诚"字。"诚"和"信"可以互训："诚者，信也。""信者，诚也。""诚"是指"天人合一"，是天与人之间的互动。"诚"也是"真实无妄"和"诚实无欺"。说其"真实无妄"，乃在于"诚"是客观存在的实理，不仅是天之道，而且也存在于人性之中，故而人应当保存自有本性，如其本来所是，勿起任何私心杂念。

爱的本质是牺牲。爱他人、爱万物，根本上是行善。但是，行善积德，我们必须先改过，将自己的心地真正做一番洗刷功夫。如果不能彻底改过，纵然修善了，也会使得善中夹杂着恶。因此，改过是积善的先决条件。

改过须发三心：知耻心、敬畏心、勇猛心。知耻是"惭心所"，是从内心里觉悟，是开悟自觉；畏惧是"愧心所"，是外力的加持，使人不敢胡作非为。人若能有惭愧心，必定有所成就。具足惭愧，才产生出勇猛心来改过。具备了这"三心"，一个人就能智慧增长、生命成长。

第一是要发羞耻心。人活在世上，从积极方面说要"立志"，从消极方面说要"知耻"。孔子说："行己有耻，使于四方，不辱君命，可谓士矣。"（《论语·子路篇》）又说："好学近乎知，力行近乎仁，知耻近乎勇。"（《中庸》）孟子说："人不可以无耻，无耻之耻，无耻矣。"（《孟子·尽心章句上》）又说："耻之于人大矣。"（《孟子·尽心章句上》）一般说来，人的过失，或者是沉溺于世俗感情，即沉溺于财、色、名、食、睡五欲之中，喜乐于色、声、香、味、触、法六尘之内；或者说偷偷做出不义之事，还以为别人不知道，面无愧色，一天天沦为禽兽自己却毫无察觉和意识，即自己还缺乏"知耻之心"。因此，发羞耻心，"知耻"，乃是我们识过改过的前提。

第二是要发敬畏心。《论语》云："君子有三畏：畏天命；畏大人；畏圣人之言。小人不知天命而不畏也，狎大人，侮圣人之言。"（《论语·季氏》）君子敬畏天命，敬畏处于高位的人，更敬畏圣人的言语；而小人不知天命而不畏，不尊重在上位的人，蔑视圣人的话。

第三是要发勇猛心。人们不能改掉自身的过错，多数是由于拖沓和畏难退缩的缘故，因此，必须发奋振作，当机立断，不可优柔寡断，不可消极等待。罪过这东西，小的像钻进肉中的芒刺，应该尽快剔除；大的像手指被毒蛇咬啮，为防止毒汁扩散，应当赶紧斩断手指，不能有丝毫迟疑。

《论语》有云："君子不重，则不威；学则不固。主忠信。无友不如己者。过，则勿惮改。"（《论语·学而》）"君子之过也，如日月之食焉。过也，人皆见之；更也，人皆仰之。"（《论语·子张》）有了过失就应当及时改正，不可因畏难而苟安。二程也曾说："学问之道无他也，知其不善，则速改以从善而已。"有了羞耻心、敬畏心、勇猛心，我们便有了改过的资本和动力。

在现实中，人们对于所犯过失的改正，遵循的路径是不同的，有从事情本身进行纠正的，有从情理上加以纠正的，也有从心灵上加以纠正的。不同的改正方式所需要下的功夫不一样，所取得的效果也大不相同。

从事情上改，就是针对具体所犯过错，就事论事地改正。比如，前天生气骂人，现在不再发怒。这种改过方式主要是从外部采取强制性手段，所以困难比较大，而且导致错误的根源始终存在，这一方面的过失没有了，那一方面的问题又会产生。因此，从事相上改，不是彻底根除过失的好方法，即所谓的"治标不治本"。

从情理上改，是在未动之前就主动地去思考自己的行为可能产生的后果，从而遏制自己的行为。比如，假如以前自己喜欢发怒，那现在必定要想：别人跟我一样也是人，也会有不足之处，从情理上来说值得怜悯，假如我违背情理相互争执，对自己又有什么好处呢？这样想明白了，也就不会生气了。

过失虽然是多种多样的，却都起源于人的内心，如果心念不曾乱过，又怎么能犯下过错呢？中国有句古话，说"相由心生，相随心改"。因此，改正过错的最佳方法是调治内心，可以立即收效。刚一萌生邪念就有所察觉，刚一察觉就立刻扑灭，如此就不会犯下过错了。假如做不到这一点，就应该退而求其次，在想清楚道理之后对错误加以改正。再做不到的话，就应当针对具体的事情加以改正。

第三节 生命成长中的境界提升

生命成长的过程，一方面是要完成不同成长阶段的生命任务，另一方面，也是在不断认识与反省、追问与思考中，超越纯粹自然肉体生命的存在，在精神上追求更加属人的存在状态。这种追求过程，实际上就是个人生命的存在境界的不断提升。"境界"通常是指事物所达到的程度或表现的状况。在指称人的思想认识或道德修养时，则特指人在认识或修养过程中所达到的程度或表现的状况。中国文化中具有深厚而丰富的境界论思想传统，儒、道、释三家在境界论方面都有丰富的思想资源。从某种角度而言，中国传统思想根本上就是研究安顿心灵、提升人的生命境界的境界之学。在中国传统的境界论思想中，大体都围绕这样的问题视域展开：个体生命如何获得自己精神心灵的自由？个体生命如何与其他生命和谐相处？个体生命与天地万物应该是一种什么样的关系？个体生命如何次第提升自己与自己以外的世界的相融境界？基于这样的问题视域，儒家将"仁"作为人的心灵安放之地，倡导一种道德为核心的境界论；道家则以"无"为人的心灵可以达到的高度，崇尚一种自由的境界论；佛家则以"空"为人的心灵觉悟的境地，倡导一种启迪人获得解脱的境界论。而在终极意义上，儒道释三家都倡导天人合一的境界。

在现代中国学者中，冯友兰在《新原人》中主要从善的角度，根据觉解程度的不同，把精神界分为四种，即自然境界、功利境界、道德境界与天地境界。唐君毅则将境界视为超越心灵展开种种感通活动的界域或范围，并在他的《生命存在与心灵超越》中以心灵三观分别观对象之体、相、用，把人的生命存在分为三类九种境界，试图通过融合西方哲学来重建儒家心性本体学说。不过，从生命教育视域看，唐君毅在《人生之体验·自我生长之途程》中提出的十种生活内容的形态即十层人生境界，更具有现实意义 [1]。

1.婴儿之万物混一："婴儿之自言自语"

这是指人生打破混沌的婴儿时代的生活境界。他认为，人在婴儿时代，吮吸着母亲的乳汁而生长，在家庭中是父母兄姐环绕的中心。他在惊奇中开始接触周围的形形色色的世界，这时他还没有回忆，没有想象。周围的一切，每日相见，都同样的新鲜，他只感到在"日照月临中生活"，在"花香鸟语中生活"。在他的世界里，只有一重，而不是两重，只有真实，而无虚幻。他对一切都只有信任，而无疑惑。这是人类自我生长中所要经过的第一阶段，是人生的初始境界。

2.童年之二元对立："为什么之追问与两重世间之划分"

这是指人生的知识日开的童年生活时代的境界。人处于童年的时代，对周围的一切充满着无穷尽的好奇。天为什么下雨？地为什么长植物？太阳为什么发光？月亮中为什么有黑影？在这无穷尽的追问中，就有了两重世界的划分，一重是现象的世界，另一重是原因的世界。同时他也知道了人人都有一个心。别人的心，对我来说都是不可猜测的神秘，于是又有了人我两重世界的划分。而且，他由于知道了现实世界的因果关系，就很自然地用一物作手段，去得到目的中的另一物，如以物易物，以钱易物。这用手段的我，是"现实的我"或"现在的我"，而得到目的的我，是"将来的我"或"真正的我"。这样，又有了自我两重世界的划分。正因为有这种种两重世界的划分，失去了婴儿时代对直接接触的世界的信仰，失去了对"我"的信仰，而有了心灵的痛苦和空虚。这是人离开婴儿时代以后所必经的人生境界。

3.青年之孤独空虚："爱情之意义与中年的空虚"

这是指人生追求爱情的青年时代和有了孩子的中年时代的人生境界。

---

① 唐君毅：《人生之体验》第116-160页，《唐君毅全集》卷3，九州出版社，2016年版。

唐君毅认为，人为着补偿在人群中的孤独，打破这种孤独，就需要家庭以外异性的爱情。爱情使我忘记了因两重世界的划分所带来的痛苦和空虚，使我获得了最大的充实和欢乐。在爱情中，人们获得了两重生命，其中的一重，就是自己的子女。但是子女的降生，又冲淡了夫妻之间的爱情。孩子愈长大，便愈要离开我。我虽然由养子女而真正知道孝父母的理由，而父母又不能永远承受我的孝。人在这时不免有着深深的恐惧，他担心在生命相续的连环上的两头，都会一齐拉断，难免充满无尽的空虚。这种中年时代的空虚，也是人生所必经的人生境界。

4. 中年之名利幻灭："向他人心中投影与名誉心之幻灭"

这是指追求名誉的壮年时代的人生境界。唐君毅认为，人们为了打破人与人之间的阻隔，使自己变成为别人所系念的人，就开始追求名誉和权位。在人有名誉时，就不会再感到孤独。但是名誉是什么，名誉不过是我的名字得到留传。而你的名字哪一本书上没有呢？不过是散见不连在一起罢了。但散见和连在一起又有什么区别？人们给你名誉，不过是他们把自己的思想和希望，随意想象而裁成衣裳，不管合适或不合适，一概给你套上。因此，人们如果细细想一想，求名亦是很可笑的，求名会使人失去真正的自我。这种名誉之心的幻灭，也是人壮年时所必经的人生境界。

5. 壮年之不朽杞忧："事业中之永生与人类末日的杞忧"

这是指对人类有贡献的科学家、思想家、伦理道德家、宗教家的人生境界。唐君毅认为，为求名而求名，是虚幻的，但为事业而求名，却是充实的。因为为事业求名，不是求名而是求实。唯有事业，才是沟通人与人之间感情思想，打破彼此阻隔的客观媒介。唯在事业中，人们才能在地上获得永生。但是事业又很难保障社会的进化，以事业去开拓人类的前途，难免渺茫。因此，追求事业的人，又不免为人类未来的命运，抱着杞忧，对人类过去未来的努力和奋斗，生出无穷的慨叹。唐先生认为，人由凡人而到超凡人，都要经历这样一种人生境界。

6. 求真者之梦："永恒的真理与真理宫中的梦"

这是指追求真理的自然科学家的人生境界。唐君毅认为，认识真理，能扩大人的心胸，拓宽对世界秘密的了解。没有真理，就没有世界，一切事物所以存在，所以变化，都是负荷一真理，表现一真理。在这世界上，唯有真理是不毁灭的，即使世界到了末日，真理依然存在。在真理的世界里，是无比纯洁、光明、莹净、一尘不染、灿灿如星的。但是，真理仍然不能救世，人类社会的进步，不能只依仗真理。以真理救世，科学救世，这只是真理宫中的梦。因此，处在这一人生境界的人，还有待于进一步的升华和超拔。

7. 求美者之感："美之欣赏与人格美之创造"

这是指追求美的艺术创造者的人生境界。唐君毅认为，真理要人超出直接感触的世界，而美则使人回到直接感触的世界。真理有相对绝对之分，而一切艺术的美，却都是绝对真理的表现。人们在美的欣赏和创作中，都会感到心与身的沉醉。但是这种沉醉，又会使人沉没于艺术的混沌中，使人变为一无所有，丧失了人的主体性。故人要真正表现和欣赏美，就不只是去创造客观的艺术品，还要雕塑自己人格的美。而最高人格美，就是善。这就需要自己支配自己，以自己原始的性格为材料，把自己造成理想的人格。故追求美的人生境界，虽然比求真的人生境界为高，但还不是最高的人生境界。

8. 求善者之悟："善之高峰，坚强人格之孤独寂寞"

这是指追求善的伦理道德家的人生境界。唐君毅提出，成善的道德修养是自己支配自己，自己雕塑自己的过程，是塑造自我人格美的过程。在这一过程中，表现了人的坚强意志，真正尊严和灵魂的无尽崇高。因此，这是比求美的人生境界高一层次的人生境界。但是，人要完成自我人格的塑造，必须本于善的理想，而善的理想是客观的、普遍的，而不是个人的，这就需要人人都去共同实现善的理想。各自独立的人格，将由善的理想而统一。而要达到这一点，一般的道德实践和道德教化是难于做到的。因此，求善的人生境界虽比求美的人生境界高一层次，也还不是最高的人生境界。

9. 求神者之福："心之归来与神秘境界中之道福"

这是指追求圣洁的宗教信仰者的人生境界。唐君毅认为，心本体是自满自足，无限扩大，绝对永恒的。它生天生地而本身不生，它是宇宙万物的灵根。因而也是真善美的自体。人只要念念不离自己的灵明，就将绝对完满自足，无待于外。而人们对上帝或佛的赞美和崇拜，其实也就是对自己心的赞美和崇拜。我的心就是我的上帝，我的神佛。因而追求宗教信仰的人生境界，比追求善的人生境界，又高一层次。但是宗教信仰者虽然赞美崇拜心，却还没有达到对人心仁体的了解。而且宗教对心体的崇拜，采取了高高在上神的形式，天人迢迢，相隔万里，亦有缺陷。因而宗教信仰者的人生境界，依然不是至高至美的人生境界。

10. 求仁者之道："悲悯之情的流露与重返人间"

这是指天人合德的中国儒者的人生境界。唐君毅强调，人心的大觉，不仅在它理无不通，而且在它情无不感。对于一切生命无尽的同情与虔敬的不忍人之心，是人心所固有，这就是人心之仁。人如果没有仁心，则人之爱真，真只成为一些抽象的公式；人之爱美，美将化为一种沉溺；人之爱善，善也坠入傲执。"只有从恻恻然之仁出发，才能不坠入枯寂，而用各种善巧的方法，去传播真美善到人间，扶助一切人实践真美善，以至证悟心之本体之绝对永恒，自知永生中之永生。"在他看来，这种仁体的自觉，是合天人、融主客的。仁心的普遍化就是天心，天心见之于人心，就是仁心。人有了这种自觉，就不只肯定崇拜神的重要，而且肯定一切实际事业的重要，如肯定合理的社会组织的重要，一般的社会改造和一般的教育的重要。从而担负起实际社会事务的责任。这种以仁自任的境界，就是中国儒者的人生境界。这是人生的最高境界。

在上述十种人生境界里，唐君毅强调："一至五是意指凡人之心境，但凡人多不自觉。由五至十，是意指由凡人至超凡人以上之心境。"① 换言

---

① 唐君毅：《人生之体验》，第 172 页，《唐君毅全集》卷 1，学生书局 1991 年版。

之，一至四说的是人生生长不同阶段上的人生境界，这是任何凡人也都要经历的人生境界，是从人生的纵面上说人生境界。六到十则是超凡人的人生境界，这并不是每一个人都要经历的人生境界，而是求真者、求美者、求善者、求神圣者和求仁者的不同的人生境界，这是从人生的横面上说人生境界。而第五则是由凡人到超凡人的人生境界，是由前四种人生境界到后五种人生境界的过渡境界。在前四种人生境界里，后一种比前一种为高，这是人人都要经过的人生自我成长的途径。在后五种人生境界里，后一种比前一种为高，并不是人人都要经历一番，而是要知所选择。人们要成就自己的人格，超升自己的精神，就应以中国儒者的人生境界为目标。

第六讲　死亡处境与死亡难题

　　死亡是与人类社会历史相伴随的，在某一侧面反映着人类历史的变迁。如果可以说，一部人类历史就是人类生命的演绎史，同样也可以说，一部人类史就是一部死亡史。现代社会是一个急剧变动的时代，体现在人类生命的方方面面。在这个剧烈变动的时代，要"把持住"生命，便不能不充分了解死亡。可是，我们身处的这个时代，又是一个"没有死亡的世代"，也就是说，一个人打从出生、婴幼期到青少年，到长大成人、就业结婚生子，从未体验过至亲好友的死亡；死亡似乎是一个奇怪、异常的事件，在我们的生活中不占有任何恰当的位置。虽然死亡已经不再是一种禁忌，但它仍然是一个隐蔽的话题。但是，诚如库布勒·罗丝在她的《论死亡与濒死》一书中指出：在现代社会，"死亡仍旧是恐惧、吓人的事情，而且死亡的恐惧是全球性的恐惧，尽管我们认为我们已经在许多层次上控制了它。改变了的是：我们应付及处理死亡和濒死，以及我们的濒死病人的方法。"[①]因此，我们必须从变化了的、现代科技左右了的时代状况出发，来了解现代人的死亡问题及其彰显的生命问题。

---

　　① E.Ross 著，谢文斌译：《论死亡与濒死》，牧童出版社 1979 年版，第 28 页。

第一节　死亡处境与死亡恐惧

由于科学技术的发展和价值观的功利主义化，现代人深陷存在性危机而不能自拔。在"生"的层面，是生活与生命之间的紧张，表现为生存条件的改善与存在意义的缺失并存；在"死"的层面，是技术与死亡之间的紧张，表现为人们对于技术之于死亡的阶段性胜利的陶醉和对于死亡之不可战胜的惊惧。

在传统社会，死亡时间完全是生命自然流程的内在表现，不存在将生与死绝对分开对待的时间界限。由此，死亡来临也不会给人们带来多大的震撼。但是，随着现代医学技术和诊断标准的发展，死亡时间成为一个可以预期的时间。例如，一般说来，癌症患者能存活一个月到半年，甚至可能更长的时间，但是，可以肯定的是，大多数患者都不可避免地要步入死亡这条不归之路。死亡时间来临的可预期性，明明白白地告诉我们：即使你现在还活着，但是，不能抱任何希望了，你必须由希望转入绝望。这就意味着：一方面，患者本人只能"数着日子"过日子，随时感受到死亡阴影不断加深所带来的极度恐怖；另一方面，亲属和朋友们也只能眼巴巴地看着患者一天不如一天而无能为力，内心如刀绞，哀痛与日俱增，没有止息。

传统社会尤其是中国农村社会，家庭是寿终正寝的理想之地。除了人们观念上暴力死亡或被视为凶死的死亡之外，正常死亡、好死、善终都是发生在家里的。"善终"是中国传统讲的"五福"之一，其中又分为："小善终"是无疾而终；"中善终"不仅无疾而终，而且是无憾而终；"大善终"则是不仅无疾、无憾而终，而且自觉自己所终。即使是最基本的"小善终"，所呈现的"终"的状态也是：濒死之时，躺在老屋里的老床上，子孙环绕，亲朋好友探视，不慌不忙地沐浴、更衣、交代后事，最后在浓厚的亲情、乡谊的安抚中"安然"瞑目。这叫作"寿终正寝"。很显然，中国人所企盼的死亡状态，是生命"自然而然"的终止，而不是可预期的"技术上"的结束；是一种个人自然生命尽管结束，但其血脉亲情的人文生命仍然在家庭、家族甚至家乡永存的状态。在这种情况下，个人之死，绝不是完全的毁灭；相反，个人之死这个事件，因为家人的"在场"，成为家庭、家族"大生命"延续的一个独特环节。这样一种对待死亡的观念和方式，在相当程度上减轻了死亡带给死者的孤独、无助感，也在一定程度上可以减轻对死亡的恐惧。但是在现代社会，由于生活方式、生活场景的变化，以及人们对死亡的观念的变化和医疗技术的发展，死在家里的人越来越少了，而越来越多的人"选择"死在医院。通常情况下，人们的死亡都经历千篇一律的过程以同样的方式呈现：在医院抢救室里，经过痛苦万分的各种抢救之后，"不治身亡"，然后医院签署"死亡证明书"，死者被送入"太平间"，最后送上解剖台和焚尸炉。由于在死者生命的最后阶段，都在忙于"抢救"，使得逝者常常来不及或根本没有机会交代后事；而生者也没有机会表达对逝者的情感。因此，人的死亡状态，不再具有温情脉脉、亲情盎然的伦理性，而只是纯粹个人肉体的心跳停止、脑功能和其他生理功能衰竭等的技术性事件。如此，传统中国人所期待和向往的"善终"，已经不再可能了；因为死只是个技术判定的"终"，而不具有"善"性了。

在传统社会，一个人的自然生命衰老到了一定程度，按其正常的速度终止了它的存在，通常也称之为"天年已尽"，因而"无疾而终"或"寿终"。死亡在根本上是"自然死亡"。现代人已远离了自然死亡，死亡变成了技术死亡。人们在强制性的医疗照管之下，"不能不把死亡看作一种疾病"。就像医学鉴定书上说的："经抢救无效死亡"，死亡不再是自然的生命流程而是技术干预失败的结果。在现代社会，老年人无疾而终的事是不被承认的。在中国人口的死因统计中，寿终或老死同样是不作为死因的。[1] 在现

---

[1]　游允中、郑晓瑛主编：《中国人口的死亡和健康》，北京大学出版社2005年版，第110页。

代社会，"自然死亡"的观念已经在一定程度上被驱逐出人们的头脑了。即使是那些年龄非常大，很明显是因为衰老而死的老人，人们也不认为其死是"自然死亡"。因为，"衰老"在现代社会医疗体系中，已经不被当作"自然现象"，而是被看成由某种或某些病症造成的现象。

客观上说，人的死亡，便是与世间一切割断联系。中国民间谚语曰："生不带来，死不带去。"正因为有这样一种"割断"，人的"死"就意味着失去在这个世界上所拥有的现实的一切，人死时的痛苦，大部分就是源于这种"丧失一切"所呈现的可怕与可悲。相对于"过去"而言，现代人拥有的东西要更多而且更好；不管是所拥有物的数量还是质量，现代人都要远远多于和高于古代人。在生之时，拥有越多，似乎也带来更多因为"拥有"而获得的快乐和幸福感受；相应地，到死之时，拥有越多也就意味着失去越大，由"丧失一切"所带来的痛苦也就越甚。总体上说，相比于古代人，现代人所拥有的物质财富和人际关系，都要丰富得多、复杂得多；由此，不可避免的是，因为死亡而引起的"丧失一切"的痛苦，也就更大、更剧。因为拥有越多，人对"生"的依恋也就越甚，也就对所拥有的一切越难割舍；由此，当死神不可避免地降临，人不得不"丧失一切"时，人也就不可避免地遭受更大的痛苦。正是由于这样一种因为"拥有"和"丧失"所呈现的生与死的辩证关系，引起了现代人面对死亡的更大恐惧。

除了"拥有"与"丧失"强化了现代人的死亡恐惧外，现代技术也强化了人们的死亡恐惧。相比于传统社会，现代医学科学技术的发达程度，已经可以在很多情况下挽救许多人的生命，从而使人在技术支持下免于死亡。但即使如此，医疗仍然对一些疾病，如癌症、艾滋病等，无法治愈。可是，尽管无法治愈这些疾病，医疗技术却可以延长患者的生命时限，如此，便增加了患者"自觉"地"步向死亡"的时光。换言之，医学通过药物和技术手段，可以人为地延长患者"数着日子过活"的时长。在这段知道自己要死亡到最终死亡的时间里，一方面，患者因为无法治愈，感受到死亡阴影的迫近，无时无刻不浸透于浓厚的死亡气息之中；另一方面，由于特别清晰的自我意识，又大大增加了对死亡的恐惧和由此而感受到的痛苦的强度，也增加了患者亲属对死亡的害怕与哀恸。有研究者通过观察临终前病人的生命状态发现："老年人涉历艰辛，十分向往安度晚年。中年人多有妻子儿子、白发父母，虑及自己死后上不能尽孝送终老人，中不能与妻子白头偕老完成自己的事业，下不能为儿女成家立业。青年人则为其美好的恋爱、婚姻和事业之终止而遗憾终生，因而病人极度痛苦、恐惧，从而加速病情恶化和死亡。"[①]由此可见，不同年龄阶段的绝症患者各有其"丧失"带来的痛苦与恐惧。由于现代医学技术客观上大大延长了患者临终到死亡的时间，给患者提供了"充分的时间"来"思前念后"，对比"拥有"与"丧失"，这种"思前念后"的"对比"，实际上是任由"死神"在"人生"中肆虐，使得人不得不深深地品尝死前的痛苦与恐惧，从而强化了人的死亡恐惧。

与此同时，现代人的无信仰状态，也在一定程度上强化了人的死亡恐惧。在传统社会，由于没有丰富的科学知识，人们少了对现实世界的理性认知，因而更关心精神及灵魂上的事情；而且，也更加相信古老的传说、神秘的传统风俗或者各种宗教的教义。因此，他们基本上能够用一些神秘的观念或者超验的看法，来帮助自己了解死亡、解释死亡，甚至认识死后世界。对于现代人来说，科学理性的主导，使得人们很难有对死后世界的信仰，因而也就无法了解"死后"自己终将如何；这种对死后世界的"无知"，也在一定程度上产生死亡恐惧。经验上说，人人都必然死亡，因此，关于死亡的知识，客观上有着最大的社会需求。但是另一方面，依据科学理性，死亡在本质上又是不可知的；因为人的任何知识都被界定为源于经验，而人活着的时候是不可能有关于死的经验的，人死后又不能言说其"死之经验"，所以，"死"及"死后之事"，都不在人们基于经验建构起来的知识体系之中，而只能存在于知识体系之外。由此，对于以"知识"为最高标准的现代理性人来说，缺少关于死亡的知识与对死亡的知识需求，就必

---

① 陈蓓、李伟长主编：《临终关怀与安乐死曙光》，中国工人出版社 2004 年版，第 187-188 页。

然造成人们思想上的极度困惑和心理上的高度紧张。这种紧张与困惑，不仅使生者常常处于对于死亡及死后世界的认知苦恼中，也使临终者面对死亡时无所适从，从而强化了死亡恐惧。

第二节　死亡品质与死亡态度

现代人的死更加孤独。"现代医疗环境让一个濒临死亡的人在全无菌的环境中死去，与家人、朋友、子孙、宠物，与自己熟悉的环境隔离。我们自以为运用最新医学科技和消毒设备，便已做到极力抢救生命；殊不知我们只是用一种野蛮的方式，逃避自己对死亡的恐惧和罪恶感。"[①]其结果无疑是增添了死者的孤独与痛苦。现代人大约75%的人在医院或疗养院咽下最后一口气。可是，"大多数的人皆在视死为寇雠的环境中辞世。我见过许多人在身心孤绝的情况下步向死亡，鲜少受到鼓励去放开心怀，卸下想象的恐惧。他们在心灵上往往与原本可以共享这宝贵时刻的亲爱之人发生阻隔。由于无法依赖自己的内在本质，他们怀着极度的惶惑不安进入另一个生存世界。"[②]"现代人很难想象过去那样平静地面对死亡，死亡的过程变得孤独而没有人情味。"[③]

现代人的死更加没有尊严。死亡的尊严是死亡品质的本质。人的尊严就在于，人是独立的主体，决不可把他贬抑为客体。只要他还是他自身的载体，人就是独立的主体。这就是说，人自我意识地、自我支配地拥有自身，人是自身特性的独立拥有者，是为自己行为负责的代表。现代社会技术统治一切，死亡也在技术支配之下。现代社会对死亡的处理方式使得"现在死在家里的人越来越少，越来越多的人死在医院里。不再死在家里而更多

---

① ［美］斯蒂芬·雷文著，汪芸、于而彦译：《生死之歌》，东方出版社1998年版，序。
② 图①，第4页。
③ E. Boss著，谢文斌译：《论死亡与濒死》，牧童出版社1979年版，第6页。

地死在医院里，这趋势大大改变了我们对死亡的观念。因为人们不可能不把死亡看作一种疾病。"[①] 人就是医院的一个病号——几号床或简单就是号数，你首先就是病号，而不是一个独立的主体人。死是由医生、专业人员所决定的死，不是由死者本人决定的死。"这种无面无形的死亡丧失了自身的尊严。"[②] 以医疗体系为代表的社会，有权决定病人在什么时间、遭受何种屈辱和手术致残以后才可以死。社会的医疗化，结束了自然死亡时代。这种情形不单是在西方而且在东方也存在，个体丧失了断气以前的自主权。健康即控制生命的动力，遭到了剥夺，直到生命的最后一息。所以，"人不再死了，而是让人死亡。"[③] 死亡就是被宣告"医治无效"。

现代人的死已经失去了其神圣性。从根本意义上讲，死亡是生命的反面。人的生命是身心灵三位一体的。正是这种人类生命的系统复杂性决定了人的死亡的丰富内涵。人的本质就是它的精神性与社会性存在，因此，死亡还有其体现人的更本质方面的内涵，这才是死亡神圣性的体现。而现代人的死亡，由于它违背了人的生命本质，从而也就失去了它的神圣性。现实生活中引起人们焦虑万分的死亡，仅仅是肉体的毁灭，它成了人们逃避与关注的焦点。技术死亡也正是由此成了当代支配着一切的死亡概念。在消费主义文化盛行的今天，生命成为消费机器，"我消费，故我在"。我拼命工作，挣越来越多的钱，目的就是消费。活下去的动力就是消费，作为生命本质的需要已降为次要地位。不仅生命被物化，死亡也被物化。

现代生活水准显著提高，使死亡远离人们日常生活的表层。人类平均寿命有了惊人的增长，医学技术也有了飞速发展，人们临终时肉体的痛苦被相当程度地减轻了。由于科学进步，可以达到的不是长生不老，而是将死置之度外，漫长的生命无痛苦，似乎是自愿地结束。非但如此，由于社会设施的完善，尸体的处理被美化，死亡也不再丑陋。现代生活改变了人

---

① ［法］贝尔特朗·韦热里著，李健英译：《禁止死亡》，海天出版社 2004 年版，第 22 页。

② ［德］贝克勒等著，张念东等译：《向死而生》，三联书店 1993 年版，第 39 页。

③ 同①，第 23 页。

类原先所认知的死亡意义,对于古代曾经如何一天到晚地担心死亡而活着,现代人已经无法想象了。现代人是如此执着于生命的自信,遗忘死亡而活着。

"生命变得更长久了,死亡被推迟得更远了,垂死者和死者将不再是司空见惯的家常事,人们正常的生命过程中更容易忘却死亡。"①

现代化减少了死亡,在一些文化中,死亡已经不是生命的中心问题,而是越来越被边缘化了。如在美国,"现代美国人把死亡看作是与无性色情一样的令人倒胃的东西,我们拒绝死亡,对濒临死亡的人掩盖他们的处境,并把死亡的所有蛛丝马迹都从我们的日常生活中赶走;我们把濒死的人送到医院,不仅仅是减轻垂死者的痛苦,也是将其从我们的视线中移开。我们压抑自己的哀思并把死亡带来的影响尽可能快地从我们的生活中去除。"②

尽管通过死亡遗忘、死亡边缘化,将死亡从人们的生活中心排除了,可是在事实上,现代社会的死亡现实比以往任何时代都更为逼近人们,交通事故、自然灾害、自杀,以及媒体传播的影响,现代人随时随地都成为死亡的旁观者和可能者。面对这一死亡现实处境,现代人奉行鸵鸟哲学,对死亡视而不见、听而不闻,将死之必然还原为死之偶然。"我们习惯于强调死亡的偶发原因——意外事故、疾病、感染以及年纪老迈,这样,我们暴露了那种把死亡从一种必然性还原为一种偶然事件的努力。"③ 在死亡现实中,我们看到事故、意外、车祸灾难等无不是非正常死亡,其基本特征就是作为一种事件的偶发性与不确定性,自然死亡已完全为技术死亡所取代,技术死亡本质上就是认可非正常死亡,而作为必然的自然死亡在现代社会是不予以承认的。现代人的这种逃避死亡的努力已成为一种社会机制,一种话语权。

我们几乎每天都能接触到死亡事件,死亡总出现在我们生活中,但是,

---

① [德]贝克勒等著,张念东等译:《向死而生》,三联书店1993年版,第403页。

② [美]戴维·波普诺著,李强等译:《社会学》(第10版),中国人民大学出版社1999年版,第165页。

③ 南川、黄炎平编译:《与名家一起体验死》,光明日报出版社2001年版,第26页。

我们现代人决不会让死亡进入人的思想。我可以听，可以看，但不可以想，不可以思考，所谓"视而不见，听而不闻"。更不会去思考"我的死"的问题。与此同时，埋首于日常生活并进而将自己物化。压抑并不能抵抗死亡的无孔不入，于是与对死亡压抑相伴随的必然就是死亡游戏。

我们分享"幸存者的新闻"，强化"众人皆死，唯我独活"的想法；阅读旁人死亡的消息，使我们放心，相信自己是活着的，是不死的。旁人不幸的消息在头版上占据相当大的篇幅，制造了我们是幸运者的假象。我们绝少借旁人的死讯来承认众生皆短暂、万物均无常的法则。人们在报纸上天天读到死亡的消息，一边吃饭，一边欣赏电视里的死亡，没有什么可怕的。在网络游戏里，死亡更是以逼真的画面让游戏者参与到死亡中去，这从某一角度缓解了现代人的死亡焦虑，但另一方面却造成了现代人面对死亡无动于衷的冷酷情感。现代人甚至还发明了比如死亡之旅、挑战死亡等游戏，以另一种形式与死亡接触。

总之，现代人已经从自然死亡被驱赶到技术死亡处境，在死亡的非生命化、非我化的话语中，人们不再体验死亡、思考死亡，可又不得不遭遇死亡、经历死亡，并且还不得不忍受医疗技术延长和加剧了的死亡恐惧，并在孤独、无尊严、非神圣的死亡中，牺牲了死亡品质，亦即牺牲了生命品质。这在本质上是一种"存在性危机"。这种"存在性危机"逼问着我们："死亡"还是我的生命的一个部分吗？我可以掌控"我"的"死亡"吗？

第三节　不得好死与死亡难题

现代医学中高新医学技术的发展和应用使得医学干预人类生命与死亡过程的能力大大增强，甚至可以使人"求生不能、求死不得"，从而陷入"不得好死"的尴尬生存境地。

现代医学科技对终末期病人尊严死亡的威胁，最主要的就是来自违背终末期病人意愿的"生命维持疗法"，而生命维持疗法的使用，又是造成延迟死亡的主要原因。生命维持疗法，"是指能够延长病人生命的所有医疗干预技术，包括人工呼吸装置、起搏器、鼻饲或静脉营养装置、透析仪、心血管药物等，用于自主呼吸、循环、消化等重要生命功能衰竭的病人。"① 因为"生命维持疗法"的使用，"死亡"就成了并非生命存在的"自然"事件，而是可以"延迟死亡"。

在传统中国社会，基于对"善终"之福的追求，人们在心理上是更愿意接受"自然死亡"的。所谓"全生为上，亏生次之，死次之，迫生为下"。"迫生不若死。"② 依古人的观点来看，在生命维持技术下勉强生存的终末期病人的状况，即是所谓的"迫生"。此种状况不仅不能满足人的日常欲望，而且还被痛苦、孤独、压抑、丧失感、恐惧感等折磨，人格受辱，尊严丧失殆尽。由于"迫生"违反人性，因此"迫生不若死"。这种"贵生"思想，在现代医学情境下，实际上就是主张对终末期病人不使用人工手段勉强延长生命，而是让其自然死亡。可是，现代医学情境下的实际情况却是，总是希望对终末期病人运用各种"生命维持疗法"，从而塑造出让人战栗的"ICU病人形象"。

"ICU病人"，并非专指在ICU接受重症监护的病人，而是指以此类病人为代表的接受现代医疗干预的病人。在这类病人身上，我们能窥见被高新科技武装起来的医护人员是如何像对待物品一样地操控置身于现代医学手段下的病人的最后生命过程的。现代社会中的终末期病人常常处于这样的生存状态：身上插满管子，身体极度衰弱，床头的心电、脑电监视仪器时刻向医护人员报告着他的生理指标，鼻饲管供应着他赖以为生的营养，呼吸机给他提供着氧气。他不能活动，哪怕一个微小的翻身动作也不可能。周围没有亲人陪伴，除非在很短的时间里得到医院的特许。这就是所谓的

---

① 王云岭：《现代医学与尊严死亡》，山东人民出版社2016年版，第82页。

② 《吕氏春秋·仲春纪·贵生》。

"ICU 病人形象"①。很多人这样孤独地死去，而这正是多数身处现代工业社会的人们的死亡群像。

这样一种死亡前景，对大多数人来说显然是不合意的。一方面，这种具有延迟特点的死亡过程，会令病人经历较长时间的痛苦；另一方面，终末期病人"ICU 病人形象"的存在状态，也无法让病人继续实现人生价值和体验生活本身的幸福，因而对于当事人来说毫无意义。可是，现代医学的巨大成就，加上人们对死亡的天然排斥心理，使得医学对死亡的斗争实际上受到了社会各界的支持。因而，现代社会的人们也越来越倾向于"延迟地"死在医院里，而不是"自然地"死在家里。医院似乎已经成为现代社会最标准的死亡地点。

终末期病人之所以陷入这样一种"不得好死"的无尊严死亡状态，根本原因在于现代医学的异化及其导致的病人主体地位的被消解。"现代医学日益表现为一个庞大的技术体系，现代医学建制则表现为一种工业化的医疗保健程序。在现代医学情境下，终末期病人不能决定自己的医疗事项，甚至不能安排自己的剩余时光。其主体地位丧失，死亡的尊严被消解。"②在现实情境中，病人在医疗机构琳琅满目的机器和器械面前，总是难免产生畏惧和胆怯的心理。而面对自己几乎一无所知的各种诊断、检查和治疗程序，病人也自然会产生一种自我丧失感。用哲学的话语说，当一个人躺在检查床上接受 CT 照射扫描或者被 B 超探头从身体某个部位划过时，病人的身体，连同他们自己，都成为实实在在的、医疗保健人员和他们所操纵的器械下没有生命和知觉的客体。这样的医疗情形实际上是"医学的异化"。

现代医学以追求尖端技术的研发和使用为发展目标的做法，严重违背了医学的本来目标，根本上忽略了人的价值。这种忽视集中表现在现代医学体系中医务人员消解病人主体性的两种行为：见物不见人和见病不见人。

---

① 王云岭：《现代医学与尊严死亡》，山东人民出版社 2016 年版，第 80 页。

② 同①，第 102 页。

"见物不见人"，是指医务人员在诊疗行动中只关注那些诊断、检查、治疗仪器及其所提供的数据信息，而较少甚至根本不关注病人的情绪、感受、个性、人格等人性价值的行为。"见病不见人"，是指医务人员在诊疗行动中只关注病人的患病部位、病理变化、病变原因、病程转归等，而较少甚至根本不关注作为病痛承受者的病人的情绪、感受、个性、人格等人性价值的行为。这种对病人主体性的消解，对终末期病人来说几乎是灾难性的。"因为在异化的医学中，终末期病人对自己痛苦的表达和满足自己主体需求的呼吁往往被视为类似神经质的无理取闹，而难以唤起医务人员的有效回应。医务人员的医疗干预仍然按照既定的程序有条不紊、按部就班地进行。"[1] 这种状况使得终末期病人往往不再能够对如何处置他们、如何安排他们最后的生命时光发表任何意见或者做出决定，而彻底沦为毫无自主性和尊严的"被操控"的"医疗对象"。

由于病人的主体地位被消解，对于终末期病人来说，"ICU 病人形象"似乎就成了他们无法逃离的"被动选择"；可是另一方面，病魔所带来的痛苦以及"ICU 病人形象"所呈现的无尊严与孤独，又是一个有自主的自我意识的病人不愿意完全面对和接受的。在这样一种两难情境下，不少病人为了护守自己的尊严而最后选择了自杀。

在现代社会，人们过分迷信医学的权威，醉心于高科技医学抢救生命的功绩。人们把经过高科技医学的支持或干预后才死去视为现代社会人们的常态生命结局，而对那些所谓"高科技医学手段"对病人尊严的戕害和终末期病人对维护自身尊严的呼吁却视而不见。这是一种高科技迷信造成的社会悲剧。终末期病人并不是可以随意支配的客体性存在，而是仍然具有与其他人相同道德地位的主体性存在。他们对自己的死亡方式和死亡过程拥有支配和决策权利。否认终末期病人的决策权，漠视他们的意志需求，就构成了对终末期病人的侮辱，从而侵犯了其死亡的尊严。

---

[1] 王云岭：《现代医学与尊严死亡》，山东人民出版社 2016 年版，第 106 页。

　　疾病本身并不必然会激发人求死的意念。在一定意义上，疾病是人类生命的伴随物，是人类生命的表现方式之一，或者说是人类的一种生活方式。① 真正让人产生自杀意念的是疾病所带来的某些东西，或者说疾病所导致的某些东西。在所有病人中，癌症病人属于自杀的极高危人群。虽然导致癌症病人自杀的因素很多，但最为根本的，其实是他们生活质量的持续下降。而在所有影响癌症病人生活质量的因素中，疼痛则是最重要的因素。持续的疼痛或疼痛加重，使本来就承受巨大心理压力的癌症病人以为是病情加重的一个信号，更容易产生悲观、失望的情绪；严重者可能会导致抑郁情绪，从而影响患者的生活质量。对于癌症病人来说，一方面，不能解除的癌症痛苦对癌症病人来说是一种侮辱，是对癌症病人尊严的贬损；另一方面，出于逃避无法控制的躯体或精神痛苦的自杀，又是对尊严死亡的争取。因此，如何让癌症病人及其他终末期病人摆脱这种矛盾和冲突，是面对"现代医学情境"获得"尊严死亡"必须解决的问题。

---

　　① 王云岭：《现代医学与尊严死亡》，山东人民出版社 2016 年版，第 112 页。

第七讲　死亡权利与死亡准备

　　如何在"现代医学情境"下，摆脱"医学异化"对病人主体性的消解，回归医学的"本来面目"；同时帮助终末期病人摆脱"ICU病人形象"的"无尊严死亡"与"自杀"的悖论，实现"尊严死亡"的"善终"理想？我们需要了解和充分理解个人的"死亡权利"，并在现实的生死场景中尊重这种"死亡权利"。一方面，我们需要了解和充分理解死亡过程带给当事人独特的生命感受；另一方面，我们自己则需要通过生前预嘱等方式做好死亡准备。

第一节　死亡权利的生命内涵

　　责任伦理学创始人约纳斯指出："历来所有关于一般权利的言谈都要追溯到所有权利中最基本的权利——生存权，如今我们却要谈死亡权，这是件很特别的事。"[①]但是，"死亡权"的提出，并非没有依据，这是指哲

---

　　① ［德］汉斯·约纳斯著，张荣译：《技术、医学与伦理学》，上海译文出版社2008年版，第198页。

学上理性的、先验的依据，尽管"死亡"之成为权利，确实只是现代医学技术发展"逼迫"出来的。

"死亡权"是作为生命的人之最基本权利"生存权"的延伸。生存权是人之为人的最基本权利，所有其他每每被考虑、要求、保障或者放弃的权利，都可以被看作是对这种首要权利的一种延伸。因为事实上，每一项特殊的权利都和某种生存能力的实现、某种生存需要的达成、某种生存愿望的满足有关。换言之，尽管生命本身并不是根据某种"权利"而存在的，可是生命中其他任何权利却都是围绕生命的存在即生存而存在的。这当然包括作为生命存在的必然的一部分——死亡，因为死亡是内含在生命之中的，甚至说，"死亡"是让生命之为生命的最直接最有力的"证据"。生命存在，必然死亡存在，因为生命要靠死亡来证明。由此，"生存"既然成为一种权利，作为其证明依据的"死亡"当然也应该是一种权利。有死亡是生命一个不可分割的性质，而且不是对生命的一种陌生、偶然的侮辱。生命是有死的，虽然这是其基本矛盾，但却不可分割地属于其本质，而且甚至无法从生命中消除。死亡与生命一起到来，而且有死性是一种代价，是新的可能的存在本身必须付出的代价。

"死亡权"是作为类存在之一员的个体生命之于类存在的一种道德权利。人是一种类存在物。作为一个生命种类，其得以存在和延续，除了新生命个体的不断诞生和成长外，还需要原来存在的生命个体让出在此世界存在的"空间"，否则，后来的生命个体便无法生存、无法存在，种族的延续也就不可能。而"死亡"，作为新陈代谢的最根本形式，恰恰是已经存在的生命个体向未来存在的生命个体提供"生存空间"的直接活动。而且，已经存在的生命个体通过"死亡"这种方式，向未来存在的生命展现了其道德的勇气和品质——为了你的生存和存在，我愿意放弃我自己的生存和存在。我们伴随着死亡对世界不提任何要求了，我们放弃了任何可能的要求。所以，"死亡权"实际上是作为类存在所具有的一种天然的道德权利。现代新儒家唐君毅将"死亡"本身的道德意义以儒家道德的"仁义礼智"

四德来概括："自然生命之自向于命终而有死，正见自然生命之不自觉地具一'由其死以使继起之生命存在，得有其世间之位'之一自然之仁德与礼让之德之表现；亦'使其自己之生命存在与其他生命存在，分别得其在时间中之位'之一义德之表现；而其中亦可说有一不自觉地求自超越其生命之执着之一不自觉地智德之表现，而使其后世之生命存在之超升成为可能者也。"[1]

　　"死亡权"是一种让自己生命的尊严获得最终实现的一种权利。人的生命不只是一堆肉体，而是一个身心灵的整体。由此，人的生命有了自己的存在价值体验，这种体验最基本的表现就是尊严感。人的生命的尊严体现在肉体、情感、灵性等多个层面与维度。不管不同的人类群体将这种尊严具体理解为什么，但对尊严本身的渴望则是内在的。这种尊严不仅体现在"活"的状态与场景，也体现在死的方式与环节。所以，死亡不单只是一个"生命结束"的事实，同时也是人实现或者保有自己人格尊严的一个环节。个体生命有权利要求通过"好死"（不管这种好死的具体内容如何）来保证甚至升华自己生命的尊严。这便是各种宗教为什么大多在人弥留之际给予"临终关怀"的原因，"将死者"通过自己与"未来世界"的灵性沟通，以尊严的方式放弃"此岸世界"而进入新的存在状态。

　　"死亡权"表现为个体生命面对可能死亡的情形时的知情权。海德格尔曾经反复强调，"死亡"是个体生命最本己的可能性。死总是"自己的"死。由此，每个人有了解和知道自己死亡的权利。死亡权（只要这种权利被授予主体本身执行，而不是被他的一个代言人执行）和对真相的知情权是不可分离的。这一点是建立在人的自主性基础上的。每一个个体生命都具有为自己的生命负责的权利、义务和责任，这是生命的基本自主权的体现。因为，尽管生命的存在是"历史性"的，而不是"选择性"的，但是，生命作为个体形式一旦存在，其所从事的一切活动，包括对自己切身相关

---

[1]　唐君毅：《生命存在与心灵境界》（下），第129页，《唐君毅全集》卷26，九州出版社2016年版。

的一切活动，便必然是"选择性"的，而不只是"历史性"的。因为，人是有自主性的，是有自由意志的，是可以说"不"的，是可以有不同选择和决定权的。因此，"死亡权"首先应该表现为在个体生命面对死亡时一种真实信息的知情；只有在这种真实信息的知情基础上，个体生命才可能做出自己准确的思考、判断以及抉择。

"死亡权"表现为个体生命面临死亡必然性时的"拒绝治疗权"。如果没有直接牵涉到公共利益，我的疾病或者健康就完全是我的私人事务，而我就在自由契约中租用医疗服务。这一信念在不同国家是普遍存在的。因此，从法律上看，每个人（除了未成年人和精神病人）为了各式各样的疾病寻求或不寻求医生的劝告和治疗是完全自由的，而且同样自由的是，放弃治疗（在临界阶段的治疗除外）。但是，在道德上，这种权利的界定就要复杂得多。比如，我作为一个"家庭成员"，作为"孩子的父母"，作为"公共任务的权威的承担者"，这些"责任"尽管没有在法律上限制我"拒绝医生帮助"的自由，但是却在道德上限制了我"拒绝医生帮助"的自由。因为我对"他们"承担着道德上的责任和义务，我的生命甚至我的死亡都不只是我"一个人"的，而是关乎"他们"的。这样的"道德逻辑"往往就会导致这样的后果：强迫一个绝望的病人和身患此病的人继续接受一种维持性治疗，这种治疗为他换来了生命，而他并不认为这种生命是值得的。因此，对"死亡权"的承认，在这里就必然或者说必须表现为"拒绝治疗权"。"不论世界对人有什么要求，这种权利（除了宗教以外）在道德上和法律上都和生存的权利一样不可转让。"[①] 也就是说，除了"宗教"这种建基于"非理性"基础上的要求外，在人类生存的理性世界里，"生存权"和"死亡权"是同等重要的对称权利。人们不应该在一个人"生不如死"的必然死亡中将"死亡权"强行转变为"生存权"，让他"不得不生"；也不应该在一个人正常生存状态下强行将"生存权"转变为"死亡权"，

---

① ［德］汉斯·约纳斯著，张荣译：《技术、医学与伦理学》，上海译文出版社2008年版，第203页。

让他"不得不死"。权利作为权利，权利拥有者应该自己做主，只要他在意识上还可以做主，不能随便"剥夺"或者"强迫让渡"。

"死亡权"表现为在自己走向死亡的"过程"中为了避免痛苦带来的人格尊严受损的"结束生命权"。在前面两种权利都得到满足的情况下，即假定病人知道事实真相，并且已经决定反对采取治疗手段拖延其濒临死亡的状况。通过直言不讳的"实情告知"，人们使得病人能够做出决定并且同意他的这种决定，由此，他的死亡权受到了尊重。但是此时却可能出现新的问题，因为，病人反对拖延的选择在其他情况下也是一种反对痛苦的选择，因而包含一个愿望：应该减轻他的痛苦，或者通过加速死亡进程或者在弥留之际减少疼痛，与此同时，后者有时候导致前者，因为它所需要的麻醉剂量太大。对这一愿望的满足似乎就包含在下面的事实中了：已经承认病人有"死亡权"本身，并且认可他的决定。这一"死亡权"的表现，便是"结束生命权"的行使。

第二节　濒死状态与死亡准备

理解"生"，未必彻悟"死"；唯有透视"死"，才能好好地"活"。借由濒死经验以及死亡准备，有助于培养恬淡的生活态度，涵养悦乐的生命襟怀。

死亡一般被分为三个阶段：（1）濒死期：主要特点是脑干以上神经中枢功能丧失或深度抑制，表现为反应迟钝、意识模糊或消失。各种反射迟钝或减弱，呼吸和循环功能进行性减弱。（2）临床死亡期：主要特点是延髓处于深度抑制和功能丧失的状态，各种反射消失、心脏停搏和呼吸停止。后两者认为是临床死亡标志。（3）生物学死亡期：是死亡的最后阶段。此期各重要器官的新陈代谢相继停止，并发生不可逆性的代谢，整个机体不可能复活。

人们对死亡的了解和研究，除了想象外，一个重要的依据便是经历了濒死期的"濒死者"的体验和经验。濒死体验，顾名思义，是指人在垂危直至死亡那一刻的体验，主要是这个人在那一刻的主观体验。能够说出濒死体验的那些病人都是被医生从垂危状态成功复苏的病人。濒死体验的研究者们希望通过这种研究能够发现人死后的世界是什么样子，而且要证明，人死并不像人们想象的那样可怕，并且以此提高濒死病人的晚期生活质量。

伊丽莎白·库布勒·罗斯的《论死亡和濒临死亡》是一部拓荒性的作品。作为心理分析医生，罗斯长期研究病人临死前的状况和心理活动。她主张坐在病人身边，倾听病人诉说他们的心里话。她把死亡过程分成五个心理阶段：否认与孤立（拒绝），愤怒，挣扎（讨价还价），沮丧（消沉抑郁），接受。这一观点现在已被广为接受，甚至变成了常识。罗斯观察到的病人垂死反应是：即使是最愤怒和最困难的病人在临死前，也会极为放松，感到宁静平和，即使满身挂着治疗癌症用的金属器械，也会感到毫无痛苦；死后一瞬间，他们脸上的表情是不可思议的平和、永恒而宁静。

国际濒死体验研究协会提出濒死经验的五阶段论：幸福与欣快感，脱体状态的灵魂出窍，进入黑暗或隧道，时空感觉顿失、与亲朋好友相聚、进入光的世界，与宇宙合而为一。典型的濒死体验有：突然感觉平和宁静，痛苦不复存在；脱离肉体，飘然而去，从全新的视角（通常是从上方）看问题，情感上得到解脱；飘向远方，通常到另一房间或大楼，去观察那里的情形；常以令人难以置信的速度被拖进黑暗的隧道，但光明就在前面，感觉越发轻盈，越来越快乐，充满爱意；在隧道出口处碰到某个人，常常是已经死去的亲戚或朋友，但有时也可能是宗教人物和"人形光影"；此人把他带到一个美丽的大花园内，那里可以听到美妙的音乐，碰见已故的亲人，甚至上帝；接着可能是回顾一生，有人说他们的一生像"放电影"一样闪过，他们会看到自己做错了什么，了解他们来到地球上的目的；被告知要返回地球，通常是因为时辰未到，或还有未竟的事业。

当然，对于濒死经验或者濒死体验，也有很坚决的反对者。一方面，几乎可以肯定，没有任何两个人的濒死体验完全一致，而且有些在内容方面差别相当大；另一方面，报告濒死体验的人们实际上并没有死，因此那些报告的内容只不过是活人的梦幻罢了。也有比较中道的观点，认为所有濒死体验都是记忆的回归。比如，濒死体验中"穿过了一个隧道"，是一个一定会出现的意象，即回归母体进入胎儿期的通道；濒死体验中"平和、宁静"感，则因回归母体的愿望得以实现所致；"天堂、上帝"，对应的是"母体、母亲"；许多人说的"这次经历改变了我的整个一生"，因为一生的回归母体的欲望终于在梦中如愿以偿，在心满意足之余，获得审视人生的新观点。

不管人类是否能够合理地解释濒死体验现象，只要人们承认濒死体验在人的临终阶段是普遍存在的，那么就给人类征服死亡的恐惧提供了一个心理支柱：死亡并不可怕，而且在某种意义上，那是一次奇妙的生命之旅；濒死与死亡都是人类生命的一个必不可少的组成部分。此外，对于多数人来说，濒死体验也许是造物主给予他在这个世界的最后一件礼物。

"死亡权"作为现代医疗科技逼迫出来的一种权利，本质上也是一种"天赋人权"。这种"天赋""人权"表明，人的生命是一种"向死而生"的过程，我们不仅需要清清楚楚地"生"，也需要明明白白地"死"。这就需要我们在还可以"自主"的时候为死亡做好准备，以避免自己"无意识地"丧失掉自己对"死亡权"的自主性。一方面，我们要接受自然来临的"死亡"。生命是有死性存在，因此，当死亡"自然地"来临时，我们应该"自然地"接受它，让它成为我们生命的真正的一部分。并且，面对自然来临的"死亡"，我们可以通过有意识地体验它，从而建构起人自我内在的尊严，因为他不需要因为对"死后世界"的恐惧而导致自己人格尊严受损。另一方面，我们又要尊重知情权。不管是医生还是病人，抑或是我们这些"非病人""非医生"的普通人，都应该坚信，自主性是人之为人的基本特征，因此，当我们面对相关情况，需要有"生死选择"的时候，保证当事人（病人）的知情权，由他自己思考、判断、抉择，是十分重要的，是对他的人格完整性的最大尊重。当然，具体个案需要我们对其人格的一种准确直觉。

为了落实死亡权利，掌握自己的生命归途，"生前预嘱"这个既陌生、厚重又前沿的理念，开始被人们关注和接受。1976年8月，美国加州首先通过了《自然死亡法案》，允许不使用生命支持系统来延长不可治愈患者的临终过程，也就是允许患者依照自己的意愿自然死亡。此后，美国各州相继制订此种法律，以保障患者医疗自主的权利。这项法律允许成年病人完成一份叫作"生前预嘱"（Living Will）的法律文件，只要根据医生判断，该病人确实已处于不可治愈的疾病末期，生命支持系统的唯一作用只是延缓死亡过程，医生就可以通过授权不使用或者停止使用生命支持系统。当然，这项法律还规定，"生前预嘱"必须至少有两位成人签署见证，这两个人不能是患者的亲属和配偶，也不能是患者的遗产继承人或直接负担患者医疗费用的人。在加州通过自然死亡法案后，1991年12月，美国联邦政府的《患者自决法案》也正式生效。这项法案的内容也是尊重患者的医疗自主权，通过预立医疗指示，维护患者选择或拒绝医疗处置的权利。

生前预嘱是指，人们事先，也就是在健康或意识清楚时签署的，说明在不可治愈的伤病末期或临终时要或不要哪种医疗护理的指示文件。签署生前预嘱的委托人一旦身处不可治愈的病痛末期或临终时，可以选择放弃使用那些只是在延长死亡过程而生存毫无质量的生命支持治疗，如人工呼吸器、心肺复苏术或喂食机器等，让生命自然逝去，也就是尊严死。

在我国，一批由政府工作人员、医学界和学术界人士组成的志愿者，于2011年推出了中国首个民间"生前预嘱"文本，并建立了"不插管"俱乐部，鼓励人们签署"不过度医疗"生前预嘱[①]。民间生前预嘱全称为《我的五个愿望》，分别是我要或者不要相关医疗服务、我希望使用或不使用

---

① 民间生前预嘱活动的发起人是已故大将罗瑞卿的女儿罗峪平（又名罗点点）和陈毅元帅的儿子陈小鲁等人。该生前预嘱文本一式三份，一份通过邮局邮递给自己所委托的朋友或律师，另两份文本分别存放在汽车工具箱内和办公室。上面有预嘱人的签名和指印，有其详细的家庭住址和工作单位以及全部的联系方式，共计7页，五块内容。为了倡导尊严死和生前预嘱理念，他们还创建了国内首家倡导尊严死的公益网站"选择与尊严"http://www.xzyzy.com。

生命支持治疗、我希望别人怎么对待我、我想让我的家人和朋友知道什么、我希望谁帮助我。该文本总的嘱咐原则是，如果自己因病或因伤导致身体处于"不可逆转的昏迷状态""持续植物状态"或"生命末期"，不管是用何种医疗措施，死亡来临时间都不会超过6个月，而所有的生命支持治疗的作用只是在延长几天寿命而存活毫无质量时，希望停止救治。每一个选项都需要签署者长时间思考才能最终确定，它确实能帮助家人了解病人本身无法表达的想法，也能使签署者在身体健康时从容地考虑和安排他的身后事。

由于对需要签署的协议内容的长时间思考，"生前预嘱"在帮助家人了解病人本身无法表达的想法的同时，也能使签署者在身体健康时从容地考虑和安排自己的身后事。而且，由于对于相关问题的深入思考，"生前预嘱"的签署还可能改变自己对死亡的想象，改变自己面临死亡时的谈话内容和方式，甚至改变自己对生命的看法。对于生前预嘱的签署者来说，他们不仅能在事先对自己履行最后的责任，更能在病重和临终时得到善良的对待；他们不仅能要求缓解身体的痛苦，更能在精神上得到极大的安慰；他们在生命尽头感受到了爱与关怀，感受到个人的意愿被尊重，他们的亲人也因此更能面对他们的死亡。

为死亡准备的另一个主要内容是遗嘱。人的生命不只是自己的，而是存在于关系中的，具有明显的社会性。亲情、友情、爱情以及一般的人情关系，甚至人与自然环境、社会文化、物质财富，等等，都构成我们生命存在的重要内容。"生前预嘱"重点在于表达我们在面对死亡时，对于自己自然肉体生命是否愿意以及如何承受相应治疗痛苦的一种自主选择；"预立遗嘱"则重在表达我们在面对死亡时，对于自己社会生命的一种自主选择。

人的生命经过自己一生的人生活动，已经被赋予了十分丰富的精神意义和社会意义。因此，人在死亡时，也就必然会面对一些相关问题。比如：如何处理遗体？是否捐赠可用的器官给急需移植的病患？是否捐赠遗体给学术研究机构作为解剖教学或制作人体标本？遗体是采取火化还是土葬或其他方式的殡葬？死者生前如有财产，死后财产如何分配？如果死者生前有未清偿的债务，如何处理？凡此种种，死者在生前如能"预立遗嘱"，那么，在其死后，亲属对其身后事便能依所立遗嘱，妥善处理，不至于茫然不知所从，或者违背死者的意愿，更或者因遗产继承与分配酿成子女或有关亲属间的纠纷。

预立是预先订立的意思，而遗嘱即是遗嘱人在生前就自己的死后遗体如何处理、葬仪如何举办乃至遗产如何分配……等问题所做的嘱咐。从遗嘱的意思表达方式及相应的法律效力看，可以将遗嘱区分为"习惯上的遗嘱"和"法律规定的遗嘱"。

习惯上的遗嘱主要有"遗言"和"遗书"。遗言是死者在临终前通过话语向身边亲属表达的意思，内容不外吐露最牵挂的事、未完成的心愿、身后事的处理、遗产的分配，等等。遗书是死者在死亡前，就切身遭遇、亲情感恩、遗体处理、未竟心愿、遗产分配等问题，以通用文字撰成的、于死亡后遗留给在生亲属的文书。不管是遗言还是遗书，虽然在生之人多会遵照所嘱，努力完成其心愿，但是缺乏法律上的效力。尤其是涉及财产继承和债务等问题，如果没有遗嘱人的嘱咐和签名，没有见证人的见证，因为证明力薄弱，便缺乏法律上的效力。

法律规定的遗嘱，尽管也只是遗嘱，但因为按照法律规定，必须有遗嘱人签字，有见证人见证[①]，所以具有相应的法律效力。《中华人民共和国继承法》第十六条明确规定："公民可以依照本法规定立遗嘱处分个人财产，并可以指定遗嘱执行人。公民可以立遗嘱将个人财产指定由法定继承人的

---

① 中国"继承法"规定的五种遗嘱形式（即公证遗嘱、自书遗嘱、代书遗嘱、录音遗嘱、口头遗嘱）中，除自书遗嘱外，都把见证人作为合法有效遗嘱的重要条件之一。因为见证人的证明真实与否直接关系到遗嘱的法律效力。所以法律规定见证人必须具备一定的资格，不具备这些资格不能作为遗嘱见证人，其所见证的遗嘱无效。关于见证人的资格，中国"继承法"未作正面规定，但第十八条从反面规定了："下列人员不能作为遗嘱见证人：（一）无行为能力人、限制行为能力人；（二）继承人、受遗赠人；（三）与继承人、受遗赠人有利害关系的人。"

一人或者数人继承。公民可以立遗嘱将个人财产赠给国家、集体或者法定继承人以外的人。"

法律规定的遗嘱，可以是公证遗嘱、自书遗嘱、代书遗嘱、录音遗嘱、口头遗嘱等形式。遗嘱人在设立遗嘱以后，由于主客观原因，可以依法变更遗嘱的某些具体内容，也可以撤销原立遗嘱的全部内容。遗嘱人变更或撤销原立遗嘱，一般应当用原立遗嘱的方式、程序进行，也可以用新立遗嘱变更或撤销原立遗嘱。遗嘱人立有数份遗嘱，内容相互抵触的，原则上以最后所立的遗嘱为准。《中华人民共和国继承法》第二十条第二款规定："立有数份遗嘱，内容相抵触的，以最后的遗嘱为准。"

遗嘱作为生前嘱托与吩咐如何处理死亡后遗产及遗体的一种文书，表面上来看似乎无关紧要，没有多大用处，但当个人不幸罹患绝症、重疾与急症面临死亡的命运时，却具有依生前所预立遗嘱处理后事的功效。人生短促，生命无常，一个人在什么时候会突然死亡，不是我们所能预料到的，所以，预立遗嘱在现时代的社会显得格外重要。

生前预嘱与预立遗嘱是生命教育、生死教育提倡的新观念、新思想。它是每一个人在生涯规划中，必须规划的"死亡计划"，以便让自己在死亡后，能在后人的协助下，完成未了的心愿，这个心愿，包括遗体的处理、葬仪的举行、器官的捐赠、安葬的处所、财产的分配，等等。有了遗嘱的预立，可以促使预立遗嘱人高枕无忧，心无挂碍，安身立命，勇敢面对未来的生死，不哀伤、不怨恨，安详结束自己的一生。因此，有行为能力人，能对自己的所作所为负责，同时其行为又能发生法律上的效力，则可为自己的未来预作生涯规划，为自己的死亡预立遗嘱，使自己这一生活得有意义，活得无牵挂，一旦死亡时，亦有亲人协助处理遗嘱上所吩咐的心愿，不致抱恨而去。

第三节　临终关怀与安宁疗护

尽管现代生活境遇的变化，身体的病痛和各种横祸，让人真正"善终"已经很难，但是，对于临终者做好最恰当的身心灵的关怀和陪护，如临终关怀、临终陪伴以及医学上的安宁疗护，让临终者可以更少痛苦和恐惧地走向死亡，以提高死亡品质和生命品质，是我们应该努力的。除了前面提到的"生前预嘱""预立遗嘱"的死亡准备外，我们还可以在临终病情告知、临终悲伤辅导、临终生命关怀方面做努力。

如果我们的亲人被诊断出罹患绝症，将不久于人世，我们到底是否应该以及如何告知病人真实的病情？综合文献与经验，研究者们提出了病情告知的 6W 原则[①]。

Why？在医学上、伦理上、心理上、灵性上、对病人及家属的关系上，有什么强有力的理由告知或不告知。若找到理由，才可决定告知或不告知。

When？什么时机与病人谈病情最恰当？一般而言，总是让病人主导。当病人主动询问时，或病人用隐喻含蓄表达要交代遗愿或后事时，此时我们可引导他表达更多他的所思和所感，静静聆听，以关怀接纳的态度让病人能感觉被尊重被了解，他就会将埋藏在心底的感觉或想法分享出来。我们可能会惊讶地发现，问题根本不是要告知病人多少病情，而是病人已孤独许久的情绪释放出来，有人聆听分担。

Who？什么人是最恰当的告知病情者？此人与病患的关系应该有两个条件：即信任与亲善的关系。在这种关系中，当病人分享与分担他的情绪与想法后，可能有各种迟延的反应出现，告知者必须继续"幽谷伴行"，

---

① 参阅钮则诚、赵可式、胡文郁编著：《生死学》，空中大学（台湾），2010 年版，第 160-162 页。

而非丢下一堆实情就弃他而去。一般人及病患的家属，常怕病人在知道自己罹患绝症或病程已达末期临终时，会失去求生意志而自杀。其实病人如果自杀，并非是因为知道实情，而是有许多内心的情绪无人可以倾诉，无人了解，无人关心陪伴。如恐惧、担心、孤独、焦虑、愤怒等种种内心的淤积情绪。如果有人关爱、陪伴，帮他释疑，最后病人便能平安去走他自己的生命旅程。

Where？告知病情的地点应选择一个保有隐私、不被干扰、病人感觉舒适及安全的环境中。我们应布置四周环境，使与病患沟通时，能生理专注及心理专注，病患能畅所欲言，尽情表达情绪。

How？与病患沟通病情时，要尽可能态度温和诚恳，坐下，与病患保持一只手臂的距离，在病人身侧约45度角度，比病人位置稍低。如此，使病人眼睛可以轻微朝下，不致太疲累。同时，保持病人正前方有空间，可供他思考远眺。当病人静默时，不要急着找话讲，等病人反应后，再接下话题。

What？所谓"病情告知"，并非将一堆实情塞给他，而是看病人的需要。他需要的可能是肯定心中的怀疑；或表达对死亡情境的害怕；或恐惧家人遗弃；或担心造成家人负担；或怕承受不了的痛苦；或担心家人的生活；或对治疗目标的疑惑，等等。当我们给病人机会聆听他的问题后，才针对他的问题及需要而做解答。有时，"病名"反而根本不重要了。

病情告知是一项艺术，绝无一成不变的回答方式，而是需要我们因人、因情况而灵活变通。当与病人建立了信任及亲善关系后，以诚相待，有时无声胜有言。

对于每一个临终者而言，不论是老年人或壮年人，还是未成年人；也不论是罹患绝症或身受重伤，抑或是年迈体衰，当知悉自己已来日不多，即将与世长辞时，心理上、情绪上难免有若有所失的失落、痛苦与沮丧感。了解临终者的失落、痛苦与悲伤，并做好相应的辅导，是使临终者"心安"并接受死亡的重要内容。

通常来说，临终者的失落与悲伤主要有以下几方面 [①]：

即将失去生命的失落。有生命的人，最怕失去生命，因为生命一旦失去，什么都成为乌有，只留下一具冰冷冷的躯体。虽然有人说人有灵魂的存在，可以给临终者多多少少的慰藉，但灵魂毕竟是看不见、摸不着的东西，所以，当临终者面临死亡时，还是有即将失去生命的失落与忧郁。

即将失去身体的失落。一个人的身体，是由早期的受精卵发育成胚胎，再由胚胎发育成胎儿；当胎儿出生后，再经过相当时日的生长、发育，而成为一个具人类形骸的健美身体。这具身体包含头部、四肢与躯干，是由皮肤、肌肉、骨骼以及体内脏腑所构成，不但有生命，还能书写、思考、行走、学习。人的身体，不是钢铁铸成，因此，它容易老化，甚至发生病变、残废、败坏，直至僵硬、腐烂。当临终者面临死亡时，不但担忧自己即将失去生命，还担忧自己即将失去这具陪伴其漫长岁月，扶持其跋山涉水，度过无数欢乐时光的身体，因而心理上、情绪上常呈现失落、不舍与无奈感。

即将失去自我的失落。每一个人，从生命诞生起，在父母的调教下，渐渐产生了自我的观念，知道了自己的姓名、面貌、性别、体形、声音、笔迹、东西；也知道自我是代表有生命、有身体、有人格、有尊严、有声誉的我，必须珍惜它、爱护它、拥有它。但是，自我的生命，没有永恒性，一旦面临死亡的威胁时，难免有即将失去自我的空虚、失落与迷惘感，不知死后这个我的形影是否仍能存在于人世间的众人眼前；也不知我的生命是否有未来；是不是人死了我的姓名也跟着幻灭；我究竟会流落到哪里，去何方。

即将失去配偶的失落。在人生的旅途上，芸芸众生，有男有女，有老有少，各奔前程。而男女之间，一旦身心发育成熟，两情相悦，彼此相爱、相惜，即可私订终身，共缔白头偕老的婚约，而成为彼此的配偶。配偶是同甘共苦、同床共眠的伴侣，在颠簸的生命旅途上，夫妻之间，常是有福共享、有难同当、

---

① 参阅刘作揖：《生死学概论》，新文京开发出版股份有限公司（台湾）2007年版，第212-214页。

相互扶持、相互依赖。有朝一日，配偶的一方不幸遭逢厄运，濒临死亡的绝路时，难免有即将失去老伴的失落与哀伤，担心在世的另一半，未来将何去何从，依靠谁。这是临终者最难以宽心的挂念。

即将失去亲友的失落。在生命的海洋航图上，亲属和朋友是同船共渡的人生舞台过客。亲属的成员，包括直系血亲、旁系血亲、姻亲等，而朋友，包括同学、同事、同仁、同僚、同业等感情深厚、诚实相待的男女友人。临终者，平日与亲属成员及朋友相互扶持、关怀，感情笃厚，一旦面临死亡时，难免有即将失去亲友的失落、不舍与无奈感。

即将失去所拥有的财物的失落。在人生的旅程上，当个人完成了某一阶段的学校教育，为了因应生活上的迫切需要，便自然会谋求一份与自己能力相当的职业或工作，以便换取薪酬、累积钱财。生活趋向稳定时，即开始有了置产的念头，增购房屋，等等。或者，再依自己的喜好与兴趣，添购古董、古物、古玩、字画，借此陶冶性情、培养气质、提升生活品位。当临终者在面临死亡的旅程终点时，难免有即将失去所拥有的珍贵财物的失落、悲叹与遗憾。

即将失去权利能力的失落。一个人的权利能力，始于出生，终于死亡。这些权利包括个人的生命、身体、自由、名誉、财产、贞节、人格、身份，等等。临终者，不论是未成年人还是成年人，因来日不多，难免有即将失去权利能力的失落与遗憾。

一个有血、有肉、有骨骸、有躯体、有思想、有理智的正常人，在生存奋斗的历程中，最怕听到的讯息，是自己的死讯；最怕面对的残酷结局，是自己的死亡。因此，当一个懂得珍惜自己生命的健康人，听到自己罹患癌症或者将不久于人世，其失落与悲伤是不可避免的。此刻，病患最需要的，莫过于医护人员的慰藉与疗护，亲属的陪伴与照顾。现代医疗发展出的临终安宁疗护，便是这种临终生命关怀的体现。

安宁疗护的机构，英文称之为 Hospice，而不称为 Hospital（医院）。Hospice 原是旅客招待所，或供朝圣者留宿的寺院，或收容病人、贫困者的处所，其后竟然发展成为修道院收容癌末病人的处所；而现在则演变成为医院对于不能治愈的伤病病患，于临终前所施行的安宁疗护照顾措施。于是安宁疗护 Hospice，乃被称之为"人生旅程的休息站"。安宁疗护主张对于即将面临死亡的重伤或罹病病患，施予缓解性、支持性的医疗照护；或当病患症状危急、面临死亡关头时，不施予气管内插管、体外心脏按压、急救药物注射、心脏电击、心脏人工调频、人工呼吸及其他救治行为，而任由病患自然死亡，以代替人们反对的安乐死。

罹患严重伤病、已不能治愈的临终病患，最需要他人的慰藉与照顾，特别是医护人员、家属、朋友、义工等的慰藉、陪伴、关怀与照顾，以获得心灵的平静、精神的解脱、生命的升华。由于生命早已面临死亡的威胁，因此，临终生命照顾需要注意一些事项[1]：

全面照顾，亦即四全照顾。包括全人、全队、全家、全程的照顾。全人照顾，是指对病患本人，施以身体、心灵、社会方面的照顾；全队照顾，是指由医院医师、护理人员、社工人员以及治疗师、药剂师、营养师等所组成的医疗服务团队，对临终病患施以疗护与照顾；全家照顾，是指动员病患家属所有的成员，轮流陪伴或照顾病患，使病患不致萌生被冷落感，或埋怨子孙之不孝；全程照顾，是指医院医疗团队以及病患家属，对于临终病患的照顾，由生到死、有始有终，绝不轻易放弃对病患的照顾，即使死后遗体的处理，亦遵照遗嘱、遗书或一般习俗、礼仪，慎重料理后事。

人性关怀。罹患严重伤病的临终病患，在临终前的安宁疗护期间，心理方面最需要的，莫过于人性的关怀与照顾。所谓人性的关怀与照顾，即以人的善良本性所引发的爱心、怜悯心、同情心、慈悲心、互助心等动机行为，去关怀、慰藉与照顾病患。爱心的表现，便是人性的关怀，可以提振病患的求生勇气，促使病患敢与病魔挑战，敢与死亡搏斗，同时，人性的照顾，可使病患的生命受尊重，不致有被冷落的感觉。

---

① 参阅刘作揖：《生死学概论》，新文京开发出版股份有限公司（台湾）2007年版，第153-155页。

减轻痛苦。罹患严重伤病的病患，住院接受疗护期间，身体上难免有不能忍受的疼痛，急盼医护人员能为其注射药物、免除或减轻其痛苦。安宁疗护的目的之一，便是免除或减轻病患的痛苦，并对病患施以缓解性、支持性的医疗照顾。一旦临终病患生命危急或已无生命迹象时，亦可依据病患生前的意愿，或其家属的同意，不施行心肺复生术，而任其自然的、无痛苦的死亡。

尊重意愿。临终病患大多已濒临死亡的绝境，或许早有预知。因此，生前常有种种意愿的表示，例如预立遗嘱、财产的遗赠、死后遗体的火化、葬仪的举行，等等，其合情合理的意愿，应受尊重。尊重病患的意愿，等于尊重其人格、尊重其生命。

缓解哀愁。人之将死，其心难免有哀愁、难舍感。因此，医院的医疗团体或病患的家属，对于临终病患应尽其所能妥加照顾，设法缓解其哀愁，让其无忧无虑、安详自在地咽下最后一口气。为了缓解病患的哀愁，最好的方法便是陪伴床侧，或者与其聊天，或者倾听其陈述过去种种往事，或者协助其静坐、祷告，或者协助其翻身按摩，等等，尽量不使病患独自躺卧病房，无人陪伴、照顾。

第八讲　生命传承与生死态度

死亡尽管是人生的必然归宿，但我们不能因此而认为死亡就是生命的终结。"生命的活动虽似乎消灭了，然而他会转化为其他将来之生命活动。犹如我们远远看见一人在绕山走，渐渐看不见，这只因为他转了弯，暂向另一进向走去，如果我们只以山之横面为唯一真实，我们会以为他已死了。"[①]登山客因为转弯而我们不能再见到，我们只能说他在另一段路途之上，但我们并不能因为我不能再看见他而就说登山客已经消灭。在人死后的丧、葬、祭、祀等活动，实际上便是生死幽冥之间的感统与传承，我们应该基于生死感通、生死互渗、生命传承来建构自己的生死态度。

第一节　丧葬祭祀与生命传承

人最后都必然要走向死亡。人死亡之后，对死者的遗体要进行安葬，生者还会以不同方式对死者进行追悼、纪念、祭祀，由此便有了人类生命文化中的一个重要部分，即丧葬与祭祀，并由此形成了一整套生命礼俗。

---

① 唐君毅：《心物与人生》第74页，《唐君毅全集》卷5，九州出版社2016年版。

丧是指死亡的意思，办理死者的后事，叫作丧事。葬是指掩埋的意思，将尸体埋入地下，称为埋葬。所以，丧葬是指死亡和埋葬。在中国传统社会，丧葬安排大体可以分为寿终、入殓、奠祭、出殡几个阶段，各阶段都有整套相应历史发展传承下来的礼仪①。

衣殓。即给即将死去的病人穿寿衣。古代儒家的定制，衣殓分两次进行，三日给死者穿常服，称为"小殓"，五日给死者穿官服，称为"大殓"。现在衣殓多一次性完成，称小殓，棺殓为大殓。常在弥留之际，便给濒临死亡者沐浴穿戴好内外寿衣。死者衣服里外三新，衣裤鞋帽齐全，夏天也要穿棉衣。褥子黄色，被单白色，是为"铺金盖银"。寿衣不许有纽扣，不许打死结，有"冤家宜解不宜结"的意思。

搬铺。在人临终时，把他从睡床上移挪到另一处地方，通常是大厅。福建沿海多移至祠堂，安徽合肥是移至厅前，山东是移到正屋明间的灵床上，山西北部则是移至充当灵床的门板上，称作"挺尸"。换床表面上是对临终者"冲喜"，实际上是减少生者的恐惧心理。

招魂与"饭含"。确定死亡之后，家人到房顶或高坡呼唤死者的名字，叫他回家，是为"招魂"。其后还要检查死者鼻息、脉搏，表面看是希望亲人归魂的礼仪，实际是一种防止假死的措施。初死之时，还有给死者口中含物的习俗，富家含玉、珍珠，称"饭含"，或在死者袖内放小面饼和纸钱，以便在去"冥府"的路上给"拦路狗"吃饼、给"拦路鬼"撒钱，以及"渡河""过桥"的费用。

丧服。人们为死者穿丧服时，须根据丧服的质料和穿丧服时间的长短，来体现血缘关系的远近尊卑，传统中国有"五服"制度，即将丧服分为斩衰、齐衰、大功、小功和缌麻几个等级。其中斩衰与死者关系最近，系由儿子对父亲、未出嫁的女儿对父亲、孙子对祖父、妻妾对丈夫所穿的丧服。丧礼上的"五服"，在历史发展中渐渐成为决定人们亲属关系的代词，人

---

① 参阅孟宪武：《人类死亡学》，第239-242页，洪叶文化事业有限公司（台湾）2006年版。刘作揖：《生死学概论》，第256-259页，新文京开发出版股份有限公司（台湾）2007年版。

们常以"五服"来界定亲缘关系。

棺殓。也叫入木，就是将死者的遗体殓入棺木，是正式入殓，故称为"大殓"。死者的一生功过就此论定，所谓"盖棺论定"。入殓是亲友与死者最后的告别，所以入殓时，亲人亲属朋友都要参与。将死者遗体从灵床放入棺木之后，有一系列的"开光""摔罐""躲钉""挽发"等礼仪程序，大殓遂告完成。

吊祭。人死之后，死者的亲人，主要是孝子要及时向亲友报告死讯，以及丧期、葬期等有关事宜。出门在外的子女及亲友接到讣告后，赶路回来称为奔丧。临到家时要"望乡而哭"。因疾病、工作等原因而不能奔丧者，要寄物以吊，否则被人视为不孝。亲友接到讣闻后即携礼来吊丧，所携之礼不外糖果点心、花圈纸马或钱物。为了表示对死者的哀悼，要将哀痛的思绪诉诸文字，诸如挽联、挽幛、悼词、诔文等。在吊丧礼仪过程中佛教、道教直接地影响着丧葬仪式，僧侣、道士直接参加民间丧葬活动，诵经礼忏、设坛作斋、炼度超荐，使释、道的信仰观念在丧葬礼仪活动中得到了贯彻实施。

出殡。把棺木灵柩送到埋葬的地点下葬，称为途葬，又称"出殡"。也有将出殡和下葬的日子分开的。送葬多选择单日。古礼三日而殡、三日而葬。出殡之日，先由孝子"摔盆"，盆即放在灵前烧纸用的瓦盆，暗喻给死者在阴间用的锅，摔碎方好带去阴间，并表示一种既定的继承关系，出殡的仪仗顺序一般是：最前面是扛着引魂幡的孝子，其后依次为灵柩、抱明器的孝子、鼓乐班子、送殡的女眷。一路上有专人撒纸钱，以"买路"送灵。到达墓地之后，将棺木徐徐放入墓坑，填土埋葬，堆起坟丘，将引魂幡插在坟上。掩埋完毕，所有服丧的亲属，皆焚香祭拜坟墓中的死者，并为其祈福。下葬回来后，还有一套繁缛的礼仪，如进家门前要从火上迈过，以消驱邪气等。

居丧。死者安葬以后，孝子要居丧，也叫"丁忧""丁艰"，又叫"守孝"。按照古礼，丁忧的三年期间不能做官应酬，也不能住在家里，而应在父母坟墓前搭草棚，"寝苫枕块"，即睡草席枕砖头土块，粗茶淡饭忌酒肉，不与妻妾同房，不听丝竹音乐，等等。之所以要守孝三年，是由于人们认为幼年出生后三年不离母怀，时刻都要父母的呵护照料，所以父母亡故后，儿子应还报三年。

对于中国人来说，人死后不仅有"葬礼"，还有"祭礼"，所谓"生，事之以礼，死，葬之以礼、祭之以礼"。生者祭祀死者，除了对死去亲人的怀念，还认为祭祀会得到死者鬼魂的关照。祭祀有其直接的功利目的，即祈望死者的鬼魂不要滋生事端，而是福荫后人，使子孙后代高官显赫，福寿齐全；祭祀也有其社会和精神意义，祭祀可以证明祭祀者是祖先的合法继承人，一方面，可以作为祖先权力和财产的继承者，另一方面，则可以给自己生命一个安顿，是一种生命精神的链接。所以，中国传统的孝亲观念的世俗化，在死亡祭祀中就表现为对祖宗的崇拜与感激①。

祭祀死者的礼仪，从丧葬过程的吊祭就已经开始了。出殡结束后，三年"服丧"期间的祭祀，是最重要的。主要包括"圆坟""做七""百日""周年"以及节日祭祀。

圆坟。死者安葬后第三天，称为"复三"，又叫"圆坟""暖墓"，一般是死者的长子带领，亲人都要到坟前行圆坟礼，为坟培土，还要烧纸钱、上供品。

做七。从人死后算起，每七天必祭奠一次，称为"做七"或"过七"。其中一七称"头七"，三七又称"散七"，五七、七七又称"满七""断七"或"毕七"，较为重要。"一七"，丧家设灵座，供牌位，举行隆重仪式，受唁开吊。"三七"，死者的子女要拿着香火，到三岔路口呼唤死者，或

---

① 中国传统祭祀礼仪，祭祀对象分为三类：天神、地祇、人鬼，即所谓"三祭"（祭天地、圣贤、祖宗）。天神称祀，地祇称祭，宗庙称享。祭祀的法则详细记载于儒教圣经《周礼》《礼记》中，并有《礼记正义》《大学衍义补》等经书进行解释。古代中国"神不歆非类，民不祀非族"，祭祀有严格的等级界限。天神地祇只能由天子祭祀。诸侯大夫可以祭祀山川。士庶人则只能祭祀自己的祖先和灶神。清明节、寒食节、端午节、中元节、重阳节是祭祖日。祭祖也是汉人宣告自己为炎黄子孙最直接的方式。

上坟焚香接引亡灵回家。"五七"，民间认为这一天死者亡灵回家"省亲"，丧家除举行祭奠，还要延请僧道诵经，亲友均来吊唁。"七七"，丧家举行隆重祭奠，亲友都来烧纸，或到坟前祭拜。

百日。人死后或安葬100天后，即"百日"，也是一个隆重的祭供日，又称"百日祭"。到这天，容重孝服的要改穿常孝服，一般人多除去孝服。

周年。一个人死后，其子女要服孝三年,俗称"服三"。满一周年烧纸祭奠，叫"周年"或"烧周年"，古代称为"小祥"。第二个周年叫"大祥"，也要去坟地致祭。满三周年烧纸祭奠，死者的亲友毕至，各带供品、纸扎。三周年过后，死者的子女即可脱去孝服，改换平常衣着。所以三周年又叫"脱服"或"除孝"。按传统的说法，丧葬礼仪至此才算正式结束。

上坟。"服三"之后，对死者的祭奠转入普通的上坟，不再有特殊的忌日。上坟一年大致三次：即清明，举新火；七月十五，尝新谷；十月初一，送寒衣。也有一年五祭的，即除了以上三个节令外，再加上元旦和冬至。借此，家人在悠长的岁月中继续保持着同死者的"联系"，并寄托自己绵长无尽的哀思。其中，清明上坟和冬至上坟，已经发展为独特的民族祭祀文化。

死亡祭祀的祭品主要包括纸钱、香火、食用祭品和象征性祭品。祭祀除了以物质形式表达对死者的纪念外，还有表达对死者怀念的各种祭祀文字，如祭文、诔、哀辞、吊文、悼词、挽帏词、挽联、墓志铭、墓碑文等。

祭文。为祭奠死者而写的哀悼文章，指人死葬后在灵前诵读或是在死者生忌周年或每年忌日的悼念文章，内容主要是颂扬死者生前的业绩功德。古代祭文多用文言文写，用典较多，讲究文辞华丽，并且有一定的格式，分别有祭祖宗文、祭祖父母文、祭父母文、祭夫文、祭妻文等。

诔。是最古的哀悼文形式，是专门用于表彰死者功德并适合于宣读的文体，宣读诔辞是为死者追封谥号的重要环节，多用于上对下。

哀辞。是诔的旁支，是祭祀那些不以寿终的死者的诔文，重点在于抒发祭者内心的哀痛。作者多为死者的亲友或门生故旧，写好之后，一般不在灵前宣读，而是自藏于家，或抄送死者家属或友人，以表哀痛惋惜之意。

吊文。古礼中，吊生为唁，吊死为吊；唁文是用来安慰丧家，吊文才是为了祭悼死者。吊文一般为骚体，和祭文相似，隔句押韵，较少华丽之辞，而多悲凉凄怆之意。

悼词。广义的悼词相当于祭文，狭义的悼词专指在追悼会上对死者表示敬意和悼念的宣读式文章，现代悼词内容包括介绍死者身份、简历，因何病何时逝世，终年多少岁，对死者一生业绩的褒扬，等等。

挽帏词。又称祭幛，用素色的双幅绸或质地较好的布料制成，用以悼念死去的近亲好友。

挽联。祭文的一种，是为表达对死者的祭悼之情而写的对联式文体。挽联在写法上要求对仗工整、含义深切。

墓志铭和墓碑文。墓志铭多刻在石柱或石碑上，内容包括墓中死者的姓名、世系、籍贯、生前官爵、功德事迹、生卒年月日、葬时葬地等，重点在于颂扬死者的功德品行事迹。墓碑文较为简练，仅写明死者称谓、籍贯、生卒年月，以及亲属具名、立碑年月日即可。

现在的丧葬礼俗，因受医疗技术、宗教信仰、科学知识及殡仪馆、火化场等殡葬设施的冲击，丧亡的处所、治丧的主体、祭典的仪式、出殡的方式等都发生了变化。从现在流传民间的丧葬祭祀礼俗来看，部分礼俗已逐渐符合现代化、合理化的要求，也还有部分需要大家的共识，努力改善。

第二节　死亡尊严与向死而生

生和死是人的生命的两面。生命是神圣的，必然地，死亡也是神圣的。也可以说，如果没有死亡的神圣性，生命的神圣性就很难得到保证。正因为有死亡，生命才显得弥足珍贵，至高无上。正是因为死亡，生命才显得不可逆。生命因为死亡的结局而绚丽。

美国作家利奥·巴斯卡力亚在《一片叶子落下来》中这样写道：春天已经过去，夏天也这样走了。叶子弗雷迪长大了。他长得又宽又壮，五个叶尖结实挺拔。春天的时候，他还是个初生的嫩芽，从一棵大树树顶的大枝上冒出头来。弗雷迪的身旁有成百上千的叶子，都跟他一模一样——看起来是这样。不过，他很快就发现没有两片叶子是真的一样的，尽管大家都长在同一棵树上。弗雷迪的左边是阿弗烈，右边的叶子是班，他的头顶上是那个可爱的女孩子克莱。他们一起长大，学会了在春风吹拂时跳跳舞，在夏天懒洋洋地晒晒太阳，偶然来一阵清凉的雨就洗个干干净净的澡。……"我们都在同一棵树上，为什么颜色却各不相同呢？"弗雷迪问道。"我们一个一个都不一样啊！我们的经历不一样，面对太阳的方向不一样，投下的影子不一样，颜色当然也会不一样。"丹尼尔用他那"本来就是这样"的一贯口吻回答，还告诉弗雷迪，这个美妙的季节叫作秋天。有一天，发生了奇怪的事。以前，微风会让他们起舞，但是这一天，风儿却扯着叶梗推推拉拉，几乎像是生气了似的。结果，有些叶子从树枝上被扯掉了，卷到空中，刮来刮去，最后轻轻掉落在地面上。所有叶子都害怕了起来。"怎么回事？"他们喃喃地你问我，我问你。"秋天就是这样。"丹尼尔告诉他们，"时候到了，叶子该搬家了。有些人把这叫作死。""我们都会死么？"弗雷迪问。"是的。"丹尼尔说，"任何东西都会死。无论是大是小是强是弱。我们先做完该做的事。我们体验太阳和月亮、经历风和雨。我们学会跳舞、学会欢笑。然后我们就要死了。""我不要死！"弗雷迪斩钉截铁地说。"你会死吗，丹尼尔？""恩。"丹尼尔回答，"时候到了，我就死了。""那是什么时候？"弗雷迪问。"没有人知道会在哪一天。"丹尼尔回答。

首先，死亡是人类必须严肃对待的事情。死亡之事不可等闲视之，更不可小视。因为，生命的死，人的死不仅仅是人生的终结，而且是人生的前提。每个人必须面对死。面对死亡这一大前提，人们却心存侥幸，渴望永生不死。但是，永生又离不开死。因为生命的存在必须处于时间之中，时间中的万物皆有始终，生命也是有始终的。如果不存在于时间中，生命就不可能成为现实，只是存在于理性之中。看来，永生企求也难以摆脱死亡，所以，弗洛伊德说："你想长生，就得准备去死。"[①]

其次，死是我的死，是个人自己的死，无人能替代。对于我们每个人来说，生是我自己的生，死也是我自己的死，生死都是我最本己的"存在"。虽然我完全有可能放弃我自己的生，任由别人去规划、安排、负责、支配；我也可以放弃我自己的死，让神或上帝去为我承受这无法承受的重负；但是，生与死归根到底是属于我自己的。因为，不仅我的人生之路无论怎样走，或者走与不走，总是我的人生而不是他人的人生，而且，死毕竟也要我自己去死，无人可替代。死既然是我的死，我就应该严肃对待。轻率的死是懦夫的死，没有尊严的死。人应该死得有尊严。与此同时，既然是我的死，任何他人都无权赐予或剥夺，它必须是我的选择。这正是我的死亡的神圣性，即不可移易性。

再次，死亡又必然产生社会性的后果。个体的死虽然是自己的，可是产生的后果却是群体的。所以，死亡绝不是纯粹个人事件。一个人的死，首先是意味着他的生命（生活）的结束，可是他的死总会直接或间接地影响到许多的人和事。亲人会为之悲痛、哭泣，甚至痛不欲生；朋友会为之扼腕叹息。如果他的生牵涉甚广，其死还会引起家庭、族群、社会乃至人类世界的关注、悲痛或者快意、伤感或者舒心，如此等等。所以，人之死常常会令死者的个人事件变为生者的公共事件。这无形中加重了个人死的分量，使死的问题更加值得重视，从而变得神圣起来。任何人都应该认真地对待自己的生活。认真对待不单是一个珍惜生命的问题，也是一个重视死亡的问题。

人们面对必有一死的结局，可以变必然为自觉，将死亡视作人生最后的一件大事来对待，渴望尊严的死。完整性是对人自己的、也是唯一生命周期的认可。完整性包括"族群的"完整性、"类的"完整性以及"个体的"

---

① 弗洛伊德著，孙恺祥译：《论创造力与无意识》，中国展望出版社 1986 年版，第 233 页。

完整性。"族群的"完整性是基于家庭生命共同体的完整性，这种完整性意味着一个人在垂死过程中仍能保持爱的关系并能承担责任，他既能去爱又能得到爱，既能对家人负责又能对自己负责。"类的"完整性表明一个人在垂死过程中始终保持一个人所拥有的爱与尊严，包括男女之爱、一定职业角色所赋予的人格以及其他社会关系的本质属性。"个体的"完整性即基于自我认同的完整性，是自己对自己一个生命周期的自我认同，没有遗憾，没有失望。

死亡是个人的死亡，每个人都以自己的方式迎接死亡，这就产生了死亡的品质问题，它赋予生命以最后的尊严。中国古人讲"死而无憾"，这是传统儒家的终极诉求。对于个人来说，"善终"是五福之一。"善终"或者说"丧死无憾"在本质上体现了死亡的品质，它表现为：死亡是被意识到，即死亡主体能够知道或意识到死亡的来临；死亡是被接受的，即死者从内心深处接受这次死亡；死亡是时机恰当的，即死者已经做好了心理、物质以及社会的准备；死亡是安详的，即死者没有痛苦或克服了痛苦，没有遗憾和对死亡的恐惧。

中国人最注重死后名声，最忌讳身后骂名。由对身后的关注转而对生时的关注，它促使人们注重人生的修养。实际上，现实人生与死后世界是内在统一和一致的。为着死后好评，在生前就得有所作为，就得行仁尽孝，等等。可见，死后哀荣来自于生时自我对生命的价值肯定，及其人生选择符合社会发展必然性所产生的价值评价。

大多数情况下，我们最初面对死亡并不是我们自己受到了什么致命的威胁，而是我们身边亲人的离开，这些亲人和我们有着极其重要的联系。这些亲人是那么爱活着的人，给他们精神上的支持，给他们安全感，给他们以骄傲和力量。因为他们的存在使自己拥有了很多东西，感受到了生命的价值与意义。但是，死亡却把这些无情地带走了，带走了生命中最重要的东西。

同时，死亡意味着消沉、沉寂、没有生机。死亡，意味着没有活力，没有生命。反过来，没有活力，没有热情，没有生机，也会让人联想到死亡，比如"死气沉沉""一潭死水"。有时，我们也会说我"死了那份心"，暗含着梦想的破灭。人们怕死，其实是怕这种状态、这种沉寂的情境。死亡还意味着破坏、暴力、毁灭、杀戮。这一点，只要我们想到人类永远无法避免的自然灾害、战争，就几乎是死亡的代名词。死亡也意味着自我的毁灭、消失、不复存在。

总之，死亡作为生命的终结，在根本上让生命存在的其他可能性变成不可能，从而消解了生命的意义。这让人产生对死亡的恐惧[1]。冯友兰先生根据他的人生四境界学说将怕死境界分成四种：第一层是自然境界，不知怕死不怕死。对生死问题没有觉醒，处于自然状态，生死不成问题。第二层是功利境界，此中人最是怕死，一切行为，都是"为我"，死是"我"的存在的断灭。他们有目的地、有计划地设法对付死亡，或者求取长生不老，或者求立功名，或者求眼前快乐，或者相信灵魂不死。第三层是道德境界，此中之人能在社会中尽伦尽职以尽性，寻求作为，为社会、为他人而不为自己。他所做之事皆可"承先启后"，超越小我，所以最不怕死。他觉得他个体的死亡并不十分重要，因此，他不必设法对付死，而自可不受死的威胁。第四层是天地境界，此境界中的人，生是顺化，死亦是顺化。知生死都是顺化，其身体虽顺化而生死，但在精神上是超越死的。因而，无所谓怕死不怕死。

克服死亡恐惧的最好办法是让我们的思想与死亡携手，就是在思想中接受死亡，把生与死看成是一体的。我们所谓的"怕死"，其实是"怕自己"。而所谓"怕自己"，寻根究底不外是"怕自己将要完全失去世上所喜爱过的事物"，包括爱人、家属、好友以及自己所偏好的各种世上的东西。"怕死"的问题，关键在一个"我"字。因此，克服死亡恐惧首先是"无私无我"，这是必要条件。同时，以无私无我超越死亡挑战的人必须有爱心，爱亲戚、

---

① 贾晓明等主编：《大学生心理健康》，北京理工大学出版社2005年版，第183-184页。

爱朋友、爱邻居、爱人类，在爱中自然化解对死亡的恐惧。

死亡从生命的终点逼迫我们去思考生命的意义，往往又以独特的方式创造出生命的意义。当人们对生命的意义有所领悟时，也就不会特别惧怕死亡①。对意义的领会可以超越对死亡的惧怕。当人的精神世界升华以后，为了国家的利益，为了社会的公共利益，为了他人的利益，人们可以舍弃自我、做出牺牲。崇高的使命感、责任感，将自我利益甚至自我的生命都放在了一边。或者，当我们认真地生活每一天，努力做自己要做的事情，便会觉得生活是过得有意义的、有价值的，没有虚度光阴。

真正的爱也可以超越对死亡的恐惧。我们真正地去爱别人，也感受、接受别人的爱，我们就会心存幸福。当真的面对死亡的威胁时，我们内心才会有一种坦然，没有抱怨，没有遗憾，心里装着爱的温暖。或者，当人在一个群体里，共同面对一个危险时，便不会觉得孤单，会从他人那里感受到爱的关怀，感受到力量。因为有爱，因为和他人在一起。

对死亡的了解和认知也可以帮助超越对死亡的恐惧。当我们懂得，人一定会死亡，是自然规律，承认人都会死这个现实，学习和探讨关于死亡的课题，将死亡看成我们生命的一部分，便会多一份和死亡相处的能力。明代王阳明，因上疏为当时的忠臣戴铣脱罪，得罪了宦官刘瑾而入狱，后来又被谪往贵州龙场。在路途中，随时要面临刘瑾的追杀，死亡恐惧强烈地威胁着他。为了超脱死亡的恐惧，他干脆为自己做了个石棺，日夜端坐其中静思默想，借面对死亡的彻悟方式来化解对死亡的恐惧心理。他当时发誓："吾惟俟命而已。"通过此事，王阳明终于参悟出"吾性自足，心即是理"的尽性知命之学，面对死亡的威胁尊严无畏。

---

① 贾晓明等主编：《大学生心理健康》，北京理工大学出版社 2005 年版，第 184-185 页。

第三节　生死态度与生命意义

从表面上看，人的"生"与"死"的确完全不同，判然两别；但深思则会发现，"死"并非出现于人生命的终点，处于人生过程的最末尾，而是渗透于人生的整个过程之中的。也就是说，"生"包蕴着"死"，"死"则意味着"新生"，所以，"死"也可说蕴藉着"生"，这即所谓"生死互渗"观[①]。

在人生的过程中，生命有机体每时每刻都在进行新陈代谢，如细胞在不断生长、衰老与死亡，而新的机体又在不断地生成。在每一个活着的人体中，生理上的"生"与"死"实质上是不停地发生着，这是"生死互渗"的生理学意义。

人"活"的过程同时就是"死"的过程，因为人"生"的时间流逝的量，实际上同时就标识着人与"死"接近的量，人"生"一日也就意味着人在社会中"死"去了一天。这也是一种"生"蕴含着"死"的客观事实，它显示出"生死互渗"的哲学意义。

人自觉到"生"的同时，便或迟或早地派生出某种"死亡"意识，这种"死"的观念将或隐或显地伴随人的一生。这可说是"生死互渗"在人类学上的意义。

"生死互渗"是人生中的一种实际存在状态。我们应该理解这一点，把握这一点，并由此出发，"先行到死"，由"死"观"生"。在"生"中学习"死"，在"死"中学习"生"。一个具备合理的死亡观的人，必能常常在思想意识上"先行到死"，站在人生的"终点"来观人生的"中点"；活着的人虽然还没有到达人生的"终点"，但"生死互渗"的实际状态以

---

① 参阅郑晓江：《生命教育演讲录》，江西人民出版社 2008 年版，第 71-86 页。

及提升人生品质的追求，则要求每个生者"先行到死"，由"死"来反观"生"。

当人们从观念上先行一步，立于人生的"终点"，立于生死之界来反观我们的人生时，才能真正察觉自我的生命缺少了什么，人生中应该去追求什么；而且也会真正明白人生幸福与快乐的真实含义，人生痛苦与悲伤的真谛。由"死"观"生"的结果，可以使人自我定位，使人生活中的一切均具备好坏优劣美丑是非的价值判断，这就为我们的人生确定了方向、性质和内容。所以，一个人仅仅关注"生"，未必能很好地"生"，只有透悟了"死"，并能立于"死"的视角观察"生"者，才能更好地"活"，在短暂的一生中创造出更大更多的意义与价值，让人生更辉煌。

就人类而言，甚至就一切生命来说，恋生拒死、爱生恶死、趋生避死乃是自然本性。自我保存是自然本性，也是生命赖以发展的前提。因此，就生死态度而言，这是最基本也是最正常的态度。死亡恐惧的普遍性存在也从一个侧面表明了人类的这一基本立场与态度。

作为一种生死态度，是对生与死的价值选择。因此，恋生拒死所恋之"生"是有价值、有意义、有尊严之"生"；所拒之"死"是无价值、无意义、无尊严之"死"，这种死是违背生命内在本质的。但根本上说，生和死都不完全是由我们自己选择的，尊重生死自身的规律和特点，"顺其自然"地生，"顺其自然"地死，是在生命实践中更加明智的生死态度。

普通人不存在生死问题。在他们看来，人的生死是平常的事情，不值得大惊小怪。这种自然态度表现在对死亡问题上是视而不见，将发生在身边的死亡事件视为日常生活中的正常事件，他不会刻意去思考，而是一如既往在日出而作，日落而息。同时，他们又总与死亡保持一定距离，不会让死亡来影响日常生活，甚至必要的时候他们会采取鸵鸟哲学。活着的时候，我就干这个世界要求我干好的事；等到死亡来临的时候，我自然就安息了。持有这种生死态度，最紧要的就是要有一颗"平常心"，它有助于我们把一切都消弭在自己早已习惯的状态中，使自己与所打交道的任何事物既相接触，又保持一定距离，从而能从容不迫地对待像生死这类被某些哲学家和文学家说得十分玄乎的东西。

常人是通过习惯的日常生活将生死问题融进去从而消弭生死，从而没有生死问题。而哲人则是在周围筑起一道透明的墙以摆脱生死，用高妙的智慧将生死问题化解，从而使得生死问题不成问题。伊壁鸠鲁被称为"大众哲学家"，他是古希腊哲学中第一位医治"死亡创伤"的人。他说："不能医治心灵创伤的哲学家的话是空洞的。"他认为最严重的"心灵创伤是由对神灵的恐惧和对死亡的恐惧所引起的创伤：对神的恐惧来自于人死后将受到惩罚，对死亡的恐惧来自于对人生断灭的预期"。所以，他的哲学就是论证死亡与人生的无涉，提出了"死亡并不存在"的认识。他说："一切恶中最可怕的——死亡——对于我们是无足轻重的，因为当我们存在时，死亡对于我们还没有来，而当死亡时，我们已经不存在了。因此死对于生者和对于死者都不相干。因为对于生者来说，死不存在；而对于死者来说，本身就不存在了。"公元前 1 世纪，一座大理石碑上刻下了伊壁鸠鲁的基本哲学："死不用怕，神不用怕，难免忍受痛苦，就能够得到幸福。"伊壁鸠鲁之所以教人不要在乎生死问题，就是为了避免由生死而来的痛苦和恐惧，求得愉快的幸福生活。因为，他说过，肉体的健康和灵魂的平静乃是幸福生活的目的。

生与死是生命的两个必然环节和阶段，不是人力所改动的。要认识到死亡并不是人愿意存在就存在，不愿意存在就不存在的事情，死亡是自然安排好的人的必然结局。最聪明的做法就是，知道某件事情是命中注定自己改变不了的，便放弃任何努力由它去。既然"生"与"死"二者都是命运，所以要安于"生"而顺从"死"。对于生死都能达到安时而处顺，便达到"死生齐一"的境界了。

当一个人能够从生命的终点"死"回观"生"，并做好随时接受死亡的准备时，他就为自己的生命奠定了基本的意义支撑。

意义是我们生命的支撑点。即使你没有明确考虑过你的生活意义问题，这也不意味着无法区分有意义的生活和无意义的生活。多数人想要拥有有意义的生活，这意味着他们关心自己的生活是不是有价值的生活。几乎没有人想过一种没有意义的生活。意义治疗学的创始人弗兰克尔认为，人们对于生命意义的追寻是生活的基本动力，或者说是第一位的动力。他认为，人生在任何情况下都有意义，在面临痛苦、愧疚以及死亡的情况下都要肯定生命的意义。"世界上没有任何东西比生命中存在意义更能够帮助人在最恶劣的环境下生存下来。"因为诚如尼采所言，"知道为什么而活着的人几乎能够承受任何怎样活着的问题。"每个人都应追问生命的意义；并且，每个人只有通过承担他自己的生活才能向生命做出回答；他只有通过成为负责任的人才能对生活做出回应。如果我们感悟到了生命的意义，生命就会充满活力，就能充分体验到生活的幸福，否则，就会觉得心灵空虚，就会感到精神苦闷甚至绝望。

如何去寻找生命意义呢？生命的真正意义应当发现于世界之中，而不是在人的内心。因为意义本身不过是我们自己生命与世界的联结。

生命的意义既不能模仿也不能引进，它只能由每个人在各自不同的存在环境中寻找和发现。生命的意义来自于个人在与责任相连的自由中有意识的和无意识的人类精神力量。在生活中我们会遭遇顺利、挫折、平淡、成功、失败等各种人生境遇。我们可以在干预各种人生境遇的挑战中、在生命力的发挥及创造中思考自己生命的意义。我们可以在生活实践中体验生命的魅力，并在体验中领悟，在领悟中提升自我。

我们可以通过加强心灵修养的方式探寻生命意义。心中时刻充满着希望，始终保持对生命的信仰，这样不仅赋予我们生存的勇气，而且使生命有着不断超越的动力，由此创造出生命的意义和价值。我们需要生活在希望之中。因为想象生命是有意义而生活在世界上，我们一定会发现人生的确充满意义。

我们可以在群体中去发现生命的意义。奥地利著名心理学家阿德勒认为，生命的意义就在于对同类感兴趣，作为团体的一分子，为人类幸福贡献自己的一分力量。当人在一个群体里，便不会觉得孤单，会从他人那里感受到爱的关怀，感受到力量。大学生可以通过融入集体生活、对他人感兴趣，相互合作，在人际交往和真诚奉献中追寻生命的意义。

同时，学会感恩是我们发现生命意义的重要途径。当我们以感恩的心态面对自己、他人、群体以及社会甚至宇宙万物时，我们就会体验到生命的意义无处不在。这有助于了解生命的意义和价值，有助于珍惜生命、尊重他人。有一首歌叫"感恩一切"，歌中唱道："感恩每一滴水珠，他把我来滋养。感恩每一只花朵，他带给我芬芳。感恩每一朵白云，编织我的梦想。感恩每一缕阳光，托起我的希望。感恩亲爱的父母，给予了我生命。感恩亲爱的老师，教会了我成长。感恩帮助过我的人，使我感受善良。感恩伤害过我的人，让我学会坚强。感恩啊感恩，感恩的心儿多么虔诚。感恩啊感恩，感恩的歌儿用心吟唱。"

一个有充分意义感的人，就能够感受到人生和现实世界的价值，就能够体验到人生的快乐和幸福，同时必然是一个积极乐观、心理健康的人。心理的健康，就是一个人让自己的心认真聆听灵性精神的指导，确立起正确的信念系统，并以此建立起积极向上的人生观，从而领略到人生的充分意义，并努力去实现人生的快乐与幸福。在这个现实的人生过程中，既能够认识到自己作为人的特殊价值和追求，又能够充分适应外在环境，同时利用环境来实现自己的人生目标。一个心理健康的人，不是纠结于错愕复杂的"过去"或者漫无目标的"未来"，而是一个既能担待过去又能直面未来，同时充分活在当下的人。

第九讲　现代科技与生死伦理

　　作为具有自由意志的、身心灵整合存在的生命，人不得不为自己肩负起自由选择的道德责任——因为，即使一个人选择了永远遵从另一个人的指教，也已经是为自己做了选择；而且，还要为属于自己的、非严格意义上的人的人类（如自己的胎儿、婴儿、小孩和丧失行为能力的被监护人）负起选择的责任。在现代科技条件下，有关人和人类的生死选择具有诸多的不确定性。这种不确定性既涉及人的生命的开始也涉及人的生命的终结。从生命成长来说，如何面对我们自己或者人类生命中所可能遭遇的一些伦理问题，并做出合理合情的道德判断和道德抉择，是我们生命成长中必须学会的功课。

第一节　现代科技与生育伦理

　　"生育"是人类的自身生产行为。生育的本质在于，它是人类的自身生产和再生产，它既是一种自然现象，又是一种社会现象。在人类历史的大部分时期，人自身的生产都属于"自然生育"，其特点是，人类的生育完全听凭自然。到了现代社会，伴随着医学技术的发展和人口增长的压力，人类的自身生产有了"计划生育"，人类通过医学和相关技术手段调控自身生育行为。在当代，随着基因工程和其他生物技术的发展，人自身的生产进而演变为"选择生育"，生育变成了一系列人工选择和人工控制的行为。

一、堕胎与优生

有关堕胎与优生的生命伦理，是针对有生育能力并且已经处在怀孕和生育过程中的相关问题的伦理讨论。

所谓"堕胎"，也称为"人工流产"，是指人类"故意"将怀孕期间母体内的受精卵或胎儿，借助药物或以人工的方式，提前结束其妊娠。这一界定牵涉到"怀孕期间"与"生命起始"的关键问题，由此也引发相应的伦理甚至法律争论，核心问题是：胎儿是不是人？或者更具体地说，胎儿从什么时候才可以被看做是人？胎儿有没有自主性？有没有出生权利？

受精卵何时才算"胎儿"？医学上有严格的界定，即1~8周为胚胎期；8周以后为胎儿期。而对于"胎儿"作为生命的标准不一，导致人们对待堕胎的态度也有不同。比如，"脑波"的出现被看作生命的一个认定点，如瑞士、墨西哥、德国的堕胎时间定在12周，日本、意大利定在13周，依据便是如此。"胎动"也被看作是生命的表征，胎动因人、因胎次而异，发生在20周左右，代表着胎儿具有旺盛的活力。现今多以24周为标志，此时胎儿即使离开母体也能自行存活，英国、荷兰即定于此时间。

在当代，由于优生理论、女权运动的兴起，加上人口的快速增加，堕胎合法化的呼声甚嚣尘上。1994年，联合国在开罗举行"国际人口与发展会议"，确认堕胎是各国政府必须面对的事实，并视之为人权。尽管如此，赞成与反对堕胎者仍然针锋相对。赞成与反对堕胎的主要观点[1]：

---

① 参阅蔡培村、武文瑛：《生命教育——探索与修炼》，第197页。台湾丽文文化事业，2008年。

观点	赞成者	反对者
性泛滥	没有必然的因果关联。	造成性泛滥，而且一发不可收拾。
优生学	可以提升人口素质，减少社会的负担。	胎儿有问题可能是孕妇本身的习性所造成，或是遗传疾病，且基因好坏很难界定。有问题应及早诊断与治疗，这是国家医疗体系应努力的层面。
自主权	母亲是房屋所有者，胎儿只是房客，妇女有绝对的权利处置自己的身体。	堕胎无关权利。自由与人权并非无限上纲，应是建立在尊重生命的思考基础上。胎儿的生命是自然所赋予而非母体，母体并无权决定其生死，堕胎即为杀害生命。
经济学	抑制人口出生率，解决生态负荷过重及全球贫富悬殊的问题。	经济与环境问题的根本，是人们自私自利的强取豪夺，该觉醒的是人类贪欲的心态，该改变的是不公义的体制，而非转嫁给无辜的胎儿。
身体风险	这方面可以由公共卫生体系来加以防治。	出现堕胎后遗症，长期处于危险的警戒状态，过度反应、侵入感、压迫感、焦虑、精神失序、睡眠障碍，自杀比率提高，乳癌、心脏病罹患也增风险，增加日后怀孕的困难度。
暴力观点	堕胎无关暴力，是无奈的选择。	所有堕胎都是暴力，而暴力在理性的世界里没有存在的理由。
性别失衡	这是教育倡导的问题，而非堕胎。	受到重男轻女观念影响加上基因检测技术的发达，堕女胎的数目有攀升之势。

人既具有自然生命，也具有价值生命，是生物性和社会性的统一。因此，当社会人口过渡膨胀，严重影响社会生活时，堕胎作为生育补救措施有其合理性。当然，确定胎儿从什么时候开始具有自我意识、意志和理智，的确存在"时间性难题"。从经验来看，生存权必须具有认知、痛苦与记忆的能力，才算是完整的人。胎儿的生命权和妇女的选择权，也是个难以两全的问题，许多国家的立法者也难以抉择，将此视为重大的社会议题，交由全民公投来决定。尽管堕胎的道德可以调控，但是，"只要我喜欢，没有什么不可以"的口号也已经不合时宜。胎儿是人，不应随便堕胎；但是当他的权利与母亲相抵触或危害其安全时，或许应该以后者为优先考量。所以，除了社会人口控制的需要，从个体生命来说，正确的性教育也是一种社会责任。

二、代孕母亲

代孕母亲是指子宫缺陷但排卵机能正常的女性，采取体外受精的方式，再将胚胎植入非配偶女士的生殖系统中，代理怀孕生产。严格来说，应该叫"代理配偶"。1986年，人类历史上出现第一个正宗的代孕母亲，报酬为一万美元。目前实施代孕母亲的国家，在评估期限与代理次数上多以行政命令设限，如美国、法国、英国、韩国、泰国、中国等。但亦有实施重罚者，如德国，但待价而沽者不在少数。

关于代孕母亲的法律十分难产，主要是因为，尽管代孕母亲本身是解决不孕的问题，却衍生出家庭结构改变以及商业行为疑虑的诸多困境。而且，受术夫妻、代孕母亲和人工生殖子女三者的权利义务也不易厘清。拥有亲生骨肉是多数人的梦想，也是再单纯不过的事了，但若扯上金钱、行善、道德批判等异样眼光，就会变得极其复杂。

代孕母亲所涉及的相关问题[①]：

项目	说明
医学上	目前胚胎试管婴儿存活率约三成，平均要打上百排卵针才能受孕，过度刺激卵巢的并发症及早产都属高风险群。
法律上	代孕母亲涉及"母亲"的认定方式，遗传母亲或孕育母亲的定位，都需要法律有新的界定。
伦理上	代孕母亲会产生血缘上的混乱，代孕母亲使得女人变成了纯粹的生产机器。
商业上	子宫工具化，生命商品化，造成母亲尊严的矮化。
健康上	代孕母亲的契约关系非常复杂，若婴儿有残障或其他疾病、代孕母亲身体有恙、中途后悔的堕胎，以及代孕母亲的生活管理与用药等，都是问题。
阶级上	代孕母亲的费用昂贵，造成阶级差异与社会分化，从"金钱万能"变成"金钱万万能"。
信念上	此为男性支配欲的延伸，控制女性身体。一个无法生育的女性还必须借由科技为父权家庭传递香火，父权再度沉沦。
心理上	怀孕前与生产后的心理调适、亲情割舍如何处理等。
性别上	代孕母亲之体外受精可筛选性别，造成男女比例失衡。
宗教上	打破因果轮回的关系。

三、克隆人

无性生殖又叫克隆技术，是运用现代医学技术，不通过两性结合，而进行高等动物（包括人）生殖的技术。严格意义的无性生殖技术，即生殖

---

① 参阅蔡培村、武文瑛：《生命教育——探索与修炼》，第210页，台湾丽文文化事业，2008年。

性克隆技术诞生的标志，是英国一个名叫"多莉"（Dolly）的克隆绵羊诞生。克隆技术应用在人类身上，包含了克隆人、克隆人类器官以及克隆带有人类基因的动物。这当中，克隆器官的问题较少，其余两者涉及滑坡效应，尤以克隆人尤甚。赞成克隆人类的理由，除认为每人都有生育下代的权利外，其他理由也包括避免遗传疾病、器官移植、科学研究、种族改善，甚至是重现已逝的亲人等。

克隆人对人类的冲击主要来自对既有价值、规范与制度的挑战，如父母亲无从界定，生物学母亲（代孕母亲或分娩母亲）、遗传学父母（精卵提供者）以及社会学父母（养父与养母）的概念模糊；亲属关系无从认定，违反为人父母的尊严及人类的家庭本性；其他如混乱法权地位、侵犯人性尊严、影响基因多样、危害母体安全等，也不容等闲视之。克隆人造成的风暴[1]：

项目	说明
破坏家庭伦常	克隆人与被克隆者的关系，主要有平行的兄弟姊妹或垂直的父母子女两类，都会引发极大困扰。
混乱法权地位	由于亲属关系无从认定，在财产继承或相关权利等法律地位有混乱之虞。
侵犯人性尊严	人之所以为人，主要是人性的尊严。克隆人习惯被列入二等公民，是以单纯客体来操弄，侵犯克隆人人格的发展。
违反生育天职	人类不应扮演上帝的角色来造人，逾越本分的作为，后果谁都难以预料。
影响基因多样	性行为是大自然为了发展可与未来疾病对抗的新基因组合法，是大自然巧妙安排的精心杰作，将其由繁殖行为抽离会带来难以估测的灾难。克隆的普遍行为会导致人类基因库的全面纯化，使后代增加基因遗传疾病的风险，严重的话，可能导致人类绝种。
制造阶级对立	克隆的过程需要庞大的开支，这是专属朱门萧户的游戏，强化金钱的效用，而且可挑选对象，制造贫富阶级对立。
严重心理障碍	由于克隆人是属工具性的产品而非爱的结晶，与常人相较之下，需正视许多心理适应与障碍。
危害母体安全	用来代替精子的是成熟细胞，其功能或多或少已受限制，且怀孕的过程亦有危险，如克隆体易成长过大，有扯破子宫之虞。
牵涉滑坡效应	容易随意处置胚胎，从干细胞、胚胎养殖场到胎儿工厂，道德观念与生命尊严弃之如敝屣，成为不可抵挡的趋势。
后续健康问题	根据经验，有三分之一以上的克隆动物在出生前后即已死亡，超过一年者并不多见。

---

[1]　参阅蔡培村、武文瑛：《生命教育——探索与修炼》，第219页，台湾丽文文化事业，2008年。

克隆人的症结不在技术，而是欲望。1997 年 4 月 4 日，欧盟 20 个国家于西班牙奥威索聚会，签署首个规范人类基因工程与克隆研究的《人权与生物医学公约》，简称《生命伦理公约》，禁止以研究为目的之人类胚胎克隆，随后于 1999 年 12 月 1 日正式成为国际法的有效文件。联合国于 1999 年时支持《人类基因组暨人权宣言》，明确不准许生殖性的人类克隆，其成员于 2005 年通过并发表，禁止"一切形式"的克隆。

第二节　现代科技与死亡伦理

随着新技术在医学领域的广泛应用，带来了一系列与医疗技术相关的生死难题。人们可以人为地控制死亡，可以进行安乐死、仁慈助死。现代技术使得"死亡"从自然事件变成了一个似乎可以选择的"人为"事件。"人为"就意味着选择的存在，有选择就涉及伦理问题和道德抉择。当代生命伦理学所讨论的与死亡有关的生命伦理议题，主要有脑死亡、器官移植、安乐死以及死刑等。

一、脑死亡

现代技术尤其是现代医疗技术和生物技术，不仅在操控着人们的"生"，也在一定意义上操控着人们的"死"。其中，"脑死亡"定义的出现就是一种典型的对死亡的操控。

传统的死亡标准是心肺死亡标准。医学上实际采用的传统死亡标准是脉搏、呼吸、血压的停止或消失。1951 年美国布莱克法律词典这样界定"死亡"：血液循环全部停止以及由此导致的呼吸、脉搏等动物生命活动的终止。1979 年出版的《辞海》，把心跳、呼吸的停止作为死亡的重要标准，呼吸停止、心脏停搏、瞳孔散大和对光反射消失是死亡的三个指征。

1968 年 8 月，哈佛医学院的一个特别委员会发表了他们关于脑死亡定义的报告。这个报告把"不可逆的昏迷不醒"定义为"脑死亡"，例如，出现下列诊断特征时，任何可断定的大脑活动的停止（平直的脑电图）和任何依赖大脑的身体活动的停止，如自发呼吸和反射的停止。同时，报告把"脑死亡"和"整个肉体的死亡"等同起来，进而和病人的死亡等量齐观。脑死亡就是全脑死亡，即大脑、中脑、小脑和脑干的不可逆的死亡。脑死亡的基本判定标准为：（1）不可逆的深度昏迷。（2）自主运动和自主呼吸停止。（3）脑干反射消失，瞳孔对光反射、角膜反射、眼运动反射都消失，以及吞咽、发育等由脑干支配的反射全部消失。（4）脑电波消失（平坦）等。

传统的心肺死亡标准，是一种"自然"的死亡标准，因为人们将"心跳""呼吸"看作生命的基本特征。但是，这种标准使得死亡判断不够准确，更多的是一种经验观察。同时，传统死亡标准也会带来相应的伦理问题，比如，何时停止对病人的抢救是最为合适的？而且，也会影响医学新技术采用，特别是器官的摘除与移植。脑死亡标准的伦理意义在于，可以更加科学地、准确地判定死亡，而且有利于合理利用有限卫生资源、有利于器官移植，也有利于道德和法律责任的确定。

但是，脑死亡标准同样面临一些伦理困境。"脑死亡"定义将生死界限人为化，有将死亡时刻提前的嫌疑。在一个人被宣布"脑死亡"而实际上还有血液循环和心脏跳动时，不仅允许停止使用呼吸机，而且允许有选择地反过来继续使用它（和其他的救生手段），使身体维持在一种状态，以便人们可以在理想条件下接近他的器官和组织。这种状态按照更古老的定义已经是"生命"了，但是按照脑死亡定义，则仅仅是生命的伪装。另外，"脑死亡"定义的一个主要依据就是避免"器官移植"的广泛争论。之所以要"结束"这种争论，当然是为了更加顺利地、普遍地进行"器官移植"。这样一个受实践利益诱惑而出现的定义，在一定程度上也破坏了理论自身的纯洁性和真理性。

二、器官移植

器官移植是用健康的器官置换功能衰竭、甚至丧失的器官，以挽救病人生命的一项高新医学技术，是将健康器官植入另一个体身上以取代原有的功能。

因为器官衰竭是不可逆的病态，到目前为止，人类医学还没有修复或增进复原的手段，最终对策就是进行器官移植。因此，对器官移植的渴望也是一个永久的生命话题。在现代，由于血管吻合、麻醉外科无菌操作，以及免疫医学等技术的成熟，加上二次世界大战的强烈现实需求，器官移植发展极为迅速。现在，人类已经能够进行肾、骨髓、心脏、心肺、肝、胰腺、脾、小肠、角膜、脑组织、骨和骨组织、睾丸等移植手术。

器官移植不只是涉及技术难题的攻克，同样涉及一系列伦理难题。一个人接受了别人的器官，他还是原来的人吗？他的个性或人格是否会受到影响？这不只是医学上的排异反应问题，也是一个伦理学和心理学的人格完整性问题。赫尔曼（H·Hellman）在《未来世界中的生物学》序言中曾描述了一对夫妇带了他们的孩子到法院去，要求更改丈夫的姓名，因为妻子诉说其丈夫由于器官更换太多，成了一个完全不同于以前的人。这提出了异体器官移植对受体的长远影响问题。

器官移植到底带来多大好处？由于器官移植的成功率远不像媒体报道的那么乐观，实际上有很多器官接受者没能活到下手术台，有的则死于以后的排斥期，还有的死于不能克服的并发症。同时，器官移植还必须面对器官的供需矛盾问题。美国全国有4000盲人等待角膜移植，等待肾移植的有6000至10000人，有人等了36年。我国的情况就更加突出，据有关统计，我国每年有50多万人等待肾移植，而我们最初30年所做的所有的肾移植才不到每年的8‰。为了克服器官的供需矛盾，必须根本解决器官来源问题。理论上说，器官来源大致有如下方式：自愿捐献、推定同意、器官买卖或器官商业化、胎儿器官、异种器官、人造器官、克隆器官，等等。但是，每一种器官来源方式都伴随相应的伦理问题。

从器官移植受体角度看，也存在一定的生命伦理议题。谁优先获取可供移植的器官？一般应考虑以下因素：受者的生命质量状况；受者需要的迫切程度；供者与受者的配型相容性程度；捐献者意愿；是否曾经捐献；先来后到；受者的家庭地位及作用；受者的社会价值；受者的经济支付能力；受者等待的时间；移植后的余年寿命；移植的科研价值；捐赠者与受赠者所在的地点远近等。其中，"捐献者意愿"是至上因素；"受者的生命质量状况""供者与受者的配型相容性程度""受者需要的迫切程度"是前提因素；"曾经捐献"是优先因素；"先来后到"是通常因素；其他则为参考因素。

我国《人体器官移植条例》规定，人体器官移植的基本伦理原则是：病人健康利益至上原则（是否符合患者利益作为医生行为获得伦理可接受性的第一评判标准）；唯一性原则（在针对受体的所有治疗方案中，器官移植是唯一具有救治希望的方案）；自愿、无偿与禁止商业化原则；知情同意原则（受体及其家属的知情和供体的知情）；尊重和保护供者原则；保密原则；公正原则（包括对器官移植接受者的公平、公正原则和对器官捐献者的公平、公正）；伦理审查原则（人体器官移植技术临床应用与伦理委员会要对如下问题进行伦理审查："人体器官捐献人的捐献意愿是否真实"；"有无买卖或者变相买卖人体器官的情形"；"人体器官的配型和接受人的适应证是否符合伦理原则和人体器官移植技术管理规范"）。

三、安乐死

有些诡异的是，医疗愈进步，病人似乎愈没有尊严，所以有些人主张"歹活"不如"好死"。此"好死"就是"安乐死"。安乐死英语为 euthanasia，源于希腊文 eu（good）+thanatos（death），直译为"好的死亡"，日本人翻译为"安乐死"，中国沿用此翻译。另外也有安易死、尊严死、仁慈杀害、安逸之死等名词呈现，与《书经·洪范》记载人生"五福"之"考终命"

有异曲同工之妙。不管使用怎样的词语,其现代意义就是,医生为减轻病人痛苦对死亡过程所进行的干预。准确地说,是指患不治之症的病人在濒临死亡状态时,由于肉体的极端痛苦,在患者和其亲属的要求下,经过一定的法律、道德及医学程序,用医学的方法使病人在无痛苦状态下度过死亡阶段而终结生命的全过程。

就属性来看,安乐死可分为"积极的"与"消极的":前者是指打针或服药等"主动作为"所进行的死亡,这也是一般人所理解的安乐死;后者是"被动不作为",包括中断医疗甚或基本照顾而导致死亡。就意愿来分,则可以区分为"自愿性"与"非自愿性":前者是意识清楚的病人,借由预嘱或预留医疗指示来表达危急时的医疗意愿;后者还可以分为"非自愿":当事人没有表示意愿以及"不自愿":无法表示意愿时,由他人代为执行。

将"属性"与"意愿"交叉组合,可分成以下四种安乐死:(1)自愿消极的安乐死:拒绝治疗。医护人员顺应不可治愈病患的要求,不使用心脏按压、电击、插管等积极性的治疗方式。争议性最小。(2)非自愿消极的安乐死:撤除治疗。医护人员对于为疼痛所苦的末期病人,未经其同意停止营养剂的供给而任其死亡。此多发生在有缺陷的新生儿、心智不足病患,以及受到长期照护的植物人身上。争议亦较小。(3)自愿积极的安乐死:慈悲杀害。医护人员经末期病患同意后,采取如注射等导致死亡的行为。争议较大。(4)非自愿积极的安乐死:蓄意杀害。未经病患同意所采取导致死亡的作为。争议最大。

关于安乐死,争论的核心是生命价值、生命自主与生命道德问题。反对安乐死的人认为,生命是神圣的,人们无权自主选择,且安乐死违反爱生恶死的众生本性,不易确定患者的心理意愿以及代理判断。最大的问题则是滑坡效应或流沙效应,以安乐死结束生死,如同斜坡上一路下冲的车辆,很难停止因别的理由结束病人性命的趋势,助长医生、家属或其他人士的权利滥用,如以经济困难的理由或明或暗要绝症患者同意早死,也有如社会保障制度性压力造成非自愿安乐死的情形。

安乐死合法化的倡议者，则是把病患寻死的权利视为生命权的重要部分。每人都有权利尊严地离开世间，人们不害怕死亡的结果，但畏惧死亡的过程，安乐死的选择会带给人们活下去的勇气。赞成者将安乐死称为"安详的解脱"，自己可以掌握死亡的时间与方式，从容做好准备，如美国俄亥俄州《尊严死亡法》实施以来，依法结束生命者在死前并不沮丧，且对死亡更为豁达。至于为人诟病的滑坡效应，必须假定人已失去选择与判断的能力，否则就不应成立。

赞成与反对安乐死的主要论点：

观点	赞成者	反对者
生命自决	每个人应该有着生命自决权，这一点不损害他人权益，法律也不应干涉才是。	根据生命神圣原理，生命是造物者的恩赐，而非个人的权利，且末期病人在身心煎熬下很少真的有着全然的自主权。
医学观点	医学进步对患者而言有时不是福音，反倒是一种延长痛苦的折磨，丧失人之所以为人的尊严与质量，形同"活着的死亡"。	活着就是希望，医学总带着某种程度的不可预测性，在等待时间内可能发展出新疗法或开发新药。更何况，安宁照顾已可解除绝大部分的痛苦。
家属负担	家属的生活质量被剥夺，经济负担加重，精神压力非常人所能体会，拖垮整个家庭。	强化社会福利，可以有效减轻家属负担。这方面若处理不好，就是明显的政府失职。
医疗支出	以极少花费换取庞大的医疗支出，有利资源的重新分配。	产生滑坡效应或流沙效应，立法者易生怠惰，后续不良效势将难以控制。
自杀防治	安乐死无关自杀防治，甚至可达到尊重生命的目的。	安乐死对于积极推动的自杀防治，有着不良效应。
误诊风险	这关系到医生、医术与医德，什么时候都会发生有误诊的情形。	濒死者病因复杂，相对的也存在着更多误诊风险。

对于安乐死，基于当事人的意愿及医生的判断，以自愿性的安乐死较为人们支持，但又常常与执行者的价值观产生冲突。非自愿性的安乐死因为牵涉"代为判断"与"最佳利益"的伦理原则，侵害到个人自主权，在道德与法律的判断方面非常困难，故难以被人们接受。因此，就个人来说，平日应准备好预嘱或者遗嘱，以免给亲人造成压力和造成纠纷。

第三节　现代科技与生命伦理

正是现代科技带来的一系列与我们生命存在、生命活动相关的重大议题，使得人们面对生命本身相关的重大问题从来没有如此艰难过、彷徨过。也正是生命所遭遇的这些重大伦理争论，促进了现代生命伦理学的诞生。

生命伦理学第一次是由美国威斯康星大学的生物学家和癌症研究者Van Pansselar Potter 在《生命伦理学：通向未来的桥梁》一书使用的。它是一门把生物学知识和人类价值体系知识结合起来的科学，它在自然学科和人文学科中间建起一道桥梁，帮助人类生存，维持并促进世界文明，即用生命科学来改善生命的质量，是"争取生存的科学"。关于生命伦理学的定义，有不同的界定，也有狭义和广义之分。综合起来，生命伦理学可以被理解为，运用伦理学的理论和方法，在跨学科、跨文化的情境中，对生命科学、医疗保健及其他关乎生命存在的重大事件的伦理学问题的研究。这里的"生命"主要指人类生命，但与之相关的也涉及动物生命和植物生命；"伦理学"则是对人类行为的规范性研究，即对"应该做什么"和"应该怎样做"的伦理问题的探讨。

生命伦理学在基本理论上，以传统规范伦理学的三大理论系统为基础，并根据实际情况将其运用到实际问题的讨论中。人类行为必然同时包括"行为者""行动""行动后果"，但是传统规范伦理学却出现了分别着重某一方面的伦理学系统，即注重行为者的美德伦理学，注重行动本身的义务论（动机论）伦理学，注重行动后果的结果论（功利论）伦理学。由于美德论、义务论、结果论等传统规范伦理学都有其长短，在现代生命伦理学的发展过程中，又出现了伦理学的"生命论"，包括生命神圣论、生命质量论、生命价值论。

　　"生命神圣论"是一种认为人的生命具有最高道德价值的生命伦理观，即认为人的生命是神圣不可侵犯的、是至高无上的、极其重要的。从一般意义上看，"生命神圣论"使人们珍重生命，有利于人类的生存和发展；从特殊意义上看，促使医学科学和医疗职业的诞生和发展。但从历史上看，人的生命并不是绝对神圣不可侵犯的；在现实生活中，人的生命也不是绝对神圣不可侵犯的。而且，"生命神圣论"还面临一些医学伦理难题，如：能否控制人口数量？能否实施生育控制措施？能否停止对病人的抢救？能否对人的生命进行研究？能否摘取人体器官进行移植，等等。

　　"生命质量论"是一种根据人的自然素质的高低、优劣，来决定医疗处置的生命伦理观。生命质量就是生命自然素质的状况，包括健康程度、治愈希望、预期寿命、智力状况，等等。生命质量还区分为主要质量、根本质量、操作质量。主要质量指个体生命的身体或智力状态，根本质量是一个人与他人在社会和道德上相互作用的意义与目的，操作质量是指利用智商或诊断学的标准来测定的智力和生理状况。

　　"生命价值论"是指根据生命对自身、他人和社会的效用如何，来决定医疗处置的生命伦理观。生命价值还可以做不同的区分，如内在价值与外在价值，现实价值与潜在价值，正价值、负价值和零价值。

　　生命价值论与生命质量论认为，人类可以根据整体利益，有条件的而且是人道的干预人的生命的过程，医学目标不应当是机械的保全人的性命，更重要的是要去发展和完善人的生命。依据生命价值论和质量论，应当从社会公共利益和长远利益出发，来判断生与死的价值；医学价值目标不仅应当维护个体生命权益，而且更应当服务于人类整体利益。

　　"生命论"，尤其是"生命质量论"和"生命价值论"的伦理观，完善了人类关于对待生命的伦理理论，具有重大现实意义。将生命的神圣性、价值性、质量性结合起来的生命论伦理学，本质上是一种"生命神圣—质量—价值论"，它强调人的生命是极其宝贵的、具有一定的质量、能够创造价值。所以，人类应该珍重、救治、完善自身生命，但在一定的条件下，可以根据其生命质量和价值，采取相应的措施分别对待。它为人类的生育控制措施提供了伦理依据，为临床上对某些终末期病人放弃医疗干预提供了伦理学上的辩护，为对生命进行研究提供了伦理依据，为临床上摘取人体器官进行移植提供了伦理依据。

生命伦理学在其发展过程中，基于伦理学的基本理论和客观实际，逐步形成了一些一般性指导原则，这些原则被作为伦理学规定和评估人类行为的基本理由。它们是指导进行涉及人类行为研究的一组基本伦理规范或伦理价值。这些原则被称为"生命伦理学的基本原则"，它们蕴含在《纽伦堡法典》(1946年)、《赫尔辛基宣言》(1964年)、《贝尔蒙报告》(1974年)等国际国内的规定和准则之中。综合起来，生命伦理学有四条基本原则：行善、有利、尊重、公正。

行善原则。即做好事、不做坏事、制止坏事。行善原则是一条最基本的和最重要的道德原则，它要求人们在医学活动中，恪守这样一个道德信条：努力行善，扬善抑恶，做好事，不做坏事，制止坏事，做一个善良的人、道德的人，善待生命、善待病人、善待社会。包括"医学的善"和"医生的善"，前者强调医疗卫生保健活动的道德价值是为患者、受试者提供最大利益（公平、公正）；后者强调医务人员的德性，包括克己、利人、同情、正直、爱人如己等。

有利原则。即维护和促进病人的健康、利益和福利。有利原则包括"不伤害"的反面义务（不应该做的事），和"确有助益"的正面义务（应该做的事）。"不伤害"是指不给病人带来本来完全可以避免的肉体和精神上的痛苦、损害、疾病甚至死亡。但仅仅做到"不伤害"是不够的。医/护患关系不是像顾客与售货员那样的陌生人关系，在这种陌生人关系中双方主要是反面义务。但医/护患关系不同。因为医/护患之间在掌握医学/护理知识上的不平等，病人处于脆弱和依赖的地位，医护人员有许多正面义务，即应该帮助病人治疗或治愈疾病，恢复健康，避免过早的死亡，解除或缓解症状，解除或减轻疼痛。简言之，治病救人、救死扶伤，是有利于病人的正面义务。

尊重原则。即尊重病人的自主权、知情同意权、保密权和隐私权。（1）尊重自主权：有行为能力的人是有理性的人，涉及个人的问题，例如健康、生命以至结婚、生育、避孕方法的选择等由个人做出决定，对自己的行动负责。（2）知情同意权：为了维护病人利益及尊重他们的自主权，在有关治疗方案上医生有义务取得他们的知情同意。（3）保密、隐私权：医护人员有更多的机会接触病人的隐私，包括病人的身体和有关病人机密的信息。保护隐私也包括这两个方面。

公正原则。即根据生命权的要求，按合理的或大家都能接受的道德原则，给予每个人所应得到的医疗服务。要求对病人公平对待，不分性别、年龄、肤色、种族、身体状况、经济状况或地位高低，决不能进行歧视。公正，是行为对象应受的行为，是给予人应得而不给人不应得的行为；不公正，是行为对象不应受的行为，是给人不应得而不给人应得的行为。公正是平等（相等、同等）的利害相交换的善的行为，是等利（害）交换的善行；不公正是不平等（不相等、不同等）的利害相交换的恶行，是不等利（害）交换的恶行。

生命伦理学基于伦理学的视野和原则对现代科技和社会生活中诸多有关生命的议题，多有讨论。但是，生命伦理学的理念和原则并不足以根本上回应现代人的生死难题，而古典宗教和哲学的生死智慧恰恰可以为现代人应对生死难题提供诸多启迪。

第十讲　生命困惑与生死智慧

死亡是与人类社会历史相伴随的，在某一侧面反映着人类历史的变迁。如果可以说，一部人类历史就是人类生命的演绎史，同样也可以说，一部人类史就是一部死亡史。可是，我们身处的这个时代，又是一个"没有死亡的世代"，现代人已经从自然死亡被驱赶到技术死亡处境，在死亡的非生命化、非我化的话语中，人们不再体验死亡、思考死亡，可又不得不遭遇死亡、经历死亡，并且还不得不忍受医疗技术延长和加剧了的死亡恐惧，并在孤独、无尊严、非神圣的死亡中，牺牲了死亡品质，亦即牺牲了生命品质。这在本质上是一种"存在性危机"。这种"存在性危机"同时也呈现于我们的现实生活之中。现代人所遭遇的这样的"存在性危机"逼问着我们：我可以掌控"我"的"生命"和"死亡"吗？面对这样的生死困惑，我们可以从古典宗教和哲学中学习相应的生死智慧。

第一节　现代生活的生命困惑

现代人生活于科学技术、市场体制创造的日新月异的生活世界中，享受着现代科学技术带给我们的诸多好处，同时也不得不在相当程度上成为技术和制度的奴隶，让自己的生活、生命甚至死亡深陷于存在性危机而不能自拔，由此而不得不面对诸多全新的生死难题[①]。

科学技术的发展极大地丰富和拓展了人的生活空间和领域，促进和提高了人类生活的便利性和生命的成就感，为改善人的生命质量创造了机遇和条件。可是技术理性带来的并不是美好与幸福，人类在享受自身发明创造成果的同时，也承受着前所未有的重负。不少青年人逐步丧失了支撑其生命活动的价值资源和意义归宿，从而陷入一种"存在性危机"中，处于深刻的"和自然疏离""和社会疏离"及"和上帝疏离""和自身疏离"的困境焦虑之中[②]。

社会生活的节奏越来越快，使我们疲于奔命，身心不适。现代社会的本质就在于出现的社会生活领域越来越多，内容也越来越繁杂，以人们有限的精力、有限的生存时间是无法把握变化如此之大、之多的社会生活的。所以，在现代社会中，许多人深感身心疲惫。

人与人的交往更加便捷和频繁，人际关系却愈益疏离。现代人太忙碌，现代人事务太多，尤其是现代人各顾各的存在方式和生活习惯，使人际关系越来越疏离。亲情的淡薄，友情的冷漠，爱情的变质，已经成为现代社会人际关系十分突出的特征。现代的通讯方式左右了人们之间的交往，隐去了语言所蕴含的丰富情感，人们面对面的交流机会逐渐减少，这越来越疏离了人们之间的亲密感情。许多人沉溺在虚拟的网络世界、动画世界、影视世界、现代神话的世界里不能自拔，乃至于不愿面对真实的世界，甚至丧失了实际生活的能力。

现代生活方式的巨变形成了人类新的生活问题。有研究者指出，目前已出现了两种人类：一种是所谓"电视机前长大的一代"，叫"generation"。这一代人只会坐着看电视，历史不知道，道德也不要，只爱唱流行歌曲、

---

① 参阅胡宜安：《现代生死学导论》，广东高等教育出版社 2009 年版，第 361-391 页。
② ［德］孙志文：《现代人的焦虑和希望》，三联书店 1994 年版，第 82-83 页。

追明星、喝饮料、吃零食等。另一种是电脑前长大的一代，称"generationy"。与电视机相比，电脑提供的更是一个幻觉的世界。这一代人非常容易把现实世界与虚幻世界混而为一。有些孩子甚至以为只要按个电钮就可以把刚刚杀死的人唤醒。

同时，"傻瓜文化"在社会蔓延，而且肯定会越来越普遍化。所谓"傻瓜文化"，就是在高科技时代尖端科技产品都大众化了，人们使用这些高科技产品并不需要很多的高科技知识。人们不会计算，可以用计算器；写不好字，可以用电脑；没有知识，可以上网查找等。于是，一切生活均技术化了，一切问题似乎只需点点鼠标就行了。个人素质的高低在人生过程中似乎越来越不重要，人们只要会用越来越"傻瓜"的高科技产品就行了。文化涵养在个人的生活中已渐渐地失去了其重要性。所谓深厚的文化积淀、所谓多学点历史文化传统知识、所谓提升自我的道德素养等曾经受到社会普遍推崇的价值，越来越成为多余之物。

在永无休止的追求中，"没意思"的人生空白感和"没感觉"的人生状态油然而生。现代人一般都太忙，无暇顾及人生的意义与价值问题。但有时猛然抬头，回顾过去，常常会油然而生一种人生的虚幻感，觉得过去了的时光完全没有意义，而未来人生的价值似乎也寻觅不到。人活着真是没劲，不知为什么活，也不知活着是怎么回事。人生中的一切都不可能把握，于是，我们涌现出强烈的人生虚无感、幻灭感和无助感。

为了"弥补"遮掩一种人生虚无与无助感，人们把自己"全身心"投入到对各种身外之物的依恋之中。当代社会越富足，物质越丰富，我们对物质基础的依赖也越深，我们一天都不能离开物质、技术及资讯，而且越陷越深，并日渐成瘾，形成了人们生活中的强迫购物症、电子依赖症、资讯焦虑症等各种依赖症。许多人患上了"物欲症"，将"美好生活"等同于"物质生活"。电视、电话、计算机、电子邮件、手机、互联网、QQ、微博、微信等各种现代化的通信设备和传播手段给我们的日常生活和工作带来方便，同时也给我们带来新的困扰。我们时刻沉浸在信息的海洋里，却又时刻面临信息过剩的苦恼。由于信息化时代知识更新过快，人们不得不拼命学习新知识。有些人因担心跟不上时代的发展，出现惶恐不安、失眠健忘、食欲不振、心悸气短等症状，甚至会产生厌学厌世情绪。

现代人的生命在相当程度上已经物化。现代人为了金钱、房子、车子、享受物质生活的高档次而拼命劳动与工作，似乎没有了这些，人活着就没有意义。占有越多，活着就越有意义。生命变成了对象化的存在物，迎合与占有成了生命的内涵。人面对物质欲望和物化趋势，失去了反思的能力。现代人沉溺于感性与物化的存在而放弃本质的超越，这就是马尔库塞的"单向度"。同时，由于社会分工的进一步发展，技术手段不断更新，物质条件不断丰富，现代生活丰富多彩。但是，生活有内容却无内涵，有广度却无深度，有技术却没有想象，有感觉却没有记忆，生命平面化了。这种生活的基础是健忘与缺乏想象，用以观察过去和将来的视域严重萎缩，以至于除了当下，大脑几乎留不下任何痕迹。这种生活沿着既无记忆又无预见的道路流逝着，缺乏一种活力与生机。雅斯培尔斯称之为"无生存的生命"①。

现代人的生命变得平面化。生命成为简单的生活事件的堆积物，生活事件不断变幻就成了活着的全部，如同播放幻灯片的屏幕，无数镜头过后，上面什么也没有留下。过去、现在与未来之间，在存在与本质之间不再是内在统一的，生命就是生活的平面展开。而且，在工具理性支配下，在技术强制的统治下，人的生命开始丧失其本质内涵。马克思一针见血地指出："我们的一切发现和进步，似乎结果总是使物质力量具有理智生命，而人的生命则化为愚钝的物质力量。"②现代技术条件下，人以一种量的精确化与可操作性来界定自我，技术及其需要成为衡量人的一切的尺度，从而使得人的自身性变成纯粹的外在化的实在，"由于技术生产，人本身和他的

---

① ［德］雅斯贝尔斯著，周晓亮、宋祖良译：《现时代的人》，中国社会科学文献出版社1992年版，第6页。

② 《马克思恩格斯选集》，第1卷，人民出版社1995年版，第775页。

事物遭受到日益增长的危险，即成为单纯的物质，成为对象化的功能。""人变成了人力物质，被用于预先规定的目的。"①人对自我的关系便成为一种开发利用，名之"人力资源开发"。

由于生活意义的失落，现代人的生存变得越来越空虚。现代人的痛苦，从表面上看源于自己需求得不到满足，源于生存的困境，根本却源于生活意义的失落。人是一种"发问的存在"，即使人在大部分时间为了生存疲于奔命，忙忙碌碌，对生存无所疑虑，也不可能像动物那样饱食终日便无忧无虑。只要人活着，就要去寻求活着的意义，追求有意义的生活，美好的生活。"人的存在从来就不是纯粹的存在，它总是牵制到意义。意义的向度是做人所固有的。"②人们在生活中，不断在求这求那，或者没有达到，于是顿感活着没什么意思；或者自己所求得到了，可是却发现得到的东西不过如此，也填充不了人生的空白；或者，所求的东西又失去了，令人感觉生命的无常和虚幻，只是意识到人生不可久留，没有什么可以永驻的。当然，还有些人根本就不知道自己要什么，到手的东西又有何益；不知自己想干什么，也不知自己干这些是为什么。

一切生活中到手及没有到手的状态都意义消失，并进一步潜入生命的层次，使人之生命的价值也随之消失，这就形成了人类生存危机。人们不知要怎样行，如何走，到哪里去，要干什么。彷徨、无奈、消沉、活得没有意思等状态成为现代人的鲜明标识。此外，正如弗兰克所指出的，有时求意义的意志受到挫折，于是用其他代替者作为补偿，例如求权力的意志。也有时候，这种受挫的求意义意志被求享乐的意志所取代。这就是现代社会许多人对金钱、权力、美色疯狂追求，甚至不惜犯罪的内在原因。

现代人普遍性的信仰缺失导致"真空精神病"。一些青少年常称自己什么都不信，是个无信仰的自由人。实际上没有任何信仰的人是不存在的。

---

① 〔德〕冈特·绍伊博尔德著，宋祖良译：《海德格尔分析新时代的科技》，中国社会科学出版社 1993 年版，第 15 页、26 页。

② 〔德〕威廉·赫舍尔著，隗仁莲译：《人是谁》，贵州人民出版社 1988 年版，第 46-47 页。

这些号称什么都不信的人，常常是放弃精神上的信仰和追求，把某种有限的物质神圣化，并以此作为自己的追求目标。"现在搞市场经济，面临着过度的物质主义和实用主义吞没理想主义和真诚信仰的危机，最迫切的问题，不是信仰什么，而是没有信仰。最可怕的是没有任何信仰而只会信仰金钱，法律和道德将因此而受到冲击。"[①]无信仰就无法找到生活的终极目标，感觉不到幸福，不知道生活的意义和价值所在。无信仰，就无所惧；无所惧，就无法在心中形成时时约束自己的道德律令。这样，侵害他人生命、毁灭自我生命的事情发生也就不足为怪。

因此，人必须有信仰，信仰应该是高远的，指向终极目标。而信仰所谓"现实利益"，过度关注自我价值的人，则会终生纠缠在"小我"的得失、悲欢中不能自拔。没有信仰就没有生活的根基，就如同建筑物没有基础，表面上的物质生活的丰富多彩却无法掩盖内在的空虚，最终导致精神家园的失落。这就是"真空精神病"。弗兰克认为，真空精神病的产生完全是由于缺少行动精神，普遍的无聊与绝望。

第二节　古典宗教的生死智慧

宗教从产生那一天起，就关注着生命、死亡以及人生的终极问题。西方的基督教、东方的佛教、伊斯兰教以及中国的道教，都提出了比较完整的生死智慧，有利于我们应对现代社会生活带来的诸多生死困惑。

一、佛教的生死智慧

佛教缘起于印度，与基督教、伊斯兰教并列为世界三大宗教，由古印度的释迦牟尼于公元前6世纪所建立，在东汉明帝永平十年（公元67年）

---

① 牟钟鉴：《关于宗教与社会主义社会相互关系的思考》，载《中央民族大学学报》1999年第5期。

传入中土，当时中国皇帝正式修建河南洛阳白马寺（中国第一寺院），迎请印度高僧及佛教经典。以后又敕令在全国各地建寺院，推广佛教。南朝宋末出现由菩提达摩创立的禅宗，标志着佛教已完全中国化，成为中国传统文化的一部分。现代佛教可分为南传佛教与北传佛教两大传承，北佛教又分为汉传佛教与藏传佛教，是为东亚与南亚各国的主要信仰。

原始佛教把释迦牟尼佛生前的说教内容，系统化为三法印（"三法印"就是诸法真理，包括诸行无常、诸法无我，以及涅槃寂静）、四圣谛（"四圣谛"是释迦牟尼成道后在鹿野对五位比丘所说，即苦谛、集谛、灭谛、道谛）与十二因缘［"十二因缘"即无明与行（造业）、识、名色（身为名心为色）、六入（六根）、触、受（感觉经验）、爱（渴欲）、取（执着）、有（存有）、生（轮回转生）、老死忧悲苦恼］之说，成为后来大小乘与各宗各派的思想源头。佛教的生死智慧是中国人极为重要的生死智慧资源。

佛教认为，人的生死是流转的，人应该修持涅槃。生命的转换就如同春夏秋冬四季的更迭，死亡不是结束，而是生命的另一开始。佛教以"十二因缘"明示生命是未来、现在、过去的三世流转，具备了时间上的无限性，此循环式的生命流转就是无始无终的轮回。轮回因"业"的趋力，亦即随重、随习、随念的往生受报而入"六道"，其中三善道为"天道""人道""阿修罗道"，三恶道为"畜生道""饿鬼道""地狱道"。虽然如此，人人都有一个不死的生命，那就是"自性"，又叫"佛性"。现实生活中的人，通过努力修持"戒、定、慧"三学，解脱烦恼，才能达到不受因缘限定的涅槃。

佛教认为，生者必死，聚者必散，积者必竭，立者必倒，高者必堕。由此提醒众生，生亦苦，死亦苦，生生死死还是苦，苦乃生命的本质。无尽的轮回，使人陷入茫茫苦海中永受"八苦"，即生苦、老苦、病苦、死苦、怨憎会苦、爱别离苦、所求不得苦、五聚蕴苦。虽然人生无常、无恒，但人生最终目的，则在于出离我执的生、老、病、死之苦海，以达常、乐、我、净的"涅槃"境界，达于无生无死的彼岸，即"成佛"。人应该看破自身一切，累积善业，舍离执着，将生死本质的悟解超升为佛学的"觉悟"与智慧。

佛教强调人要惜生惜命，慈悲众生。佛教认为，人身难得、人生无常、佛法难闻。所以，人们应把握一生，惜缘、惜福、惜生、惜命。落实于生活中，不只在尊重生命，也要解救众生。佛陀的生命融合慈悲善念，佛书中记载酒醉的大象见到佛陀，自然息下兽性，感动流泪；落单的鸽子飞到佛陀身边，好像找到了安全的庇护，一动也不动；满怀杀心想要行刺佛陀的恶汉，一见到佛陀，不知不觉丢弃手中的刀子，自愿皈依，成为佛陀的弟子。凡此种种，都是慈悲感化众生的例证。

佛教主张，人要追求中道，培养善根。释迦牟尼佛阐扬八正道：正见、正思维、正语、正业、正命、正精进、正念、正定，就是生活中不乐不苦的中道思想。落实于生活中，也应该不偏不倚，摆脱对立的二维思考模式。佛教讲求过去、现在与未来三世因果，生死无常。但是，人可以在活着之时，努力奉献，提升生命的质量，诸恶莫做，众善奉行。唯有培养善根，累积福德因缘，方能由"随业生死"，度化到"自主生死"，最终提升为"超越生死"。

佛教认为，人应该顺归气命，把握正命。佛教追求的是掌握死亡，进而超脱死亡。禅宗六祖惠能大师圆寂前一个月即已预知时日，并告之弟子宇宙万物本就没有生灭、没有来去，故勿悲勿伤；三藏法师唐僧玄奘在译完《般若经》后即知自己尘缘已尽，至其命终时，右胁而卧，面色红润，顶门犹温，怡悦胜常。享受生命，自然而亡，达观看待死亡为必然之理，才能顺归气命（天生）、把握正命（自己决定），积极开创人生，活出生命的意义。

佛教非常正视生死问题，阐释佛教经典宛若采究一门生死学，从"生死流转"到"生死还灭"，论尽三界有情的生死大事。例如观世音菩萨"救苦救难"，在解决生的问题；阿弥陀佛"接引往生"，是解决死的问题。佛法所主张的生死流转并非宿命，看似轮回的无边苦海，也是有情无限的生机与希望。佛家的终极关怀在破除世俗迷执，建立生命智慧。

二、基督教的生死智慧

基督教简称耶教，信仰上帝为世界的创造与管理者。以希伯来传统为主轴，是古代犹太教的延伸，包括天主教、东正教和希腊正教、基督教（新教）。基督教信仰的主要依据为《圣经》，由希伯来文书写的《旧约圣经》和希腊文记载的《新约圣经》所合成，是目前全世界流传最广的书。其中，《约翰福音》更侧重引导信众如何转化死亡为重生。

耶稣是基督教的中心人物，也被称为耶稣基督。"耶稣"是人名，"基督"是其众多头衔之一的尊称，"耶稣"按希伯来语解释为"天主拯救"，这名字同时表达他的身份是天主之子，使命是拯救人类。"基督"的意思是救世主、弥赛亚（拯救者）。耶稣虽是犹太人，却是救世主与神子的双重身份，亦即"道成肉身"——由玛利亚（圣母）未经性交而怀圣灵所生。耶稣最后被钉死在十字架上，为人类的罪而牺牲受苦，并借此召唤人们归向上帝。耶稣于十字架上死后第三天复活，升天坐于神的右边。神不因人类原罪而诅咒，反倒表示宽恕与恩典，让神子降临人间，为人类赎罪，凸显宽宏的大爱。基督教的生死智慧深刻影响了西方人和基督教的教徒信众。

依《圣经》所言，天地万物是"神"在六天创造出来的，"人"是"神"在第七天所造，以为管理万物，亚当与夏娃是神所造的人类祖先。亚当与夏娃受到一条狡猾的蛇的诱惑，违背上帝禁诫偷吃了"智慧树"上的善恶之果，顿时心明眼亮，知善恶、辨真假，自此从无垢境地堕下，也因而所有人类皆带有罪。从此，死亡就伴随人类而为"原罪"。圣经中清楚说到人的身体出于尘土，但神创造人类有灵魂，灵魂最终回到神那里，创造主是为灵魂永恒的归宿。所以，基督教对死亡的解读是尘灵分离。

依照基督教的信仰，人死后进阴间，等候复活和主的再来。人类须经主的审判，决定永生天国或永堕地狱。凡是恒心行善，寻求荣耀尊贵和不能朽坏之福的，神就以永生接纳他们。基督教主张人类只有虔诚地信仰上帝，借此认识神的爱，也用神的爱来爱世人，才能复返上帝的怀抱，进入永生的"天堂"（天国）。所以，基督徒对死亡具有强烈的安全感，带给他们复活的希望。

基督教认为，人的生死是定时的，我们需要把握现在。天下任何事皆有定时：生有时，死有时，栽种有时，拔除栽种的亦有时。所以，不要为明天忧虑，因为明天自有明天的忧虑，一天的难处一天当就够了。死亡只是生命的转换，人皆应顺应自然法则，把握现在，不庸人自扰，才能活出生命的意义来。

基督教强调，人要实践生命，其中以爱德为最。"信望爱"是《圣经》所列的三项美德与基督教的基本教义。"信望爱"为"信德、望德、爱德"，即信心、希望及爱心。"信心"包括了对生命的肯定，以及对己、对人及对神的信任；"希望"包括对己、对人、对世界都存有希望，因相信上帝的祝福及周围人的代祷，而预见明天会更好；"爱心"的内涵在于学习爱与被爱，借由上帝之爱而懂得爱人。"信望爱"为生命提供了重要的讯息，其中以"爱德"为最重要。"爱德"是容忍与慈祥，将信与望都涵盖于其中。落实于生活中的爱是付出，是牺牲，付出愈多，牺牲愈大，爱愈有意义，愈是真爱。

基督教不单重视生命的成长，更注重生命的转变，强调正面的生命价值在于以善行与德性取得上帝的认可。进一步思索死亡是要我们活得更好，进而活出生命的意义。基督教的内涵在于以上帝的大能去改变众人的生命，让众人从缺乏自信到建立自信、从没有自爱到爱神、爱人更爱自己。

三、道教的生死智慧

"道教"是一种发源于中国古代的传统宗教。道教与道家是截然不同的：道家为先秦学术思想之流派，代表人物为老子与庄子，主要探讨自然无为的天道；道教则是一种宗教，掺杂了古代玄学与术数，以及神仙思想和民间信仰。道教以"道"为最高信仰，取"以善道教化"之意，认为"道"是化生宇宙万物的本原。在中华传统文化中，道教被认为是与儒教及佛教一起占据着主导地位的理论学说和实践方法。道教以人为本，追求生命的自身价值。道教重生恶死，追求长生不老，认为人的生命可以自己做主，而不用听命于天；主张人只要善于修道养生，就能得道成仙。

道教认为，"道"是一切万物的根本，宇宙事物因道而生。道无名无象，涵括天地乾坤。道的存在意味着生命的永恒，生命正是道最本质的意义。若生亡，则道废，道废则生亡。生道合一，则长生不死。在道教看来，人常失道，非道失人。人常去生，非生去人。故养生者慎勿失道，为道者勿失身。使道与生相守，生与道相保。道教主张生道合一，故采撷了许多修道养生的方术，诸如外丹、内丹、存思、守一、服气、服饵、导引、行蹻、房中、守庚申，等等，均着眼于生命价值的有效开发，以探索生命的无穷奥秘。

道教追求长生不老的神仙境界。因此，除了养生修炼之术外，也发展各种炼丹之术。在道教的教义中，神仙的存在是人可以超越生死的最强例证，成仙正是超越生死的典范。对道教家而言，人的躯体只是生命之舍，魂魄都寄居在体内的五脏六腑之中，当生命因气散而亡故时，每七日即散去一魄，四十九日便七魄散尽，魂魄分离。所以，中国传统道教对死者"做七"的仪式，其目的即在不使七魄散去，并能在七日中为死者忏悔、赎罪、解冤、还债，最后以水火炼度、陶魂、铸魄、聚形合命，助其升登天界，而达至保存真命的目的。

道教主张崇德报本、祭拜祖宗。在道教看来，道有三本：天地者，生之本也；君师者，治之本也；祖宗者，类之本也。道教认为，我们生活所需的条件和物质无不来自天地，源于自然，故天地是生之本；我们的领袖和师长领导教化，是发展生存的动力，故君师是治之本；祖先是传宗接代、繁衍族类的根源，故祖宗是类之本。道教信徒应报此三本，在家中设大道真像和祖先神主，同时敬神和拜祖。

道教重视生态，主张万物同存。道大、天大、地大、人亦大，域中有四大，人居其一焉。道教以人为贵，追求人的自身价值。但是，人只是万物中的一员，人并不独优于众生而存在。道教倡导人类应以慈悲心观照万物，与自然和谐相处，具有先觉的生态智慧。

道教是追求以人为本，追求生命自身价值的宗教。没有任何一种体系比道教更能迎合人类求生避死的欲望。如果说几乎所有的宗教都执着于"人死后如何"的问题，那么道教则是专注于"人如何不死"的问题。道教是"生"的宗教，始终界定在生命存在的层面上，而不以生命消亡之后的超度为教义。道教不若佛教，谕世人苦海无边，追求生命"入灭"后的"涅槃"境界；亦不似基督教，把生命置于"原罪"的审判台上，要人们洗刷自己的原罪，以求灵魂能够进入天堂而永生。道教最根本的精神在于对生命的追求。所以，生命的意义、精神及价值，便成为道教奋斗的终极目标。

第三节　古典哲学的生死智慧

哲学和宗教一样，生命、死亡以及人生的终极问题，始终是哲学的核心话题。不管是西方古典哲学还是中国传统的儒家、道家，都提出了对我们极具启发的生死智慧。

一、道家的生死智慧

"道"的本义是"路"，指人们共同行走的道路。道家形成学派，始于老子，而成于庄子。所以，论及道家的代表人物，推老子、庄子为代表。道家学说的核心是为生活在先秦时期的老子和庄子的"自然而为""悠然自得""优游自在"的思想，其对宇宙、社会及人生具有独特的领悟，呈现出永恒的价值与强韧的生命力。道家以"道"为本，轻物重生，符应宇宙万物本源和自然规律的运作，蕴含着"生生不已"的生命议题。

道家认为，道生万物，自然无为。老子说，道生一，一生二，二生三，三生万物。老子提出"道"是宇宙的本源，也是统治宇宙运作的法则，而"无为"被道家认为是"道"的重要特征之一。在道家看来，自然的运行是自发运行的。老子的"无为"着重于不经深思熟虑、无目的的行为，而庄子的"无为"则较着重于心灵不受外物所拖累的自由自在、无拘无束的状态。

在道家看来，人的死生齐一，因此应该顺应生死。庄子说：生也死之徒，死也生之始，孰知其纪！人之生，气之聚也；聚则为生，散则为死。若死生为徒，吾又何患！故万物，一也。在庄子看来，生命的形成全在生命的变化，而生命的变化由气而来，生死只是气的聚散，气聚即为生，气散则为死。因此，死生齐一，如日夜变化般平常。由此，生死很难预料，也很难分别。人的生命体只不过是道的暂存形式，所以死亡也无须悲伤。人们不必为"生"而喜，亦不必为"死"而悲。相对地，应顺应自然大化平静地"活"、坦然地"死"，才能切合生命本质。

道家主张，对于死后事，应该简丧薄葬，超脱形体。庄子主张，以天地为棺椁，以日月为连璧，以星辰为珠玑，以万物为斋送。庄子认为，人类与万物平等，死是复归自然，靡费厚葬和繁文缛节的丧礼，完全没有存在的必要。老子将身体看成是苦难的来源，主张应以洞明的智慧摆脱各种外物的束缚。每个人都想内心充实地过活，但多数人往往随外在拥有的多寡，在满足与不满足的天平两端摆荡，心灵不但就此被奴役而失去自由，还强势地企图役使万物而心生烦恼。老子认为，人如果能拥有超脱形骸之外的处世观，便能无所惧怕。

老子认为，事情的发展往往是趋向于现状的对立面，空无才能涵摄万物。人生的祸与福也是如此。人如果能透彻这些相反又相生的规律，在生活中才能常存希望，并能时时戒慎谦逊。老子强调，朴拙胜机巧，世人以为是聪明的，其实是无知；以为是愚昧的，其实为智慧；所有的得失成败无不同理。所以，人生在世，朴实简约、反朴无争，才是正道。

道家强调，物极必反，柔弱胜强。老子说，人之生也柔弱，其死也坚强。万物草木之生也柔弱，其死也枯槁。故坚强者死之徒，柔弱者生之徒。是以兵强则灭，木强则折。坚强处下，柔弱处上。老子从自然万物的变化中体会到，凡是坚强的事物，都不长久，甚至是濒临死亡的征兆。在生活中，人们太过高调便易遭嫉妒，退缩、柔弱反倒得以保全。"水"无形无状、避高就下，看似任人摆布，但滴水可穿石，洪水滔滔，无坚不摧。"婴孩"筋骨柔弱、天真无知，看似需人照料，但精力充沛，整天哭号喉咙却不沙哑。活着的生命体，都是鲜嫩柔软的；死亡的躯壳，则是僵硬的。推究到人生态度，人便应当取柔不取刚。"柔弱胜刚强"正是大自然向我们展示的人生密码。

道家以"道"为核心，以"齐物论"为重要理论基础，将生与死视为自然大化的演变形式，生不足悲，死不足惜。其独特的退逆生命观，告诉我们要不争、无为、致柔，先保住生命本尊，再求人生的发展，努力活出大自然赋予的生命意义，具有高深的生死智慧。

二、儒家的生死智慧

"儒"的本义是"柔"，又作"术士"之称，从古书的记载，儒者是古代职掌教育的人，具备相当的学问与崇高人格，是学者兼教育家。儒家又称"儒学"，亦名"儒教"。春秋战国时期的中国，出现错综复杂的百家争鸣局面，后为秦始皇焚书坑儒所扼杀。至汉武帝兴太学，设五经博士，董仲舒上书建议"罢黜百家，独尊儒术"。儒家名正言顺成为中华传统思想主流。直至今日，儒家思想对亚洲乃至全世界，都有深远的影响。

孔子是儒家的创始者。孔子、孟子、荀子为儒家的代表人物，分别记载其主要思想言论的《论语》《孟子》《荀子》乃儒家代表典籍。宋太宗宰相赵普曾说，自己"半部论语治天下"，而成历史名句。南宋朱熹将《论语》《孟子》与《礼记》中的两篇重要文献《大学》和《中庸》合编为"四书"，成为此后中国人基本价值观和生死智慧的基本来源。1988 年，75 位诺贝尔奖得主在巴黎集会，在所发表的共同宣言中提及：人类要在 21 世纪生存下去，必须回到 2530 年前中国的孔子那里去找智慧。孔子儒学思想的价值已经超越国界和历史，不单属中国过去，也鉴照人类世界的现在与未来。

儒家对于"生命"的看法本源于《易经》一书，历代儒者经由研索易道"内圣外王"之学，遂能通达天地万物的义理，进而从自然的现象和法则，透视出人类的生存之道。《易传》曰：日新之谓盛德，生生之谓易。天地之大德曰生。儒家的本质即是生命哲学。儒家将天地自然的运行与社会关系、人伦礼仪、道德教化统一起来，强调天道与人道和谐运作，天人合一，生生不息。

儒家认为，对于每一个个体生命来说，死生有命，富贵在天。孔子一生颠沛流离，经历了幼年丧父、中年丧妻、老年丧子的哀痛，对生命的极限有着深刻的体晤，对于人生来去匆匆，只能不胜感叹。在赏识的爱徒相继早逝于他之时，也只能归因于天定的命运，天命即使可知，仍不是自己能够左右的。自己只能听命于"生死有命，富贵在天"的生命本质。

对于生死鬼神，儒家主张敬而远之、存而不论。孔子说："未能事人，焉能事鬼？""未知生，焉知死？""务民之义，敬鬼神而远之，可谓知矣。""祭如在，祭神如神在。"在孔子看来，"死"的问题比"生"的问题更难以厘清。既然人们对死亡的情状存有怀疑，无法真知，那么，姑且存而不论。人们不应该过多考虑"死"的议题，而应更加重视"生"的课题。对于鬼神，孔子采取既不沉迷也不否定的态度，即使鬼神是可能存在的，也不宜过度渲染，祭祀时只要心存敬意即可。所以，儒家是重视现世的生命实践者。

对于现实人生，儒家主张追求真理、实践仁义。孔子主张"志士仁人，无求生以害仁，有杀身以成仁"。孟子主张"舍生取义"。儒家以仁义为生命的本位，为人的操守、自尊、义气等高洁的品格，凌驾于生死之上。在儒家看来，尽管生死对人而言是件大事，但是，体践节义的仁德行径乃更为高尚尊贵。

对于死亡，儒家主张以礼制丧、厚葬哀荣。孔子强调，"生，事之以礼；死，葬之以礼，祭之以礼。""子生三年，然后免于父母之怀。夫三年之丧，天下之通丧也。""慎终追远，民德归厚矣。"孟子认为，"养生者不足以当大事，惟送死可以当大事。"儒家认为，"礼"为人生的核心，也是为人处世的根本。孔子主张用礼治丧，孟子、荀子强调以厚送葬。不过，儒家根本上是着重在精神上的哀荣，而不是形式上的繁复。孔子以孝道与仁爱为出发点，主张父母死后，服丧三年以报父母三年怀抱之恩。祭拜祖先、慎终追远乃儒学的主要信仰。

就哲学层面论，心性论乃是儒家思想的精髓。孟子、荀子发挥孔子思想而分别提出"性善"、"性恶"说。孟子以心说性，主张人天生具有恻隐、羞恶、辞让、是非之心，具有潜在的仁义礼智的基本德性。荀子尽管主张人性本恶，但不否认，可借由礼乐等教育途径来使人为善。孟子言人皆可以为尧舜，荀子说途人皆可为禹。儒家的心性论建构了传统中国人的基本价值信念，塑造了基本的中华人文精神。儒家倡导人生的每一刻都是永恒的现在，进而肯定生命的意义，肯定自我的存在，把生命不朽的追求落实在现世此生，抱持着乐天知命的态度，视"己所不欲勿施于人""己立立人""己达达人"为永世追求的人生准则。儒家看重生命的价值在于将社会责任与生命价值有机结合，"立功""立德""立言"，用有限的生命，善尽生命职责。也正因为有如此明确的生命目标，人可以始终对生命怀抱热爱，不畏惧难解的死亡课题。

第十一讲　天地之德与夫妇之道

　　"生"与"死"是人的生命的两面，但真正让生命的价值得以实际展现的则是"活"——处于"生"与"死"之间的现实的生活。生活就是个人以自己的现实生命与其他人、事、物打交道的过程，由此形成人的实际生活中纷繁复杂的"关系网"。根本上说，人就是活在关系中。这些关系既有与天地万物的关系，也有与各种不同身份的人的关系，如中国传统社会所强调的"五伦"关系。在所有现实的生命关系中，男女、夫妇关系具有特别的地位。《周易·序卦》曰："有天地，然后有万物；有万物，然后有男女；有男女，然后有夫妇；有夫妇，然后有父子；有父子，然后有君臣；有君臣，然后有上下；有上下，然后礼仪有所错"。《易传·系辞传》有云："天地之大德曰生"，"天地氤氲，万物化醇；男女构精，万物化生。"故《易传·序卦》云："有天地然后万物生焉。盈天地之间者唯万物，故受之以《屯》，屯者盈也，屯者物之始生也。"《屯》卦继乎《乾》《坤》之后，以象天地生化之序。《中庸》言："君子之道，造端乎夫妇；及其至也，察乎天地。"君子是我们每个中国人都向往的理想人格，作为一个君子，怎样迈出人生成长的第一步呢？——"造端乎夫妇"。因此，基于个人生命意义建构的生命教育，在生活层面的生命关系的展开，也当由夫妇关系开始，去体会和领受"天地之大德"，进而以"夫妇之道"开启"君子之道"。

第一节　真善美圣与爱情形上学

现代新儒家唐君毅在《爱情之福音》中提出了一套基于儒家仁爱精神的爱情哲学，足可以作为生命教育视域的爱情学参考。唐君毅认为，男女之间的爱情，绝对不是生理欲望的现象，而是精神的表现，是个体生命超越自己的有限性而直通宇宙生命真实的一条道路。宇宙一切存在都来自于原始而无限的宇宙生命，而一切现实的有限存在又都想破除自己存在的限制，期求与其他存在交感流通而互相渗融，并各自超越其有限的自己。但是，在一切存在中，只有人类才能真正自觉地要求破除其存在的限制、自觉地渴慕无限；也只有人类，才能真正实现无限的生命意义。人类凭借什么可以还归于那原始而无限的宇宙生命呢？凭借人类自内心流出的、源源不息、生生不已、绵绵不断、浩浩不穷的爱。人的爱破除人形成后的限制，它以无限者为其根源，使人的生命日趋光大，精神日趋开阔，灵魂日益充实。它是使人内心的世界、内心的宇宙与真实的世界、真实的宇宙连接的门户。

根本上，宇宙间只有一种爱，因为一切都源于宇宙生命这一神圣本体。只是这爱又可以分成四个方面，即爱真、爱美、爱善和爱神圣即爱宇宙生命本身。这四种爱，都是纯粹的要求超越自己而投到自己以外。人的现实生活，包括爱情生活，就是要不断地去爱真、爱美、爱善、爱神圣。一切的爱，都是那精神实在生命本体在人心中投射的影子，都是在使人接触那精神实在生命本体。

爱真、爱美、爱善、爱神圣不仅与男女之爱情是源于同一种爱（即生命本体之爱），而且，男女之爱即是这四种爱的实现。一个人最初觉得一位异性吸引他注目，恰恰在于对方的美，这即是"爱美心"的呈现；而且你觉得异性是异性时，你便对异性之身心有探问和好奇之心，这就是求真心的表露；而当你爱一异性时，你就会希望与之共同生活，这求共同的意思就是一种善；而当你真爱上一异性时，你就会觉得对方可以主宰你的灵魂与生命，对方有一种自上至下控制你的力量，使你倾倒，这就是一种宗教般的爱神圣的情感透露。由此可见，在"最粗浅"的爱异性的心中，便包含有对真、善、美、神圣的爱；如果把那四种爱抽去，所谓的"爱异性"便根本不可能。

既然是异性之爱，就免不了要面对身与心之关系问题。实际上，在这种生命之爱中，身体只是精神之爱实现自己的工具。男女之间的生理要求，好似只是求身体的结合；但实质上，相爱中的男女，都是希望将自己的身体"赠送"予对方，向对方抛掷，而忘了他自己的身体，去掉自己身体对于精神的负担。在此过程中，男女可以获得一种忘我的满足，觉得身体不复存在。这即表示，他们暂时由身体中获得一种解放。实际上，在情爱的每一具体身体动作中，都内含着相关的精神意义。接吻是由于双方共同感触精神实在降临的不可言说而互相闭住口，它是对宇宙生命的虔敬与信仰而生的咸默的象征；拥抱则是要求彼此的精神人格互相贯通和影响，以求彼此精神人格的充实与和谐的象征；赤身相见则是彼此自觉的求人格的光明纯洁的象征。

身体的接触，只是外部的象征符号，这符号所象征的真实意义，才是身体接触的内蕴，犹如诗意本身才是组成诗句的文字的真正内蕴。身体接触的真正生命内涵便是，一个生命精神要与另一个生命精神相贯通；两个生命精神要共同创造一种内在的和谐。所有爱情的表示，都是相爱者成为真正的精神人格的相互结合的象征。很显然，情爱的产生尽管与生理的性欲相关，但情爱的发展和其本质却恰恰是对这种纯粹生理性欲的超越与突破。正因为此，人类才用了"恋爱""爱情"这样浪漫的字眼来形容情爱的美妙，用"婚姻""伴侣""恩爱"等来表达情爱所具有的伦理和社会意义。

纵观唐先生关于爱情本质的各种论述,我们可以看到,唐君毅所说的"爱情"在根本上有这样几层意义:人类之爱是源自宇宙本体的分化合一的精神现象;爱只有一种,爱真、善、美,男女之爱,以及人类一切的爱情都是这种形而上的爱的不同模式;爱是一种精神上的渴求,它包括超越自我有限而回归无限的渴求和分化者要求合一的渴求;爱情是人类自觉的活动,它表现于个体人和其他人的交感流通、互相渗融的精神活动之中;爱是实现人类各种崇高价值的根本源泉。总而言之,通过爱,人与宇宙互相渗透融化成一体。这就是唐君毅关于爱情的形而上意义的根本思想。

这里需要进一步理清的问题是:普遍的形而上之爱(对真善美神圣的爱,即源于生命本体之爱)如何和现实的男女之爱以及其他形式的爱相互转化。因为这也涉及人的现实生命关系的多样性和统一性的问题。唐君毅的基本回答是:宇宙灵魂是一切爱之根源,其他诸如男女之爱、父子之爱、兄弟姐妹之爱、朋友之爱都不过是宇宙灵魂在不同方面的投射。宇宙灵魂是一切爱之源,其他一切具体的爱则是宇宙灵魂在不同方向上的流。

男女相爱,是破除男女自我之壁障而让宇宙灵魂在彼此之间透露,并包裹自身。在这种包裹中,各自分泌出的物质会融合而化生出具有整一灵魂的子女。换言之,男女相爱而求身体的结合,本身便是准备在宇宙灵魂中再将宇宙灵魂的影子带一个下来,并同时在新的影子身上投映下父母之影子。"所以,男女之爱,在宇宙灵魂看来,只是它由上界到下界去实际的表现它自己所经过之门。父母子孙一代一代的连绵,只是宇宙灵魂之实际投影的段落。父母子孙一代一代的连绵,展现出宇宙灵魂之生生不已的生机,而此宇宙之生生不已的生机,则以男女之爱为门流出。"[1]作为宇宙灵魂之门的男女之爱,目的就是要引生出宇宙的真、善、美、神圣四种价值的实现。父母生子女,是宇宙之真实不断的显现;父母间之爱,以及父母对子女和子女对父母的爱,则是宇宙之善与美的表现;而子女对于父母

---

[1] 唐君毅:《爱情之福音》,第 16-17 页,《唐君毅全集》卷 6,九州出版社 2016 年版。

的孝思，视父母为神，则是宇宙神圣的表现。

男女之爱是宇宙灵魂的最直接表现，但这种表现的目的在于引生出其他形式的爱。如果只停留于男女之爱，那么宇宙灵魂的万有之性就无从体现。男女之爱引生出的首先就是以家庭为基础的父母（对子女）之爱、子女（对父母）之爱以及兄弟姐妹（之间）之爱。唐君毅说："男女之爱诞育父母对子女之爱，子女对父母之爱，所以男女是一体，男女之爱与父母之爱只是一种爱。父母爱其子女，爱其不同时所生之子女；不同时所生之子女，接受父母平等的爱光而自己也反映出爱光。这反映出的爱光，一是一直还射于父母，因为子女对父母之爱；一是旁射于兄弟姐妹，为兄弟姐妹之爱。兄弟姐妹与父母子女间之男女之爱，也是一种爱。他们只是一种爱之三方面。所以你如陷于一方面，只有男女之爱而忘了父母之爱、兄弟姐妹之爱，那便是罪恶。"[1]

以家庭为基础的亲情爱，也还只是一种有限制的爱。因为父母之上有无穷的父母，子孙之下也有无穷的子孙，而且兄弟姐妹也有他们的伴侣、他们的子孙。由此，全人类直接或间接都以婚姻伦理的关系相连，全人类同为婚姻伦理关系中所表现出的爱光所照射，为光光相网的爱光所弥漫，而亲情之爱只不过是整个爱光之网中的一个结。如果能从这一结而体味到宇宙灵魂的存在并还归于宇宙灵魂，人便可以将男女之爱以及以此为核心的亲情之爱转化为更能体现宇宙灵魂的对于一切人类之爱。

但是在现实生活中，人们却常常不能由男女之爱转化为无尽的人类之爱；因为很多人在男女之爱、亲情之爱中，并未能参悟到这种爱上面的宇宙灵魂的存在并与之真正合一。在男女之爱、亲情之爱中，个人或许能忘掉各人自己，在男女之爱亲情之爱的层面上表现出（并不是参悟）与宇宙灵魂的合一；但是，由两人甚至是整个家人所合成的一个大"自己"却会作为阴影存在于意识之中，人们可能自己降落而堕入那阴影之中，从而限

---

① 唐君毅：《爱情之福音》，第19页，《唐君毅全集》卷6，九州出版社2016年版。

制了自己通向与宇宙灵魂的合一。当然，这并不是说，人们应该抛却男女之爱、亲情之爱而去追寻人类之爱。"其实，真正正常的人类社会所需要的，只是各人的男女之爱、家庭之爱与人类爱相谐和。人生最高的理想也并不是绝灭男女之爱，只是在男女之爱以外发展出其他的爱。而其他的爱之发展也并不是要另外一爱之源泉，而只是将男女之爱家庭之爱扩充出去。因为一切的爱只有一条根。"① 所以，最健全的人生理想，只在于使个人对亲人之爱与对人类之爱相配合；而理想的人格也只是他的亲情之爱与人类之爱配合到恰好的人格，而并不是绝灭男女之爱亲情之爱的人格。

第二节　弱水三千与爱情伦理学

爱情是两性间美妙的感情。但是，要维系爱情生活，不能够只是基于两性间的自然吸引，还必须要双方人格上的努力和道德上的提升。

爱情生活的开始，是众多不同支流的异性被超化，而只是两个相互吸引、相互喜欢和爱恋的异性汇聚在一起。客观上说，每一个人在他没有与人定下爱情以前，可以说，其他一切异性都是他"可能的伴侣"。如果他感到爱的需要，他的爱可以向"任何异性"放射，他的爱可以有"无数"的对象。但是，从他与某一特定异性"定情"的那一刹那起，他的爱便"集中"于一特定对象了。他原来"可以有"的无数对象，为当下"这一个"对象所代替。当一个人与一特定对象"定情"时，他是从"无数"中选择的"一"；对于他来说，这个他选择了的"一"就能够"代替""无数"，"一"便"等于""无数"。因此，真正的直面爱情生活开始的"定情者"，当他从"无数"中选择了"一"时，他便对他选择的对方说："从今以后，任凭弱水三千，我只取一瓢饮。"因为当你"真正"饮一瓢时，"一瓢"即代替"三千"，"一瓢"即是"三千"。

人类的爱情生活不是自然的性本能的简单升华，而是包含有心灵的精

① 唐君毅：《爱情之福音》，第21-22页，《唐君毅全集》卷6，九州出版社2016年版。

神活动。心灵活动的加入，即必然会要求爱情对象的"专一"。因为，爱
情生活中最重要的，不是"你爱她"或者"她爱你"的"事实"；也不是
"你爱她"及"她爱你"的"事实之和"；而是你爱她，她"知道"你爱她；
她爱你，你"知道"她爱你。爱情生活中存在于彼此心灵中的这一"知"
才是真正重要的。"她爱你，你知道她爱你，你便不只是爱她，而是爱她
对你之爱。你爱她，她知道你爱她，她便不只是爱你，而是爱你对她之爱。"①
正是由于这一"知"的"自觉"，人类异性之爱超越了动物的雌雄追逐，
人与人之间的爱不再只是自然的本能欲望的实现，而是超化了自然的本能
欲望，以"对方对我的爱"为爱的对象。爱便从"欲望之爱"升华成了精
神性的"关系之爱"，即爱"爱"本身。

　　所以，"爱情生活的核心，只是这对于对方之爱之一种原始的感激而
生之爱，即爱之爱。所以凡是经过真实的爱情的人，都知道只有印证彼此
的爱之爱，体味彼此的爱之爱，是真正的爱之幸福。"② 只不过，这"原始
的感激"的存在，大多数"恋爱中的人"往往不大"自觉"。这种"自觉"
如何得以发生呢？这种"爱之爱"，只能在"用情专一"的两人之间存在。
因此，如果你"爱她"的同时又"爱别人"，那作为"对方"的她，是不
可能对你有这种"原始的感激"的。没有这种"原始的感激"也就不可能
激发出"爱之爱"的存在。

　　在两个恋人之间，这种"原始的感激"之所以产生，根本上就源于你"本
可以爱其他任何人而不爱"这样一种专一的选择。你将你生命中原本可以
四散到无数对象的"爱之光"，一齐"收敛"而向她一人"集中"，以她
一人代替了无数。她本来只是"一人"，而你因为专一的选择，用"她"
代替了"无数"，所以她才有此"原始的感激"。如果你仍然把她当作"无
数者之一"，她便回到了"原始的地位"，她对你也就不可能也不应该有
这份"原始的感激"，也不会自觉到你对她的爱之可贵了。她不再对"你

---

① 唐君毅：《爱情之福音》第 34 页，《唐君毅全集》卷 6，九州出版社 2016 年版。

② 同①。

的爱"产生爱，"你的爱"不被她爱，你也自然不会真正被她爱了。

因此，在爱情生活中，千万不可从外表上看，说"多爱一些人"的爱情经验比"爱一人"更丰富。真实情况恰恰相反。爱情如光，光如果分散，则所照对象广泛，光也就变得暗淡；光如果集中，则所照对象狭小，而光则强烈。二者的"光量"是相等的。另一方面，"爱之爱"是一种爱的交互映射，这种交互映射如镜光的互相映照，相互吸引而无穷。所以，"集中的爱光"便比"分散的爱光"的量，有无穷倍的增加了。"分散的爱光"，必然会由淡而沉入虚无；只有彼此"集中的爱光"，才能如两镜的传辉互泻，而成为无数的"光光相渗"，使爱光无穷倍的增加。"分散的爱"是不能获得对方真正的对你之爱的爱的，只有"集中的爱"才能获得对方对你之爱的爱。所以，只有爱情对象专一者，才有真正无穷丰富的爱情生活。当外表看来爱情对象缩小到最小限度时，爱情生活的内容，才可以扩充至无穷限度。

在爱情生活中，往往是一个人的"自信"多于"相信"。我"自信"自己能够遵守"坚贞"的道德，但是，对方又不是时时刻刻与我在一起，我怎么知道对方是否能信守呢？如果一个人自己能守坚贞的道德，也就应当相信对方同样能守。因为你可以以己之心"推"对方之心，尤其是作为爱情生活中的双方已经是生命一体的两人。

通常，人们会说："我是我，我只能担保我自己，我不能绝对担保他人与我一样，对方虽与我一体，然而对方终是他人。"对此疑惑，唐君毅给予了充分的道德理性说明。诚然，在一般意义上，"他人"是他人，也只能是他人；而"你"只是你。因此，你不能绝对地担保他人与你一样，你不能因为自己的"坚贞"，也同样绝对地相信作为"他人"的对方的"坚贞"。但是，作为"人"，你必须相信他人与你是一样的。因为"你"只是人类生命个体之一，"你"能具有的美德，便是"人类"所共同能有的美德。你如果真"希望"他人有此美德，你便自然应该透过此"希望"去看人，把人看作有此美德的人。而"他人"和"你"一样，也是这"人类"

中的一分子，是一个和你一样能够具有相同美德的人。

如果你认为"他人"只是他人，你不能绝对担保，那么，你又如何能绝对担保你"未来的自己"呢？因为，"未来的自己"相对于你"现在的自己"而言，同样是一个你无法把握、无法担保的"他人"。可是，我们通常是相信"未来的自己"的。我们之所以能相信"未来的自己"，是因为我能够将"我现在的心"推及"现在的自我"以外，以透视我"未来的自己"。既然我可以将"现在的心"推及"未来的自己"，我当然同样可以将我"现在的心"推及"现在的自我"以外，以透视"非现在之我"的他人。如果一个人只是相信"未来的自己"能有如是的美德，却不相信"他人"也能有如此的美德，那就意味着，他只是觉得"自己"配有如此的美德，而"他人"是不配有这种美德的。这便是一种绝对的傲慢，是对他人的轻慢与藐视。这就好比是把"有此美德"当作了自己特有的权利。这是典型的"道德自私"。而"自私者"是不配爱的。

当然，或许还是有人会说：我不是不愿意相信他人，我只是担心，当我绝对相信他人并将全部的心都系在他人身上时，如果他人一朝辜负我，我的心就将被完全抛掷，我的生命就将落陷于"无尽的空虚"之中。正是这种"担心"让我不敢完全相信他人。不过，尽管我不敢完全相信对方，我自己还是会谨守我的诺言。只不过，这只是"我自己尽我的义务"，我别无所求。我不敢担保也不敢期待对方一定谨守诺言。

对于这样的"担心"，唐君毅认为"仍然错了"。一方面，一个人只尽自己的义务而别无所求，这是对的，因为"实践义务"本身就应该是"别无所求"的。但是另一方面，既然"你能够"别无所求地尽你的义务，你为什么不可以推扩自己的心，而同时也相信"别人也能够"别无所求地尽他对你的义务呢？真正爱情生活中的彼此"相信"是这样的，当一方将"自己的心"系托于"他人"之时，并不是真的把"自己的心"从内取出而向外送出去，而只是"自然地扩充"自己"对自己的相信"而及于他人，如同"扩充""爱自己的心"而及于他人一样。"你的爱由内放射到外，而包摄他人于你自己之内，同时把你自己包摄于他人爱之内，这是爱之彼此系托。你的信心之由信自己而信他人亦复如是。"[1]因此，你"相信他人"，只是以"你的信心"将他人"包摄于"你自己之内，同时也把你自己"包摄于"他人的信心之内。这是信心的彼此系托。所以，有真正信心的人，一方面是相信他人不至于辜负我的；另一方面，纵然被他人辜负了，也不会觉得是信心的失落。因为他的"信心"，自始就是从他的本心发出的，虽然"系托"于他人，却根本上并不曾离开他自己。因此，真正有信心的人，是愿意相信他人的。亦如他愿意持守"坚贞"的道德一样，他也可以实践"信心"的道德，尽他自己的义务而别无所求。

如果一个人希望与他人建立最高的"心的联结"，他就必须用"信心"去实现这种联结。假如他不用信心去联结，那么，与他人的最高的"心的联结"是不会成功的；假如他要求与人有最高的"心的联结"，而又不敢用信心去联结，那就是根本上缺乏自信与勇气。

人与人的心，永远是会感通的。你把人当作怎样，人便不知不觉间也把他自己当作怎样。因此，当你的心"担心"和"怕"对方辜负你时，你的"担心"和"怕"表明，你的心已经开始怀疑；因为人的心会感通，你的"怀疑心"被对方感触到了，对方便也会怀疑自己；这种"怀疑"也许真的会导致最后对你的"辜负"。如果你充分相信对方不会辜负你，对方便自然更不会辜负你。因为，如果他要是辜负了你，便不仅仅是辜负了你对他的爱，而且是辜负了你的这番真诚的相信；当对方念及这份辜负可能的含义时，就使他更"不忍"辜负你了。

所以，如果你真能够"冒险去相信"，你的爱情就可以得到真正的保障。你有一分信心，就将增多一分你爱情的保障。你的"信心"会不断地创造出使你"更加相信"的事实，犹如你的"怀疑"会创造出使你"更加怀疑"的事实一样。所以，在爱情生活中，如果你真是对你的对方有绝对的信心，

---

① 唐君毅：《爱情之福音》，第37页，《唐君毅全集》卷6，九州出版社2016年版。

你们的关系便有绝对的保障。

男女之间，最高的道德即在互信。"互信"才把两个相爱的人真正结合为一体，"互信"是绝对的"心之连环"的象征。互信是通达于相爱的两人的全部人格的，是通达于彼此人格的过去、现在与未来的。你相信对方，对方相信你；你又相信"对方相信你"，对方也相信"你相信他"；这样，你们的爱情，便在一种"互相反映"的"绝对信心"中得到了"绝对保障"。只不过，这份"互信"，只能由你先有勇气去相信对方，才能真正建立起来。如果你希望有此爱情的绝对保障，唯一的道路便是，你先去相信你的对方！

第三节　恩爱夫妻与爱情实践学

情爱的一般发展逻辑是从恋爱到结婚。有人认为，恋爱是爱情的享用，而婚姻则是爱情的坟墓。其实，这是对婚姻中情爱发展逻辑的误解。婚姻中的爱情需要创造，也会发展。

在恋爱过程中，双方都处于爱情生活的状态。但是，如何在结婚以后继续维系、保持双方的爱，却需要不断创造。因为，往往在恋爱中，彼此看到的都是对方的优点，对方是最美最好最值得爱的，但是在婚后的日常生活中，便逐渐发现对方也只是一个平凡的人。中国古代有句俗语："文章是自己的好，妻子是人家的好。"就是说明这种现象的。"文章是自己的好"，因为"文章"总是自己"理想"的结晶，而理想总是美好的。妻子同自己每日生活在一起，离得太近，自己总是会以"现实"的态度与她接触，而现实永远是不会使人满足的。因为你不满足于现实，所以你不满足于自己的妻子。

所以，并不是你的妻子真的不好，而是人类"不满于现实"的心理，使你总是去发现她的不好；不是其他的女子真的比自己的妻子好，而是你追求遥远理想的精神动机，使你总是去发现其他女子的好。换言之，其他女子的好，是由你的理想所赋予的；"好"并不在那些女子，而在你的"理想"自身；"好"并不是外在地存在于其他女子，而是内在地存在于你自己生命中。相应地，你的妻子也并不是真的不好；只是因为你总是以"现实的态度"与她接触，以现实的态度去审视和要求她。人类在根本上是想超脱现实奔赴理想的，因此，现实永远都不会是完全的好、绝对的好。所以，当你只是以现实的眼光、态度来看待你的妻子时，你就总会觉得她不好，或者说，不是你想象的（亦即理想的）好。

但是，为什么你"现在"要用"现实的态度"来看你的妻子呢？在最初恋爱的时候，你不是曾经以"理想的眼光"来看她的吗？你之所以现在用现实的眼光和态度来看她，唯一的原因就是，你觉得她现在是"属于"你的了，她不再是"她自己"，她只是你的妻子，是"属于"你的"妻子"。而"属于"你的东西，永远都只是现实的。

一个人永远都是不能"属于"另一个人的。每一个人永远都是一个独立的生命个体，他独自存在，拥有自己的独立人格和精神生命，并直接通达无尽渊深的精神实在。所以，对于婚后爱情的维系，每个人必须继续保持"理想的态度"去看待和审视对方。只有"理想的态度"才会将对方继续当作一个真正的生命个体尊重，而不是将对方完全现实化、物化。这是婚后爱情创造的至德要道。

人类灵魂本身所在之处，是无穷的深渊，包含无尽的宝藏，所以，人类的灵魂本身没有不可爱的。但是，人类的灵魂不是直接呈现于外的，而是要通过外在行为、形象等表现出来。这就意味着，人们灵魂的表现，是可能会有不怎么可爱的地方。因为他灵魂本身的可爱处，不能透露到他的外表来。如果你是一个真正的"爱者"，具有爱的能力，你便应当以自己的生命人格透入对方的灵魂本身，而不必等待对方灵魂的自己透露。你当以开矿的精神，先扫去对方人格表面的尘土，剥去外层的岩石，去采取对方灵魂的宝藏，你愈向山的最里层开发，你愈可获得更多的宝藏，这便是创造的意义。如果你真是一个伟大的开矿者，一个伟大的爱者，你就应当有胆量到地心中去。"地心"是每个人灵魂本质的共同象征，一切人的灵魂都是如此热情而能融化他人的全部生命的。如果一个人真有对人类精神灵魂的如此信念，就不应当只是抱怨对方的所谓"缺乏热情"；只是因为自己还缺乏去开掘和发现这份热情的努力和信心，对方的热情还没有被你的生命所透入。

在婚姻生活中创造爱情还需要一种条件，那便是对心的柔软的信心。对于一个外面心硬的人，可以如何去发现或者激发出他内心的柔软呢？只要你本人尽量软就可以。他如果发脾气，你暂且让他发，你只需巧妙地暂时躲避他就是。如此，就犹如他以拳击打空虚，一无所触；多次拳击一无所触时，他也就渐渐不向空虚挥击拳头了。

实际上，一个人是怎样，不只是决定于他自己是怎样，还常常决定于别人把他当作怎样。如果一个人已经是"怎样"，你又把他"当作怎样"，他便"更是怎样"了。所以，在爱情婚姻生活中，如果你觉得他的心硬，你最好是不要常常去"想""他心硬"。假如你"想着""他心硬"，即使你不说出来，你的一切态度和表情，事实上都是把他"当作心硬的人"来对待的。他"直觉"到你把他当作心硬的人，他的心便"更"硬了。所以，如果你觉得他心硬，你千万不要常常"想"他心硬。相反，如果你能够把他当作是与你的心一样的人，他的心被你"当作"温软，也就逐渐"化为"温软了。人的"本心"永远是温软的，硬的部分只是心的外表而已。如果你真能有如此的相信，你便可以把他的心当作"温软"，而忘却他的"硬"；如此，你也将发现他的心逐渐变为温软了。只是，你的"信心"必须真切，因为，只有"真切的信心"才能创造事实。

婚姻中夫妇之间的情爱，有从"恩爱"到"道义"到"坚贞互信"的发展。

首先，夫妇"恩爱"的建立。尽管"原始之爱"可以纯粹只是建基于满足个体欲望之念，但是，基于人的自觉性，对"爱之关系"的爱一旦产生，即超越了满足个体欲望之念。此种"对爱之爱"一旦产生，效用至大。因为对爱的自觉，一个人在追求其本能欲望的满足时，就会有所顾忌而"照顾对方"；由此"照顾对方"，就会产生对对方的心理有"体贴与了解"；由此"体贴与了解"，一个人就不会肆意追求自己本能欲望的满足，而是有所"节制"。由彼此间的"体贴了解"与"节制"，加之一般的人与人间自然存在的"互助同情"，使得夫妇之间都对对方有一种"感恩意识"。当这种"感恩意识"在夫妇之间形成，夫妇之间的"恩爱"即得以建立，此在中国称为"恩爱夫妻"。

其次，夫妇"道义"的建立。夫妇恩爱关系的建立，是对原始而不自觉的感恩意识的自觉化，并由此而升华出对彼此的道义关系。"体贴了解""节制""同情互助"等，本身是一种道德活动、一种善的表现，而"感恩"则是对对方的道德活动加以肯定、赏谢，并谋求予以报答的一种善的表现。在感恩的相互"善善"的过程中，夫妇之间的情感得以累积，道义关系也得以加强。夫妇之间的这种道义关系，是由彼此不自觉的或自觉的道德活动的互相投映、互相促进所构成的，此种"道义关系"的意识，即在相当程度上限制规范此男女二人不当随意分离，遵此道义，夫妇便不只是"恩爱夫妻"，也是"道义夫妻"。

再次，夫妇"坚贞"的建立。夫妇之间的道义意识，是由对"最初的结合关系之爱本身"的爱顺展而成的，因此，此"道义意识"，同时即保障此"爱之爱"的继续。换言之，如果夫妇之间有一方想分离时，"对最初结合之爱本身"所顺展出的"道义意识"，即逼迫他必须替对方设想；由于这一"替对方设想"的道德机制的启动，使得当事人产生这样一种良知的自觉：在不是双方都愿意分离的情形下，假如我抛弃对方，我的"良心即有所憾"。由此，此"道义意识"即足以阻止夫妇之间单方的见异思迁，从而遏抑、限制、规范其本能欲望向外乱注与泛滥。而且，更有甚者，即使对方已死，犹念对方的恩义而不忍分飞，由此而有所谓"坚贞"的道德。而一方的"坚贞"往往又可引起对方的"感恩"，并决定同样以"坚贞"相报，由此而有彼此间对"坚贞"的"互信"。此"互信"本身又成为一种持续"坚贞"的强大力量。由此，夫妇便不仅是"道义夫妻"，更升华为"坚贞夫妻"。

男女之间从本能欲出发之爱，通过爱之爱，进而发展出道义关系的形成，再发展出道义对本能欲的限制，是一个道德生活、和谐生命的发展历程。在常态的婚姻中，这种婚姻中爱情生活的发展是无间隙而逐步上升的。

夫妇之间最初可能只是源于异性的相互吸引，可以称之为原始的"欲爱"。但是此"欲爱"在本能上的"可泛滥性"在人的道德自我的引导下聚集在一个特定对象上，此时就不只是单纯的本能欲望之爱，而是具有了一定的精神性的"恩爱"，"恩爱"是对原始的本能之爱的超越，但还是局限在"主观"的"私情"之中，当夫妇之间将这种主观的私情客观化为对彼此的现实之爱时，就发展出夫妇之间的"道义关系"，此之谓"义爱"。基于对夫妇之间道义关系的确认，彼此便以自己的超越自我进一步规范、条理、引导自己的本能欲望，对对方表达和落实坚贞之德行，不仅是一时一地尽夫妇之恩爱道义，而且是一生一世尽夫妇之恩爱道义，如此夫妇之爱便进入"贞爱"。在自己对对方表达坚贞不变之"贞爱"时，基于对对方的人格尊敬，我也相信对方同样对我是坚贞不移的，我对对方持绝对的完全的信任态度，夫妇之间便进入到最高的境界，即双方坚贞互信的"信爱"。

夫妇之间，最初源于本能之爱，是爱对方身上激发起自身本能之爱的那份异性本能，此之谓爱"欲"；到了"恩爱""义爱"之时，所爱者便不是那份本能的欲望，而是精神化的"爱"本身，此之谓爱"爱"；进而，将这份超化了本能之爱的精神化关系客观化、持续化，表达彼此的坚贞互信，此时根本的是爱对方客观存在的完整的人格，是真正的爱"人"。

第十二讲　天伦之乐与父子之道

天地乾坤阴阳之和，彰显了天地之大德曰"生"。有此"生"，就有了父母与子女之间的"天伦"亲情，这是人类甚至是整个生物世界最直接的自然情感。亲情，简单地说，就是有血缘关系的人之间存在的自然感情。亲情的自然性，根本的是指亲情的血缘性。就最直接的意义上而言，亲情是建立在血缘关系上的。亲情也具有道义性，作为宇宙生命之爱的现实呈现方式，同样彰显着对真善美神圣的爱。由父母对子女之爱和子女对父母之爱所形成的天伦关系的道义，是亲情中最为温暖的情义生命关系。

第一节　父母之爱与家庭亲情

男女结为夫妇，成为家庭人伦的开始。夫妇在"本能之爱"和"精神之爱"的双重作用下，不仅是因为种族绵延的本能，同时也是为了将彼此之间精神性的爱情客观化为可见的象征，"夫妇"必然要生育子女而成为"父母"。由于夫妇之间不仅有性本能的相互吸引，更有作为"爱之爱"的爱情存在，所以他们所生的子女，就不仅是他们"自然生命"之生命力"性本能"的"外在化"，而且同时是"精神性"的"爱情"的"客观化"。由此，便有了父母对于子女的顺流而下的爱的表达，这一父母对子女之爱，乃是个体生命存在的第一原动力。

从外在看，人类父母爱其子女与其他生物父母爱其子女，似乎同根于生物的"保种本能"，但是，这中间也有"毫厘之差"而"千里之隔"。因为根本上，一般生物不能"自觉"，即不能自觉到它的"子女"是其身体以外的"另一身体"，是其个体以外的"另一个体"，所以，它们"抚育"其子女，只是单纯的"自保"其身体活动的"自然延长"。但是，人之父母则完全"自觉"到子女身体与自身身体的分离，"自觉"到子女个体并非自身个体。人"爱其子女"，乃是一种"自觉"自己能够"超越自己身体个体"而有所爱。此"爱"固然是"源于"本能的爱，但是其"自觉"此"本能的爱"之后所引出的"自己能超越其自己身体"的这一"自觉"，则并非源于本能的爱。尽管这一"自觉"最初与本能的爱是并展的，但是，此"自觉"同时即是肯定此"超越自己身体"的趋向，并加强此"超越自己身体"的趋向，以引导其"本能的爱"一直凝注于外在于自己身体的子女。

人类的"自觉心"引导并强化"爱子女的本能"，甚至可以将这种爱强化到"无限"的程度。单纯的生物性的"爱子女的本能"，总是与其"自保的本能"互相限制的。当其"自保本能"出现时，"爱子女的本能"就会隐退。所以，自然意义上的"爱子女的本能"，是有其自然之限制的。但是人类，因为有"自觉心"的缘故，此"自觉心"可以成就其自身"超越自己身体"的趋向。因此，在人类父母的"爱子女"行为中，一方面"自觉心"与对子女的"本能之爱"并展，另一方面，"自觉心"即自然"引导"并"加强"此"对子女之本能的爱"，让其一直向子女凝注，并自觉地"压抑"其"自保本能"。而且，此"压抑本能"之事，顺着"自觉心"而发展，在原则上可以是"无限"的。由此即可以解释，人的父母何以有自觉地为了子女而忍受一切苦难以至于死亡的事，而其他生物则不能。

一般生物与人类"爱子女"的不同在于，人类的自觉心超化本能的爱，可以使得父母为子女而牺牲自保。对于一般生物来说，"生殖"与"养育子女"的行为，只是自然生命"自发地"追求"自物质摄聚中解放超越"的表现；而对于人类来说，"生育"和"爱其子女"的行为，则是人类生命"自觉地"追求自身"自物质摄聚中解放超越"的表现。前者永远都在"自保"与"保种"、"饮食"与"男女生活"中流转；后者则能够自觉地促进、引导和升华对子女的"本能之爱"，以战胜、降服自身的"自保本能"，而更趋向于完成生命"自物质摄聚中解放超越"的终极要求。

生物受制于"自保本能"而不能自觉地为子女牺牲，因为它要避免自我个体的死亡；而死亡真能够避免，则生命也就不得超拔。所以，生物只有从其终于死亡之时才得以超拔。但是，人类愿意自觉地为子女而牺牲，是本于"战胜自保本能"，而不求避免自己作为生命个体的死亡。

一般生物不能自觉地"自我牺牲"以"爱子女"，根本的理据在于它不能"自觉"。因为生物不能自觉，对其所生子女，虽然也有自然的"本能之爱"，由于不知道其子女是超越其自身的另一个体，因而也不知道子女与其自身的生命实际上表现着同一个"生命之理"，由此，每一子女的生命就只是其自身"生命之理"的另一"例证"。由于它不能在子女生命中看见与其自身生命"同一"之理，因此也不明白"子女生命"即"自身生命之理"的伸展，也就无法在子女的生命中照见自己的生命。因此，它不能明白，其子女生命的延展，在一定意义上也就是自己生命的延展；也不能明白，其子女生命的存在，亦即自身在一意义上未尝死亡。由是，它也就不可能知道，"牺牲自己"以维持子女的生命，其实可以让自己自觉未尝死亡，而感到自身生命的永恒存在。

人，因为"能自觉"的缘故，能够一方面知道，其子女的生命乃是超越其自身的独立的生命个体，因此能够将子女与自己对等而平列相待，从而明白子女与自己同是一"生命之理"所表现的例证。由是，人就能"自觉"到，其自身的生命与子女的生命乃是一以贯之，子女的生命实际上也就是"自身生命之理"的伸展而表现成的另一生命。这一自觉可以进一步引发下一自觉，即"子女的存在"，也就是"自己生命未尝死亡"。人类父母通过爱子女的"自我牺牲"，实现了"在生命中超拔死亡"。在真实意义上，任何"自我牺牲"的行为，都是一种"不求避免死亡"而是"自觉地迎接死亡"的表现。所以，父母"自觉为子女牺牲"的行为，乃是在生命中"接受死亡"。"在生命中接受死亡"，亦即在生命中"超越物质的摄聚"要求，实现"生命的超拔"。由此，人类生命个体不是必须"经由死亡让生命超拔"，而是"在生命中超拔死亡"。

夫妇之爱情使夫妇的心身成为统一体，此统一体的客观化即子女心身的统一体。夫妇相爱而成统一体，即有"对爱之爱"以维护此统一的意识，由此使夫妇间的爱情关系成为道义关系化。子女作为夫妇之爱的客观化，子女的出生，使得夫妇间的"爱"即由此"爱的客观化之子女"而促进。也就是说，夫妇之间的情谊通过对此子女的情谊而得以促进。

一般来说，由儿女私情主宰的夫妇关系，往往不免特别注目对方的身体，以对方的身体为满足自己欲望的工具。但是，有子女以后，则会更加注目于子女的身体。子女的身体乃是由我与对方分出以凝成之统一的身体，但是，因为此身体是我与对方之爱的客观化，所以不再是男女本能欲望的对象。夫妇对子女的爱，亦有纯精神的意义。

爱子女的身体，即爱一"不能作为欲望对象的身体"的开始。子女的身体中有我的质素与对方的质素，但是，子女身体中对方之质素，成为非欲望的对象；这就使得我们意识到，对方身体本身因为含有"非欲望对象"的质素，因而也含有"非欲望对象"的意义。以至我们甚至可以说，我欲望对方，乃是一种完全精神化的"欲望"。

所以，由夫妇对子女之爱，就会减少冲淡夫妇间对身体的欲望，而逐渐超化其儿女私情，促进夫妇间精神性的敬意，而使夫妇关系道义化。夫妇愈能爱其儿女，愈能认识其对子女的责任，也就使夫妇关系愈加道义化。而子女的自然成长，自然身心的发展，亦自然吸引夫妇更加关注和慈爱子女，从而使夫妇之间的私情更加被"对子女之情"所"间接化"，进而使得夫妇关系道义化。

由于父母在子女中照见与自己同样的生命，子女又是客观独立的存在，所以父母在向子女凝注"爱"时，是与"敬"同时凝注的。父母视子女为独立生命个体，因而对子女的爱是与敬同步的。因为子女有他自身的"生命"，同时也有与我同样的"精神"。凡是面对独立的存在，都可以使我们"收敛"自己而引发"敬"。

因为我能够充分肯定子女有与我一样的精神，因而对子女"敬"，所以，我不再只是将子女看作是我自身生命的"外在化"，看作是我身体的一部分物质分出所成的物质个体（形象意义上所说的子女是父母身上掉下的一块肉）。相应地，子女也不再只是被看作夫妇间"生理结合"的产物，而同时被视为"精神性的爱情"的"客观化"。由此，夫妇之间，因为自爱其精神性的爱情，进而转化为对子女的精神之爱。

由此，父母与子女的关系，即完全"道义关系化"了。在这种"道义关系化"的父母子女关系中，人之同于动物的性本能，完全受到"道义"的规范与超化，基于性本能的父母对子女的欲求就不可能存在了。这种"乱伦"可能性的"自觉废除"，才是人类家庭成立的根本的内在根据。

第二节　子女之爱与亲情人伦

父母对子女的爱，根本的表现为一种生命之流顺流而下的慈爱；而子女对父母的爱则是生命之流逆流而上的孝敬。人何以应该孝敬父母？这是我们作为个体生命本身必须要在理性上自我说服的，然后才可能在情感上、态度上、行为上去践履孝道，建构成熟的子女之于父母的生命关系。

人应当孝敬父母的理性根据，不在于父母对我是否爱。如果父母爱我，我固然应当回报以孝；即使父母不爱我，我仍应当孝父母。《弟子规》曰："亲爱我，孝何难；亲憎我，孝方贤。"人之孝敬父母的理性根据，根本上应该从"返本"即从"我生命所从出之本源"的意识中去寻找。人何以当返本？因为人必须超越自己的生命以反观自己的生命，而且，此种"超越自己以观自己"的"生命自觉"，是"万善之本"。而人要超越自己生命以观自己的生命，即必须首先认识到，"我如是这般的生命存在"，从存在的时空看，并非自始即存在。换言之，我在没有出生以前，我是不存在的；我的存在乃是父母所诞育的，是父母的一种创造。这是我们生命存在的"客观现实"，此一客观现实与不同的宗教、哲学学说无关涉。

我的现实存在是由父母的现实存在性而有的。客观上说，我最初不存在于现实世界，父母在现实世界中生出现实存在的我，对于现实世界而言，乃是"无中生有"。父母未生我，我在这个现实世界即等于零。当我在此现实世界等于零之时，足以让我诞生的根本动力，只可能在我父母的心身之中。此时，只有"在我父母心身之中"足以使我出生的"根本动力"的现实存在，而并无"我"的现实存在。换言之，如果我们超越"现实存在之我"去看我未出生以前的存在，则"只有父母"而"无我"，"我"即"在父母之中"。也就是说，在父母未生我之前，我是不具有在此宇宙的现实存在性的；当我尚未现实存在时，即只有父母的现实存在性。如果此时说有我，我便是一无我之我、忘我之我或者以父母为我之我。这一"无我之我""忘我之我""以父母为我之我"，即是现实存在之我的"本"。

由于父母的生命存在即我的现实生命存在之"本"，因此，孝敬父母，在生存论意义上，便是让自己的现实生命回归本源，见证自己生命之根之本。从生存论意义上说，我作为个人，本来就曾经是"无我"，或者说，是由"忘我之我""无我之我"而来，是从"以父母为我之我"而来。所以，我们如今现实存在的"有我之我"，完全能够超越其"我执"，而在"致我之生"的父母面前"忘我"，再次"以父母为我"。另一方面，当我们念及"我是由父母所生，最初只有父母而无我"，即可以最直接引发当下之我的"无我""忘我"之意识，使我之"仁心"、我之"无我之我""忘我之我"当下直接呈现。所以，中国古人总说，对父母的孝，即是人之仁心的最初呈现处和发芽处。儿童固然并不知道如此道理，但是他是"不自觉"地依照此道理而爱父母的，是此"理"的不自觉的、天然的实践者。

对父母的"爱敬"，还可以一直通过父母而及于无穷的父母，甚至及于使我有此现实人生的整个宇宙。就此而论，如果我们不是将自己的思想只是注目在父母、祖宗以及万物的单一个体的分别上看，我们即可再进一层，视父母、祖宗与万物之全体，视整个宇宙、整个乾坤，即是我的父母。在我未出生前，我的"无我之我""忘我之我"即在此宇宙之中、乾坤之中。由此，我们亦可对整个宇宙乾坤致其爱敬。此即《礼记》所谓"报本返始"的真实意义。我透过对父母的孝思而看出的自然宇宙，乃是一真有生命、精神意义的宇宙。由这样的"孝思"所呈现和彰显的"超越的我"，才是真表现自己生命性、精神性的"我"。因此，人的返本意识，只能先返于父母之本，由此以返宇宙之本。只有这样的返本，才能真返于自己或宇宙生命精神之本体。这样的返本，乃是人最直接而自然的返本道路。

在中国人的宇宙意识中，天地人物是一体的，既有物质形态也都灌注着生命精神；但是，透过人尤其是透过自己直接所从出的父母而通达祖宗、天地万物，所彰显的，则根本上是一纯粹的生命精神。因为我们寄予父母的孝思，绝对不是看重父母存在的物质意义，而是其纯粹生命精神的意义。所谓"儿不嫌母丑"即充分彰显了这种生命精神的绝对意义。所以，中国人"孝父母"而"拜天地万物"的返本之路，乃是人人可循的直接返本之路。

孝道的自我超越精神表明，孝的最高义是绝对忘我的精神。在中国儒家的教义中，孝的最高义是要人在父母前绝对的"忘我"，念念只有父母。这种绝对的"忘我"是自我的"绝对超越"。孟子在说到舜的大孝时指出，好色、好富贵是人人之所欲，而舜，则五十而唯慕父母。这就是说，"慕父母"而对父母的孝敬，可以使人从一切现实欲望中解放出来，实现纯粹而绝对的精神生活。不过，真正的孝是不否定现实生活的。肯定孝的作用，一方面是求超越现实之我，而以父母为我，以此超越本能生活，实现超越的我；另一方面，是透过父母与超越的我，以使本能生活含道德意义，升华成道德生活。由此，孝遂成为统一"超越的我"与"现实之我"而成就自我的道德生活。由是，孝不仅是返本，同时也是成末。

在人类社会，由血缘关系奠基和塑造的亲情关系中，父母对子女的爱，在一定程度上具有某种本能性；其他亲情关系，比如子女对父母的爱，兄弟之间的爱，祖孙之间的爱，甚至夫妻之间的爱，都很难用本能加以解释，而是一种独特的伦理建构。这种伦理建构的基础，即人的报恩意识。人的报恩精神纯粹是由内而发出的。报恩精神能由内"发出"的关键在于，人能够"回头反省"其生活生命中的一切所有，将自己获得的一切都想象比喻为水，明白一切都有其泉源；而且懂得，一切都是此泉源对于我当下生命生活的一种"施与"，并真切感受到这种"施与"；进而兴发一种"报答"的内在真实情感。在中国人文传统中，报恩精神有多重表现。其中最基本的表现，便是报父母之恩。因此，人的报恩必然以报父母之恩为起始点。而且，父母之恩，对人来说也最为亲切。

要真正领悟、体会亲情关系的价值，一个人必须首先自觉树立这种报恩意识。我们可以将自己想象为一朵鲜艳、美丽、富贵的牡丹花，通过类似"现象学还原"的方法来逐层反思，以让此种感恩报恩之心自觉化。

第一步，一念自觉"牡丹虽好，也须绿叶扶持"。每一个人在现实生活中，实际上无不有所享用、有所受用，否则，人便不可能有其自己现有的生活和现前的生命。只要一个人"一念翻转"，暂时停下自己向外追求的贪欲，而且，稍稍"一念知足"，对自己生活中已经享用和受用的一切加以"自觉反观"，问问这些东西从何而来，那么，每一个人都能够饮水思源。进而，对现实生活中所享有和受用的一切，滴滴归源。当一个人念及自己所享有和受用的一切都是自己以外的他人、社会、天地的"施与"时，他便自然知道应该感恩报恩。这是人的天性，虽然可以"泯没"，但毕竟不能"断绝"。人如果对此天性不加以泯没，一念之间，对自己生活中所享用受用的一切精神上物质上的事物，都能够反观而自觉其形成根源，那么，即使她最初认为这一切事物都是"自己力量或努力"所得，他马上也会想到：我以外的父母、师友以及相识不相识的其他人，至少也是我获得这些东西的"助力"，是"绿叶"，并因而对绿叶有知恩还报之心。

第二步，一念自觉"美丽花瓣，也是春风化雨所成"。当我们进一步转念反思，即使我们是靠"自己力量或者努力"，获得了我们现在享用和受用的一切，我们仍然可以问，我们所谓的这种"自力"，无外乎自己的体力、知识力、技能力，等等，而这些我们自己以为是纯粹"自力"的东西，其内容实际上最初也是来自所受到的他人的教育、社会的陶养与训练。由此我们便会发现，我们赖以自信自立的"自力"，作为花瓣，其实也是春风化雨才成就的。

第三步，一念自觉"自生芳香的花蕊，也是父母或上天赐予"。在现实生活中，确实还可能有一些情形，人们既不依靠外在"助力"，也不依靠后天形成的"自力"，而是完全依靠自己的天赋秉性，获得自己所享用受用的一切，犹如自生芳香的花蕊。对于此种，我们也可以"一念翻转"认识到，即使真有个人天赋的聪明或天才，如牡丹的花蕊，这种天赋的聪明或天才，也仍然是父母所生，或"天"所赋予。既然名曰"天才"，当然不是出于"自己"而是原出于"天"。由此，我们便可以升起对赐予我们此种天赋的"天"和父母的报恩心。

通过如此层层自觉追问与反思，我们便可以发现，牡丹的美艳与花香，无不可以找到其最初的源头。由此，我们也就可以明白，我们生命生活中所有的一切、所享用受用的一切，无不是父母、人类社会与天地的恩赐。人如果真能够在生活上做到，时时饮水，时时思源，将自己享有的一切，一一归源于父母、他人、圣贤、天地的恩泽，并在"一无所有"之中，更求对此恩泽有所报答，这便是一个人生命的真实归宿之所在。由此，亲情的道义性便可以自觉建构起来，并为整个成熟而充满爱的生命关系的建构打开通道。

这种报恩意识的确立，可以通过有意识地体悟父母的恩德来实现。人类父母为了子女而做出的自我牺牲，对于子女来说，便是恩德。因为人的自觉性可以无限强化对子女的爱，因此，父母对子女的恩赐与恩德便几乎可以达到无限。

人类父母为了子女而做出的自我牺牲，对于子女来说，便是恩德。因为人的自觉性可以无限强化对子女的爱，因此，父母对子女的恩赐与恩德便几乎可以达到无限。佛教的《父母恩重难报经》，详细记述了妇女从怀胎一月至十月所经历的辛苦，阐述了父母对儿女的恩德，特别是以母亲为例，说出了父母对子女的十种深厚恩德：

第一、怀胎守护恩。胎儿在母腹中，逐渐长大，使母亲有山压下来的沉重感，若胎儿在母腹中乱踢乱动，使母亲有地震风灾的感觉。母亲心惊肉跳，担忧腹中的胎儿，没有心思打扮自己，连梳妆镜和漂亮的衣服都闲置一边了。

第二，临产受苦恩。十月怀胎之苦总算熬过去，一朝分娩，如生重病，血流满床，疼痛难忍，但是母亲还是牵挂祈祷着让小儿能平安降生。

第三，生子忘忧恩。母亲经过一场生死挣扎的痛苦，生出了孩子，而且知道小儿平安无事，她就不以自己的苦为苦，脸上露出了笑容。

第四，咽苦吐甘恩。父母对子女的照顾不舍昼夜，对子女的爱重情深，无法用语言来描述，只要子女能健康温饱，父母就感到安慰。

第五，回干就湿恩。小儿尿床，弄湿被褥（古代还没有现代的这些尿片纸巾），母亲赶紧把孩子移到干爽之处，自己睡在又湿又冷的地方。父母总是把好东西给儿女享用，自己虽然没吃好，没睡好，却毫无怨言，只求儿女平平安安，健健康康，快快长大。

第六，哺乳养育恩。母亲如同大地，父亲如同苍天，子女被父母的爱所覆盖滋养。即使你长得很丑，父母还是爱你，即使你是残缺手足的人，父母还是不厌倦地照顾你。父母的养育之恩，在点点滴滴，在日日夜夜。父母的爱是伟大的，是无微不至的。

第七，洗濯不净恩。母亲为孩子每日洗涤，操持家务，这个恩也是说不尽的。母亲原本是花容月貌，玉手纤纤，而过度洗涤不净之物，包括孩子的屎尿，双手变得粗糙起来，母亲原本红润青春的面孔，也因日夜操劳而憔悴。只为爱子女，慈母改容颜。

第八，远行忆念恩。爱子远去他乡，或求学或出差或工作，父母早晚悬念，祈祷儿女平安。如果儿女不懂事，或离家出走，或外出毫无音信，父母会为儿女伤心落泪，肝肠寸断。

第九，深加体恤恩。父母看见子女受苦受累，总是想尽办法帮助子女，为子女分担。看见子女辛苦，父母心不安。父母的恩德是这样伟大，对儿女之爱，永无枯竭。

第十，究竟怜悯恩。母年一百岁，常忧八十儿。父母对儿女的爱，伴随一生，是"春蚕到死丝方尽，蜡炬成灰泪始干。"父母对子女的爱是这样永恒，这样长久，这样无微不至！不管子女处顺境，还是逆境；不管子女是呀呀学语的儿童，还是踏上社会的青年；不管子女是默默无闻的平民百姓，还是光宗耀祖的名流显贵，父母的爱永远常相随！父母对儿女这样无私、博大、真诚、长久的爱，这种富于牺牲精神的爱，假使有人为了父母献出骨髓，也不能报尽父母恩！

第三节　连根养根与孝道人生

人的精神具有超越自己以观自己的本性，在这种精神反省中，人必然自己发现，父母乃是现实自我的"本"。基于报本返始的报恩精神，人便必然还报父母给予自己生命的恩德。正因为如此，中国文化十分强调孝道的价值。《孝经》讲："夫孝，德之本也，教之所由生也。""夫孝，天之经也，地之义也，民之行也。"甚至认为，"孝悌之至，通于神明，光于四海，无所不通。""天地之性，人为贵。人之行，莫大于孝。""教民亲爱，莫善于孝；教民礼顺，莫善于悌；移风易俗，莫善于乐；安上治民，莫善于礼。"

孝心，尽孝要凭心。只要有颗孝心，天气冷暖，事务闲忙，出差在外，都会时时事事牵挂着老人。而孝心又必须落实在孝行上。

随着父母的年长体弱，父母不再能像年轻时一样，靠自己的劳动来维持自己的身体需要和生命需要。因此，作为对父母恩的还报，孝道的最低要求便是，我们要在物质上赡养父母。赡养，主要是指子女在经济上为父母提供必需的生活用品和费用的行为，即承担一定的经济责任，提供必要的经济帮助，给予物质上的帮助。我国《宪法》规定，成年子女有赡养扶助父母的义务。有经济负担能力的成年子女，不分男女、已婚未婚，在父母需要赡养时，都应依法尽力履行这一义务直至父母死亡。子女对父母的赡养义务，不仅发生在婚生子女与父母间，而且也发生在非婚生子女与生父母间，养子女与养父母间和继子女与履行了扶养教育义务的继父母之间。

赡养人对受赡养人有如下义务：第一，应当妥善安排老年人的住房，不得强迫老年人迁居条件低劣的房屋。老年人自有的或者承租的住房，子女或者其他亲属不得侵占，不得擅自改变产权或者租赁关系。老年人的自有住房，赡养人有维修的义务。第二，赡养人不得要求老年人承担力不能及的劳动。第三，赡养人不得以放弃继承权或者其他理由，拒绝履行赡养义务。赡养人不履行赡养义务，老年人有要求赡养人付给赡养费的权利。第四，老年人的婚姻自由受法律保护。子女或者其他亲属不得干涉老年人离婚、再婚及婚后生活。赡养人不得因老年人的婚姻变化而消除赡养义务。第五，子女不仅要赡养父母，而且要尊敬父母，关心父母，在家庭生活中的各方面给予扶助。当年老、体弱、病残时，更应妥善加以照顾，使他们在感情上得到慰藉，愉快地安度晚年。为保障受赡养人的合法权益，我国《婚姻法》规定：子女不履行赡养义务时，无劳动能力的或生活困难的父母，有要求子女付给赡养费的权利。对拒不履行者，可以通过诉讼解决，情节恶劣构成犯罪者，依法追究其刑事责任。

孝养即物质上的赡养父母，是孝道的最基本要求，也可以说是底线要求，而且在现代社会已经由法律来给以规定和保障。但是，用法律来规定的道德义务，已经就不再是道德义务而成为作为底线的法律义务了。在道德意义上，孝道的要求，更重要的是行为上的奉养父母，中国人称之为"孝顺"。本质上说，孝顺以子女对父母的情感和尊重为基础，是发自内心的无私无利的情感流露，有时就是一种理解、关爱、顺从、尊重、帮助、微笑、认同。

孝顺并不是不问原则是非的绝对完全顺从父母的意志。在不违背原则的情况下，在不涉及大是大非的情况下，子女顺从父母的心意，是孝顺的基本含义。《弟子规》开篇即用几个排比句来说明这种孝顺："父母呼，应勿缓；父母命，行勿懒；父母教，须敬听；父母责，须顺承。"孝顺不能分开来讲，孝很重要，有时候，顺也很重要。孝顺本身就是一体的，有时候，顺本身也就是孝。对父母来说，孝子其实都很会顺从父母的心意，要不然也就不能言孝。天天给父母吃山珍海味，如果不会给父母说些顺心的话，父母吃得再好，也不会开心的。一句好话三冬暖，爱听好话是人的天性，老人小孩都不例外。无论吃什么，都要让父母高高兴兴，如果父母心里不高兴，吃什么山珍海味，父母都会吃得不香。

孝顺父母，是要顺父母的心意，根据实际情况做顺父母心意的事情。在《论语》中记载了一段孔子谈孝的对话："孟懿子问孝。子曰：'无违。'樊迟御。子告之曰：'孟孙问孝于我，我对曰，无违。'樊迟曰：'何谓也？'子曰：'生，事之以礼；死，葬之以礼，祭之以礼。'"（《论语·为政》）不难看出，在孔子看来，孝顺父母很重要的就是不违背"礼"，在生之时，要按照礼的要求赡养父母、奉养父母；父母死之时，要按照礼的要求安葬父母；父母去世后，要按照礼的要求祭祀父母。"礼"，在中国古代，是社会的典章制度和道德规范；在今天，也可以看作是国家法律、社会道德要求的体现。

2012 年 8 月 13 日，由全国妇联老龄工作协调办、全国老龄办、全国心系系列活动组委会共同发布新版"二十四孝"行动标准，可以为当代中国人孝顺父母提供一个基本的参照标准。新"二十四孝"行动标准包括：（1）经常带着爱人、子女回家；（2）节假日尽量与父母共度；（3）为父母举办生日宴会；（4）亲自给父母做饭；（5）每周给父母打个电话；（6）父母的零花钱不能少；（7）为父母建立"关爱卡"；（8）仔细聆听父母的往事；（9）教父母学会上网；（10）经常为父母拍照；（11）对父母的爱要说出口；（12）打开父母的心结；（13）支持父母的业余爱好；（14）支持单身父母再婚；（15）定期带父母做体检；（16）为父母购买合适的保险；（17）常跟父母做交心的沟通；（18）带父母一起出席重要的活动；（19）带父母参观你工作的地方；（20）带父母去旅行或故地重游；（21）和父母一起锻炼身体；（22）适当参与父母的活动；（23）陪父母拜访他们的老朋友；（24）陪父母看一场老电影。

或许，我们可以在物质上很好地赡养父母，给他们提供生活所需，有好吃的东西先让父母吃喝，"亲所好，力为具"。或许，我们可以在行为上很好地奉养父母，遵从父母的意志，父母亲有什么需要我们做的事情都尽可能做好，"父母呼，应勿缓；父母命，行勿懒。"但是，如果我们在这样做的时候，心理十分不情愿，而只是被迫地做，并且不时还表达出怨言，露出脸色，那么，这样的孝，还不是纯粹的孝、真正的孝，还不是从心里面自然流出的孝。孔子说："今之孝者，是谓能养。至于犬马，皆能有养。不敬，何以别乎？"（《论语·为政》）孝父母的最高境界和要求是"孝敬"，是在精神上的"善养"。

精神善养是指在家庭生活中，对老人在感情、心理等方面给予关心和帮助，使老人得到更多的温暖，享受更多的愉悦。感动中国人物丛飞说过这样一句话：孝，就是看着父母的脸色行事。父母高兴，跟着父母一起高兴，父母不开心，想着法子让父母开心。孔子学生子夏问孝于孔子，子曰："色难。有事弟子服其劳，有酒食，先生馔。曾是以为孝乎？"（《论语·为政》）随时给父母好的脸色、好的心情，才是最难的，也是最重要的。尽孝就在于让父母开心、安心、放心、顺心。一个只有懂得感恩父母的人，才能算是一个完整健全的人。用一颗感恩的心去对待父母，用一颗真诚的心去与父母交流，用一颗报恩的心去满足父母的心愿。

　　一位老母亲临终前放心不下老伴，把三个儿子叫到床前，让他们各自表态如何对待老父亲。老三说：我要像对待妻子那样疼爱老父亲。老母亲摇了摇头。老二说：我要像对待母亲您那样关心父亲。老母亲皱了皱眉。老大说：我要像对待自己的孩子那样哄着父亲。老母亲听了，笑着点了点头，慢慢合上了双眼。把老人当成孩子一样看，理解老人，善待老人，这是一层含义，而另一层含义是指把老人当成自己的孩子一样，哄着、顺着、牵挂着、呵护着。不让父母生气就是尽孝，待父母如同待儿女就是尽孝。在生活水平不断提高的今天，老人对精神生活的渴求变得更强烈、更迫切。孝心的儿女往往会细心体察和设法满足老人的精神需求。

第十三讲　人伦之乐与朋友之道

　　生命教育是让生命走向成熟的教育。生命走向成熟的根本，即充满爱的生命关系的建立。这种生命关系的建立，并非是一蹴而就的普遍的生命关系，而是从家庭扩展到社会，从亲人扩展到熟人进而扩展到陌生人，最后扩展到天地万物。因此，成熟的充满爱的生命关系的建立，首先是从家庭生命关系的建立开始的，亦即从亲情之爱开始的，但最后又必须超越家庭生命关系，超越亲情之爱。唐君毅说："人间的结合，最高的，是爱的结合。爱是相爱的人的生命间之渗融者，贯通者。爱破除人与人间之距离，破除人与人间各自之自我障壁，使彼此生命之流交互渗贯，而各自扩大其生命。所以爱里面必包含着牺牲。牺牲是爱存在之唯一证明。人类个人与个人间之爱，最真挚有力的，是父母对子女之爱，因为这是生命原始爱流之顺流而下。最诚恳可贵的，是子女对父母之爱，因为这是生命原始爱流之逆流而上。最深长隽永的，是兄弟姊妹之爱，因为这是生命原始爱流之枝分派衍。最细密曲折的，是夫妇之爱，因为这是一生命原始爱流，与另一生命原始爱流之宛转融汇。最复杂丰富的，是朋友之爱，因为这是不定数的生命原始爱流之纵横错综。这五种个人与个人间之爱，你至少必须有一种曾真正体验，不然，你须忽然悟到超个人与个人间之爱；再不然，你生命的泉源，将枯竭了。"①

第一节　家庭之爱与社会之爱

家庭既是人类社会的最基本细胞，也是每一个个体生命的诞生地。充分理解家庭存在的理性根据及其对个体生命存在的意义，乃是我们健康成熟而充满爱的家庭人伦生命关系的前提。

家庭何以存在？作为个体生命，我们何以需要家庭？或许最为自然的回答，便是性的满足和子孙的延续。但是，人类文化中之所以有家庭，根本上不在于人有性的要求以延续子孙。因为，人可以不必结婚，比如有人可以信仰宗教而不屑结婚；同时，即使结婚，配偶可能死亡；而且，结婚也可以无子。如果说家庭成立的根据是人的性本能，我们可以反问，性本能的发挥与满足，何必要等待家庭的成立呢？其他动物没有人类一样的家庭，又何尝不能满足其性本能呢？

另一方面，如果认为家庭的目的只是在满足性本能，那么，我们必须要面对这一现实：纯粹生物性的性本能本身，是可以向任何异性发出的。因此，纯粹从性本能出发，则"父子聚麀""兄妹结婚"就没有什么不可以的了。同时，假定家庭的根据只是在性本能，那么，当一些人将性本能看作是罪恶，比如若干宗教家所持的立场，那么废绝家庭就应该是当然的结论。所以，家庭存在的根据，不能从性的要求与延续子孙的目的上去设想。

有人认为，家庭成立的根据在于养育子女、保存种族。按照这种说法，父母纯粹是为了子孙而存在的，子孙又是为他们的子孙而存在的，现实存在的每一代人每一个人，无非都是人类保存种族的手段而已。如此类推，每一代现实存在的人类都是手段，那么，人类存在的目的便成为外在于人类自身的永不可达到的东西。这种说法，最终将完全消解掉人类一切活动

① 唐君毅：《人生之体验》第 56-57 页。《唐君毅全集》卷 3，九州出版社 2016 年版。

与组织本身的价值与意义。

人们看待家庭的存在，可以有不同的视野，或者"向下看向前看"，或者"向上看向后看"。如果以"向下看向前看"的视野来看家庭，个体生命似乎可以有家庭也可以无家庭，因为事实上有很多孤儿便是没有家庭的，一些宗教信仰者也是脱离家庭度过一生的；如此，人们自然可以怀疑家庭何以必须存在，并完全可以据此主张家庭不应当存在。

如果我们以"向上看向后看"的视野来看家庭，那么我们便发现，一个人存在，其家庭必已先存在，是先有家再有"这个"人的。如此，一个人便应该意识到，肯定其自身的存在，即必然肯定其父母和家庭的存在。这种基于个体生命存在而肯定家庭存在的意识，便是哲学意义上的"家庭意识"。因此，从生命存在意义上说，人不可无家庭意识。

或许人们会指出，"私生子""离异家庭"等现象的存在，表明"家庭意识"并非每一个个体生命的生命原动力或生命之根。客观上说，一个人可能是"私生子"，或者可能其父母在生他后即离婚，因此，此人并不是由父母养育而是由社会养育而成人。这一"客观现象"的存在，是不是使得"向后看向上看"所彰显的必然的"家庭意识"不成立呢？并非如此。恰恰相反，这些现象从反面反证"家庭意识"对于个体生命的普遍必然性。

因为，如果一人是私生子，或父母生他之后即离婚，此人必"终身引为遗憾"；如果此人在孤儿院，他必然会觉得，其他人都有父母而我独无，这是一件"悲痛伤心"之事。何以他会有"终身引为遗憾"和"悲痛伤心之感"呢？此种"憾""恨"之感的根据何在？身处此感的当事人，或者在理上并不自知，而只是"情不容已"。但我们可以指出，此"憾"此"恨"存在的"理性上的根据"，即是个体生命对自己的爱。

因为人爱其自己；而人又是由其父母相爱而生，则此父母相爱本身亦必然为可爱；所以，人必自觉的或不自觉的希望其父母继续相爱。如果我父母生我后即离婚，或者我是一私生子，则我便不知道我父母是否尚相爱。此"不知父母是否尚相爱"，便是我的"憾""恨"所从出之所。由此而言，此"憾""恨"的存在，恰恰证明，人是必然期望其父母的家庭继续存在的。人期望其父母家庭的继续存在，乃是"应当"的事。

人自己觉得自己不应当是一个"无家之子"，而现在竟为"无家之子"。"无家之子"这一存在状态表明，人的存在本身即有所"不完满"。换言之，人之"无家"，并不只是没有一个在人之外的"家"，而是人自己丧失了自己存在的一部分。此即意味着，对于他来说，"完全而无所遗憾的人"不存在了。不过，一个"无家"的人又"以无家为憾"，此即表明，人是肯定人"当有"家的。"肯定人当有家"即是一本真的原初的"家庭意识"的存在。由此而言，人不能无家庭意识而存在。

不管是"性本能说"还是"保存种族养育子女说"，都不足以说明家庭成立的根据。而家庭又是人之为人应当有的生命根基。如此，我们就可以明白，家庭存在的根据，一方面是对性本能的超化，另一方面则是人的超越性的自我生命的实现。家庭的成立，事实上是在规范性本能，以实践一种人化的道德生活。

家庭是由家庭成员各自从自己道德自我出发，以持续家庭关系的维持的。在家庭中的各个个体人，各以其精神自我、道德自我体验并保持家庭这一存在形式，从而共同建立此"家庭"，形成"家庭意识"。同时，在"家庭意识"的引导下，家庭成员彼此之间通过节制、牺牲以维护家庭的存在。

作为家庭的"一分子"，自己的一切行为，都应当受"其他家庭分子"的行为所规定或限制，以维护此家庭的存在。由是，每一"家庭分子"对"其他家庭分子"，都必须有自己的节制、忍耐、牺牲，而家庭成员彼此之间，则有同情、互助、相敬，等等。在家庭中，每一个自己所展现的节制、忍耐、牺牲等行为，是我的"超越自我"忠实于"家庭"这一"生命存在形式"，并实现其道德意志的生命行为。

需要明白的是，家庭中的"自我牺牲"，并不会导致对家庭成员现实欲求的绝对否定。在家庭意识的引导和支持下，每个家庭成员"互以对方之心为心"，各自表现自己的道德意志，实现自己的超越自我。在这个过程中，尽管直接目的不在于满足各个"现实自我"的欲求，但并不会导致各个"现实自我"对其"欲求"的绝对"否定"。因为，"互以对方之心为心"，一方面本身即包含有"对对方欲求的肯定"，希望对方能够得其所愿；另一方面也必然包含"对对方道德意志的肯定"。肯定"对方的欲求"，可能会导致自己的"自愿否定"，从而"牺牲"自己的欲求，以成就他人；但是，如果果真如此，这又是有违于对方"望我得所愿"之心的，是违背对方对我的道德意志的。所以，如果我们真正"以对方之心为心"，又必然依照我们对对方道德意志的肯定，转而再肯定我们自己正常的现实欲求。

在一般情况下，"互以对方之心为心"，绝不当也不会发展为道德心灵的抵触，而归于家庭成员的欲求；相反，应当发展为各个家庭成员通过对方之心以肯定自己的欲求，从而实现"现实自我"的生机发展，如此，使"欲求的肯定"本身，成为"超越自我"绝对超越性的表现。换言之，家庭人伦之于个体生命的意义在于，家庭生活在成就人的道德自我、精神自我的过程中，同时成就人的自然生命的欲求。

爱，就是责任。个体生命对于家庭人伦关系中角色之爱，便是对家庭的责任。反过来说，一个人对于家庭的责任不只是抽象的存在，而必须是具体地存在于家庭关系中。人之所以要为"家庭中人"尽责任，并不能在"家庭中人的存在"这样一个"经验事实"中去找根据，而是因为：我们每一个人都具有一种原始的"欲为人尽责"的"动机"。而人所具有的这种原始的"为人尽责"的动机，乃是依于人本有遍覆一切人的仁心仁性。所以，我们"为家庭尽责"，不是因为他们与我一样是"家庭中人"，而是人所具有的"仁心仁性"的呈现的开始。人"对家庭中人尽责任"，只是人"欲为人尽责"的动机的最初表现，是人之"仁心仁性"在家庭中的表现。人的"仁心仁性"，本无"局限"于"只表现在家庭中人"的意义，而是"遍覆一切人"的。对家庭成员的爱和对非家庭成员的爱，乃是源出于同一根、具有同一本，由家庭责任到社会责任，也不是由有血统关系到无血统关系的突变。所以，我们应该充分认识到，家庭责任与社会责任本无冲突；相应地，由家庭道德到社会道德，乃是同一性质的道德生活范围的扩大与顺展，是同一仁心仁性实现其自身的一以贯之的表现。

第二节　兄友弟恭的生命意味

在家庭人伦关系中，子女是父母爱情的客观化。子女的相继出生而有兄弟关系的成立，这是依于父母爱情的相继客观化而有的家庭关系。兄弟关系不以欲望维系，所以在现实境中并非必须相互依赖。兄弟之间，彼此知其人格的独立，同时彼此无功于对方之"所以存在"；另一方面，兄弟又知道他们是同一父母所生。因此，兄弟间的根本道德，是平等相敬、重相友爱，这是一种纯粹精神性的道德。

兄弟之间的这种纯粹精神性道德区别于同为纯粹精神性道德的"孝思"的地方在于，"孝思"的根据是我与父母之间是存在上的"直接关系"；而兄弟间的敬重友爱所自生，则源于兄弟皆为一父母所生，兄弟关系通过共同的父母而成，其关系是一种"间接关系"。兄弟友爱的道德理性根据，不能从分有父母物质身体上说明。通常言之，我们是可以说，兄弟友爱的根据，只需要他们是"同一父母所生"这一点就足够，或者甚至只需同父或同母所生即已足够。但是，在这里，我们不可以只从兄弟同时分有父母身体物质的一部分来说友爱所以产生的根据。从兄弟各分有父母身体物质一部分，只可以说明兄弟所以各成为独立的个体而各有其私，而不能说明兄弟间友爱之所以发生的根据。

何以同一父母或同父同母所生，就可以成为友爱发生的根据呢？我们必须透过父母本身生命精神的一贯性、统一性来给以说明。父母本身的生命精神，如果没有一贯性与统一性，而是在不同时间不同阶段有不同的表现，那么，其"客观化"所生的子女，将只能是分立的个体，如此，兄弟之间的情谊和兄弟间精神性的自然之爱，就不能从父母那儿寻找到根据。正因为父母生命精神一贯性与统一性的存在，作为父母生命精神客观化的子女，兄弟姐妹之间具有自然的"一心共命意识"，这种意识在每个独立存在的兄弟姐妹心中具有自然的一贯性和统一性，因为他们都是具有一贯性和统一性的父母生命精神的客观化。由于有这种自然的"一心共命的意识"，兄弟姐妹之间便存在相互间"以他为自"的精神性自然友爱。

既然兄弟友爱的根据是父母生命精神的一贯性和统一性，那么，原则上可以说，父母之间爱情能前后统一一贯者，其子女相互之间应当更富于友爱。基于对父母生命精神表现一贯性和统一性的肯认，既然父母之间爱情的一贯是应当的，那么兄弟姊妹之间的友爱也就是应当的。当然，这并不是说，缺少父母精神一贯性的兄弟姊妹就不应该友爱，恰恰相反，他们仍然应该培养友爱。如果父母生命精神缺乏一贯性、统一性，父母之间的爱情不一贯，则可以说，原则上会使得所生子女之间比较缺乏友爱。不过，父母生命精神的缺乏统一性、一贯性，以致父母间爱情不一贯，此乃是一"罪过"或"不得已"；同时也是父母失其本心本性，而未能循夫妇的常道。因此，即使是由此而缺乏自然之友爱的兄弟姊妹，仍然应当尽力培养彼此的友爱，教导以友爱。

兄弟姐妹之间应该友爱而且相敬，但是，弟妹对于兄姊应该主于敬，兄姊对于弟妹则应该主于爱。"敬"，是顺相互独立而个体化的自然趋势，肯定兄弟姐妹的个体化趋向，以此承认人格的独立。人如果只是相爱，可以皆无其私；但是，相敬，则允许各有其私。"各有其私而互承认其私"，是"敬"的一个基本含义。弟妹应当敬兄姊，与人应当"敬长"，是依于同一道德理性的。

人何以应当敬长？我们不能说，人之应当敬长的根据，只在于长者的智慧与知识比我多，或者长者总是比我贤明。因为，即使长者之智不多于我，其贤明的程度全与我同，单就其"长于我"一点而言，我就应当"敬"之。诚然，如果长者之"智"与"贤"的程度不及我，我可以不"敬"之；但是我如此做，是根据于我"不敬不贤不智"，而不是根据于我"不敬长"。

所以，"长"本身即有当敬之理。"敬长"乃是念及先我而在者的一种不能自已的情感。长之所以当敬，在于长者在时间上先于我而存在。时间上的"先存在"者，似乎并不包含"当敬"的意义，因为只是时间中的先存、后存，并不具有必然的价值含义。因此，要从"时间先后"来说明"敬长"的道德理性依据，我们不能只是从外在的时间存在的先后来看，不能只从"长者本身"在时间上的先存在性这一点来看，而必须从"长者"与"我"的关系出发，自生命内在来看。

"敬"是一种纯粹精神活动，因此，"敬"之所对，也只能是对方的精神活动。在"敬"的精神活动中，人所"敬"的，一定是人的"精神"而非其"形躯"。固然，人可以在看见他人的形躯时而对之致敬，但是，我此时的致敬，是念及此"形躯"乃是其"精神的表现"，我是在以"透过形躯"而"直达精神"的方式对此形躯施敬。所以，当我们站在一个"可敬之人"的形躯之前时，总会直觉到，其形躯好像被一种特殊的精神氛围所包裹；由此，其形躯亦宛若不可加以直接接触的神圣存在。这就是为什么我们对于可敬之人的形躯，往往会自觉地认为有一不可狎侮的性质。因为我们直觉地感受到，可敬之人的形躯为精神氛围所包裹，我们已经将此形躯精神化，精神化所以不可狎侮。

当然，也正因为人可以将形躯精神化而自觉不可狎侮，我们往往也会有将任何不可现实接触狎侮的对象精神化的趋向。我们对深远的事物，即总是将其精神化，由此觉得它有可敬之处。比如，我们在夜晚仰望天上的星空，自然就觉得有一种虔敬。这种虔敬的根据，在其深远而不可测，亦即不是我们的现实活动所能达到的。客观上说，对于天上的星空，从其隶属于现实的空间而言，原则上不是我的现实活动所不能达到的。但是，对于在我未生以前存在的人，则原则上是我的现实活动所绝对不能达到的。所以，"在我未生以前存在的人"这种存在，注定是在我的"理想境"中被肯定的；而在我的"理想境"中被肯定的东西，即为我的精神氛围所包裹。所以，当我念及先我而存在的人，假如他没有其他不可敬的地方，我就自然觉得他在一种精神氛围的包裹之中，因而是可敬的。这是我们"敬长"的真正根据所在。

承认他人之"私"，是本于我之"爱"。所以，相互承认其私的"敬"，实际上是"爱"的一种转化或变形。爱转化为敬，而曲成各人之私；敬与爱相辅，则个体生命虽然独立而各有其私，亦仍然可以不失其统一与联系。由是，相敬的兄弟姊妹，可各与他人结婚而不破坏手足情谊；可各于其结婚，不视为家庭的分裂，而视为家庭的扩大；家庭扩大，则爱敬随之而扩大。由是，生命的开展，同时也就成为道德生活的展开。

由此可见，"孝"与"友"是不同的。"孝"须要"忘我的个体"；而"友爱"中有"敬"，则互敬其个体，而不须"忘个体"。不须"忘个体"，即不悖生命中的个体化趋势，亦不悖生命应当开展的原理，如此可以使生命得到充分展开，同时也成就道德生活的展开。如此，人的生命状态，便不只是顺生命的自然开展趋势，一往下流，有分而无合，而是在"下流"展开的同时得以上溯、规范、引导，以成就大生命。

弟对兄之敬，根于兄先弟而存在；而兄对弟之爱，则根于其后我而存在。一般来说，我们对"后我而存在者"总会自然而然有"爱护"之意。"后我而存在者"，即在我最初存在时而尚未存在者；"尚未存在"的他相对于"已存在"的我而言是一个"虚位"。因此，当我想到他后我而存在时，即觉得他还是"虚位"时我已经是"实位"；由此我直觉我应当"以实位充虚位"。

唐君毅先生说："真正的爱，是爱他人的生命，同时是爱他人的人格。他人的人格，是独立自主的，都是价值之实现者，都可以实现无尽之善，上通于无尽之价值理想。所以爱里必须有敬，爱当同时包含敬，你施与人的爱与敬，必须平衡。假如你施与人的爱，过于你施与人的敬，他人在你热烈的爱之卵翼下，虽然感到你洋溢的爱流，可与他更多的温存；他会同时感到你的爱对于他的自尊心，是一种压迫；他或许会感一种不可名言的苦痛。其次，你敬他人的人格，是因为他可以实现无尽之善，上通于无尽之崇高的价值理想。然而你之敬他人，本于你之爱他人，你真爱他人，你当使他人成为更可敬。你当努力帮助他人实现其无尽之善，无尽之价值理想，以完成其人格，这是你对他人最深的爱。爱通过敬，而成了最深的爱。爱通过敬，而完成它自己，成为真正的爱了。"[1] "敬"的本质是"收敛"，由虚己而承托对方；"爱"的本质则是"发扬"，充实自己以包覆对方。"敬"源于直觉到"自己有所不足"；"爱"则源于直觉到"对方有所不足"。当直觉到"彼足而我不足"时，我即"以虚承实"，是为"敬"；当直觉到"彼不足而我足"时，我即"以实充虚"，是为"爱"。"敬"是现实活动的"纯粹超越"；"爱"则是现实活动的"自然扩展"，并在扩展中显现对最初现实活动的超越。

通常来说，"爱"是以现实活动的展开来使"未有者"成为"有"。所以，"爱"一般情况下总是面向愚者、弱者、贫者而施。而兄姊对弟妹的爱在于，"年长者"面对"年幼者"，即觉得"年幼者"多所不足；此"有所不足"本身，即可引发我对他的爱。所以，兄姊对弟妹，即使纯粹从"年龄较长"本身的意义而言，便应该包含有"多加爱护"之意。

第三节　诚信益友与友谊之道

在中国传统五伦生命关系中，夫妇、父子、兄弟，都是家庭人伦。在前面的讨论中，父母对子女的慈爱、子女对父母的孝爱、兄弟姊妹间的友爱、婚姻夫妇之间恩爱，都属于家庭人伦，由此延展的生命关系，是我们生命成熟的最基本最重要的人伦关系。但是，人必须从家庭走向社会，传统五伦中的朋友关系、君臣关系便是延展到社会生活中的生命人伦。

常言道：门内是家，门外是世界。人的生命成长和生活世界的展开，便是一个从家走向世界，同时又建构自己的家的过程。在这样的生命展开过程中，我们的个体生命不仅由原初的家庭人伦而来，又必然在走向世界

---

[1]　唐君毅：《人生之体验》第 58-59 页，《唐君毅全集》卷 3，九州出版社 2016 年版。

的社会化过程中建构超越家庭人伦的社会人伦。人伦，也就是人际次第关系以及维持这种关系的行为规则。人伦源于人们共同的社会生活，是人们对人类共同社会生活之理的自觉认识。《孟子·滕文公上》有言："人之有道也，饱食、暖衣、逸居而无教，则近于禽兽。圣人有忧之，使契为司徒，教以人伦。"换言之，人兽之分的根本就是人伦，而超越"近于禽兽"的根本，便是教以人伦。

个体生命的社会化，就是自然人成长为社会人的过程。它既是个体的一种终身转化，又是个体与社会的双向转化过程。社会化是一个贯穿人生始终的长期过程。

美国精神病学会设定的儿童"社会化"程度诊断标准包括：（1）至少有一个同龄的朋友，并且友谊至少维持六个月之久。（2）在看不到有什么好处的情况下能够主动帮助别人。（3）当他做了错事，造成了明显的不良后果，但未被人发现的时候，能够主动认错。（4）别人做了对他不利的事时，能够原谅别人，不指责也不告状。（5）对朋友或同伴的福利表示关心或者能够分享别人的幸福和快乐。如为别人生日、考试优秀、获奖等感到高兴，主动向别人祝贺。而成年人"社会化"的标准则界定为：（1）至少有一个知心朋友；（2）乐于助人（不是领导的指令和分摊义务），并为此感到快乐；（3）有错就改；（4）宽容，哪怕是别人做了多么对不起自己的事情，也要想到别人也有不得已之时；（5）与别人共享快乐、分担痛苦。

而从个体生命建构成熟的生命关系的生命教育维度说，朋友一伦的意义就更为独特。明代吕坤《呻吟语·伦理》言："友道极关系，故与君父并列而为五。人生德业成就，少朋友不得。君以法行，治者也；父以恩行，不责善者也；兄弟怡怡，不欲以切偲伤爱；妇人主内事，不得相追随；规过，子虽敢争，终有可避之嫌；至于对严师，则矜持收敛而过无可见；在家庭，则狎昵亲习而正言不入。"又言："惟夫朋友者，朝夕相与，既不若师之进见有时，情礼无嫌；又不若父子兄弟之言语有忌。一德亏，则友责之；一业废，则友责之，美则相与奖劝，非则相与匡救，日更月变，互感交摩，骎骎然不觉其劳且难，而入于君子之域矣。是朋友者，四伦之所赖也。嗟夫！斯道之亡久矣。"

那么，哪些人伦关系属于"朋友伦"呢？就现代社会生活和个人生命成长过程中的社会化内容而言，除了通常意义的狭义的"朋友"而言，同学关系（从小学到研究生的同学）、同事关系（工作事务中的同仁）、同道关系（如师生、学术合作团队）、同志关系（如政党和社会组织成员）等等，都属于广义的"朋友伦"。"朋友"是一种既突破了血缘关系，又不受政治所限制，而又有别于"众人"的一种具有典型性的特殊关系，这种关系是完全建立在道义的基础之上的。孔子把"朋友"列为五达道之一："天下之达道五，所以行之者三。曰：君臣也，父子也，夫妇也，昆弟也，朋友之交也，五者天下之达道也。"（《中庸》）

朋友一伦的重要作用，是由它的修身养性功能决定的。《论语·学而》云："学而时习之，不亦乐乎！有朋自远方来，不亦乐乎！"何晏《集解》引包咸曰："同门曰朋。""朋"是指同门生徒；"朋友"即指同门生徒间的志同道合者。友者，有也，佑也，助。故古代学者多以"有"释"友"。因此，所谓"朋友"，其本义当是同门生徒间互相保有、佑助的意思。

同门生徒间互相佑助，包括物质财富和道德学问两方面。就物质财富言，古人认为朋友间当有"通财之义"，如《论语·乡党》云："朋友死，无所归。曰：于我殡。"即以财物佑助朋友办丧事。又云："朋友之馈，虽车马，非祭肉，不拜。"何晏《集解》引孔安国曰："不拜者。有通财之义。"

《论语·公冶长》载子路曰："愿车马衣轻裘，与朋友共，蔽之而无憾。"《白虎通德论·三纲六纪》说朋友相处，"货财通而不计，共忧患而相救，生不属，死不托"。又说："朋友之际，五常之道，有通财之义，振穷教急之意。"

但是，同门生徒间互相佑助，主要还是体现在学问道德上。如早期儒家讲友道，多集中在同门生徒间的责善、辅仁和直谅多闻的道德学问的修养上。如《论语》开篇讲"有朋自远方来"，就是指同门生徒间讲习学问的乐趣。《易·兑卦》象曰："君子以朋友讲习。"《论语·子路》载孔子说："朋友切切偲偲。"

早期儒家学者还提出"以文会友"。如《论语·颜渊》载："曾子曰：君子以文会友，以友辅仁。"朱熹《论语集注》说："讲学以会友，则道益明。取善以辅仁，则德日进。"此"文"或"文德"，即学问道德，就是"道"。朋友相交，也就是以道相合。《荀子·大略》亦云："友者，所以相有也。道不同何以相友。"

文化活动本身就指向一个永恒的价值世界，它自然会对参与者形成一种本质的要求，要求他们多少要付出努力，洗练自己，才能在这活动中与他人达致沟通。例如在读书会中，不认真读书思考的人就会无法参与讨论而只好退出。所以，以文为媒介来会友，本质上就会对人的精神起一种提撕的作用，足以使人过滤掉他生命中混沌无明的部分，而单提出他自觉的、能清楚掌握的部分（这一部分我们或者即可称为自我的真实部分，或即直称为真理），然后，即可凭借这真实的部分去和别人沟通。由此我们可知，人之相沟通，是必须通过真理才可能达成的，而文化活动即是可激发这种真实沟通的合理媒介。

然后，曾子紧接着点明朋友相交的本质目的，即在互相帮助以修养其健全独立的道德人格。这层意思，其实是和上一句相为表里：正因为意在辅仁进德，所以才需要以文化活动为相交往的媒介。而且也正因彼此以文相会，所以自然会有以真理、以德性相砥砺之效。总之，内修德，外学文，原就是君子自处之要，而推之于外以交友，自亦无非如是。

朋友一伦属于修身的伦理，同门生徒间在学问上的讲习和道德上的责善，正是为了修身。故曾子曰："以友辅仁"，孔子亦说："友其士之仁者。"与其他家庭人伦和社会人伦相比，"朋友伦"的主要伦理体现在：

首先，朋友具有选择性。孔子曰："无友不如己者。"（《论语·学而》）孟子也说："一乡之善士斯友一乡之善士，一国之善士斯友一国之善士，天下之善士斯友天下之善士。以友天下之善士为未足，又尚论古之人。"（《孟子·万章下》）这里都提出来择友的问题。既然具有选择性，就有选择的标准问题。孔子主张，只有与贤人为友才有益。"益者三友，损者三友。友直，友谅，友多闻，益矣。友便辟，友善柔，友便佞，损矣。"（《论语·季氏》）又言："乐多贤友，益也。"（《论语·季氏》）所谓"益者三友"，不当理解为"三种有益的朋友"，而当理解为"益友的三种品格"。在这三种品格中，直与谅是就内在的德性而说，多闻则是就外在的知识文采而说的。朋友一伦的选择性还体现在，朋友伦理是"相对待"的伦理，即朋友双方互尽其伦理，若一方有某种缺失，便可绝交。如《论语·颜渊》载："子贡问友。子曰：忠告而善道之，不可则止。毋自辱焉。"

其次，朋友具有平等性。或者说，朋友的选择性决定了其平等性。所以，朋友伦理，是相交双方共尽义务、同享权利的平等伦理。如《易·系辞下》云："子曰：君子上交不谄，不交不渎。"无论是与比自己高贵的人相交。还是与比自己低贱的人相交，皆当保持一种不卑不亢、不媚不渎的平等态度。《孟子·万章下》云："孟子曰：不挟长，不挟贵，不挟兄弟而友。友也者，友其德也，不可以有挟也。"朱穆《与刘伯宗绝交书》对刘伯宗前躬后倨的态度表示不满，因而与之绝交，也体现了朋友间应该平等对待的意识。

再次，朋友之间责善辅仁。《孟子·离娄下》云："善，朋友之道也。"责善劝竞，以求道德之完善，是朋友相处之道。至于父子间，是不能以善相责的。兄弟之间，亦像父子一样。不能以善相责。《论语·子路》载："子路问曰：何如斯可谓士矣？子曰：切切偲偲，怡怡如也，可谓士矣。朋友切切偲偲，兄弟怡怡。"何晏《集解》引马融曰："切切偲偲，相切责之貌。怡怡，和顺之貌。"朋友以道义切磋琢磨，故施于朋友也。兄弟天伦，当相友恭，故怡怡施于兄弟也。

再其次，友道主诚信。孔子论友道，一再提到"信"字。他说："与朋友交，言而有信。""与朋友交而不信乎？"据《说文》："信，诚也。"即推诚布公之谓。朋友相交，以志同道合为基础，以推诚相待、倾心相结为特点，故古人把朋友之交称为"心交"。扬雄《法言·学行》说："朋而不心，面朋也；友而不心，面友也。"朋友一伦无尊卑等级，具有选择和平等性，其关系主要是靠诚信来维持，其特点是主爱、主情。孔子曰："上好礼，则民莫敢不敬；上好义，则民莫敢不服；上好信，则民莫敢不用情。"（《论语·子路》）"好礼"而尚"敬"，"好信"而"用情"，正可说明朋友一伦与其他人伦的区别。

　　说到朋友伦的"友道"，中国传统中有著名的"八拜之交"的说法。八拜之交，原表示世代有交情的两家弟子谒见对方长辈时的礼节，旧时也称异姓结拜的兄弟姐妹。后来演绎为指称八个著名的朋友之道的生命故事：知音之交（伯牙子期）、刎颈之交（廉颇相如）、胶漆之交（陈重雷义）、鸡黍之交（元伯巨卿）、舍命之交（角哀伯桃）、忘年之交（孔融和祢衡）、管鲍之交（管仲和鲍叔牙）、生死之交（刘备、张飞和关羽）。在这些故事中，都彰显着友道独特的生命意义。友谊是一种责任，是一种义务。人，不仅要对自己负责，也要对自己的朋友负责。友谊会使你先朋友之忧而忧，后朋友之乐而乐；会使你心甘情愿地去为朋友尽义务，毫无怨言地为朋友做贡献。友谊是愉快，是欢乐，是幸福。它会使一个人的人生感到充实、和谐。有了它，人就不会感到孤独；有了它，就会使一个人的人生变得更有意义和价值。

第十四讲　人际之礼与待人之道

不管是我与父母兄弟的亲情关系，还是与朋友同事的友情关系，抑或是与恋人的爱情婚姻关系，处在关系中的"我"总是直接面对关系的"对方"，我与"关系方"总是熟识的。这种关系本质上都是一种"熟人关系"。但是，在现实生活中，尤其是伴随现代社会生活的复杂化，"我"不得不越来越多地与各种各样的、不同途径的陌生人发生"关系"，而且这种与陌生人的关系构成了"我"自己生命成长的一个不可或缺的环节、部分。这种我们生命存在和生活实践中的一般意义上的人与人之间的情感关系，可以名之为"人情关系"；在这种"人情关系"中呈现出的生命道义，便是以礼相待的待人之道。而基于爱的本质中所具有的"报恩"意识，我们对于与我们一样的那些陌生人，同样应该给予爱。这种由我们人性深处升华出的爱，便是"仁爱"。

第一节　陌生人社会中的人性坚守

"他人"作为陌生人，在任何人类社会都存在。实际上，在一个人的生命存在和生活实践中，熟识的人始终只是人类社会的极少数，大多数人对于我们来说都是陌生的他人，我们实际上是生活在一个陌生的他人所构成的社会海洋中，或者说，这些陌生的他人，就是我们由熟人关系构成的生命之树存在的土壤。

在传统社会，由于生活空间的有限性和相对固定，我们大多数人一辈子基本上都生活在一个熟人社会之中。但是现在，中国正从一个传统的"熟人社会"向"陌生人社会"转变。这一转变是中国近代社会以来"三千年未有之大变局"的延续。到 2010 年年底，全国常住人口超过 500 万的城市已有 20 多个，其中北京、上海等特大城市的人口已达 2000 多万。社会学家说，中国已进入"陌生人社会"。

美国知名学者弗里德曼有一段关于"陌生人社会"的经典描述：我们一生都生活在陌生人的圈子里。当我们走在大街上，陌生人保护我们，如警察；或威胁我们，如罪犯。陌生人扑灭我们的火灾，陌生人教育我们，建筑我们的房子，用我们的钱投资。陌生人在收音机、电视或报纸上告诉我们世界上的新闻。当我们乘坐公共汽车、火车或飞机旅行时，我们的生命便掌握在陌生人手中。如果我们得病住院，陌生人切开我们的身体，清洗我们，护理我们，杀死我们或治愈我们。如果我们死了，陌生人将我们埋葬。

"陌生人社会"，是随着人员流动频繁，社会分工高度化发展的必然趋势。从过去的"熟人社会"走向"陌生人社会"，意味着经济规模扩大、人员流动性增强、公共服务的社会化程度提高。我们已经不可避免地生活于一个充斥着陌生人的世界。每一天、每个人身边，都遍布着形形色色的陌生人。陌生人越来越扮演着重要角色，正是那些看似与己无关，实则触手可及的陌生人，给予我们某种共同志趣的吸引或是沟通的可能。陌生人恰到好处地及时出现，以各自不同的形式满足着人们的内心需要。

某个夜幕降临的晚上，一女子加班归来，满腹牢骚委屈无处宣泄，遂坐上一辆出租车，恳请司机随意驾驶。一路上女子大派苦水，素不相识的司机俨然成了知己……巡行几个小时，钱花了不少，女子郁闷也得到了排解，遂心满意足下车回家……

　　一位白领说："生活中不可能总是充满阳光，我也常常感到疲倦、沉重、迷茫、伤心……一件小小的突发事件也会令敏感的自尊难以释怀，这时的我常冒出倾诉的念头，不是父母，不是朋友，而是倾诉给一个陌生人！"这番独白，真实代表了都市人面对生存压力的"亲陌"倾向。孤独寂寞或情绪低落的时候，喜欢到网上聊天。想象每一个 ID 或闪亮的 QQ 头像后是怎样一个陌生的面孔，怎样一个躁动的灵魂。网上聊天的意义，一方面在于你可以借此认识一些不同的灵魂，也在于常常可以在别人的影子中找到自己的影子。童年的回忆，爱情的伤痛，生活的颤音，自由的呐喊，甚至于那些内心最隐晦的躁动……有些时候，影子才是最真实的灵魂的投影。透过影子，你会发现层层包裹下的人们也与你一样有着最率真的一面。

　　小磊是一名自由摄影人，地道的"只爱陌生人"，坦言喜欢向陌生人倾诉喜怒，热衷和陌生人分享生活的感受和故事。在他看来，爱陌生人比较容易，因为"不需要太多了解，不用太多束缚"，就像一场无声息的电影，可以随时喊停。因为相识的记录一片空白，故而不存在距离问题，更不用担心有一天对方会跳出来将自己的心事四处宣扬。而在熟悉的环境里，人总有些想说不敢说的念头闪过，担心伤害到什么人、得罪什么人，担心被泄密。长此以往，令人压抑。面对陌生人，交谈变得自由，所有的顾忌一扫而光。能让感情得到宣泄，就像负重前行的人得到了喘息和休憩。

　　发源于澳大利亚的"抱抱团"行动，很快风靡全世界，美国、英国、加拿大等国家相继有人加入，号称传达一种"快餐式情感"，让每一个路人笑容绽开。参与活动有几项原则：不透露真实姓名、不留联系方式、不借机跟人约会或发生任何关系。一个拥抱，仅此而已。褪去行为艺术的表象，"抱抱团"行为反映了都市人内心深处的孤独及对于人际冷漠的介怀。而在国内，长沙、北京、西安、广州等城市也相继发起了由年轻人通过 QQ 群组织起来的"抱抱团"活动，其目的单纯：通过拥抱陌生人，对人际冷漠说"不"。

人们何以一方面防备、害怕、不信任陌生人，另一方面又试图在陌生人那里寻找安全感呢？这种外在的行为纠结彰显了人们的一种独特内心，那就是，人的内心始终在向往着温暖。人们对温暖的向往，是对人性的一种自然确证。

不管是熟人还是陌生人，有一点是相同的，他们都是人。而且，在面对熟人，我们往往更加在乎和信赖的，是他已有的各种社会身份，而不是他作为一个独立的人；但我们面对陌生人时，这些我们赖以建立信任感的社会身份都没有了，我们对他们的了解，唯一可以依赖的便是，他与我一样，也是一个人。因此，要真正领会针对陌生人的人情道义，我们必须了解和认识人之为人的人性。

人是什么？或者说，人之为人的基本天性是什么？古今中外有各种学说。从伦理角度说，就有性善论、性恶论、无善无恶论、有善有恶论，但真正产生重大影响的是性善论和性恶论。在中国思想史上，孔子在《论语·阳货》中最早提出了关于人性的论断"性相近也，习相远也"。孟子则是中国哲学史上第一个系统阐述"人性"问题的哲学家，他创立并完善了自己的性善论思想体系。荀子创立的"性恶论"则开启中国思想史性恶理论研究的先河，直接与孟子的性善论对立。

孟子所谓的人性，是人之所以为人的特性，是人区别于其他动物所具有的根本标志。他认为人的本质特征在于人具有"恻隐之心、羞恶之心、辞让之心、是非之心"这四心，这四心同时是孟子主张性善论的叙述起点。并认为这"四心"又可为人的四个"善端"，发展起来可以培养"仁、义、礼、智"这四德。孟子性善论理论的内容主要包括以下几个方面：（1）人人均有向善之心，即良知。"恻隐之心，人皆有之；羞恶之心，人皆有之；恭敬之心，人皆有之；是非之心，人皆有之"；"恻隐之心，仁之端也；羞恶之心，义之端也；恭敬之心，礼之端也；是非之心，智之端也。""人之四端，犹其有四体也"（《孟子·公孙丑》）。由此叙述线索可知，这向善的"四心"和"四端"是人先天具有的，这是孟子性善论内涵的前提。

（2）人人均有为善之能，即良能。孟子在论述人人皆有"为善之心"后，又论证了人们同时还具有"为善之能"，为"善心"向"善行"的转化提供了可能。他以为"仁、义、礼、智"这四德构成了人的道德能力即"才"。人们因为这种"才"就可能将四端扩而充之，发展到完善的程度成为圣人。又说，"若夫为不善，非才之罪也"（《孟子·告子》），如果人未能完善自我，成为"圣贤"，并不是他没有这种能力，而是能力没有得到发挥。

（3）人人都以其心尽其能。孟子在论证人天生具有"良知"和"良能"之后，提倡应发挥人的主观能动性，利用"良知"与"良能"加强道德修养，培养"善"。如"仁，人心也；义，人路也。舍其路而弗由，放其心而不知求，哀哉"（《孟子·告子》）。说明四心极易放失，要重视人的主观能动性，加强道德自律，坚定求善的信念，以免丧失"善心"。在这里体现人性要从善，道德自律的重要性。

荀子对人性的理解，是指人还未进入社会生活之前、生而俱有的自然本性，正所谓："凡性者，天之就也。"（《荀子·性恶》）可见，在荀子这里，人性主要是指自然生成的人的本能。它不具备孟子所说的"四心"或德性的"善端"。荀子的性恶论在肯定人性的不完善和自私基础上，提出要人为的培养德性，不能坐等人性的自行完善，必须用后天的人为节制来理顺先天不足的人性。在此过程中，荀子首先肯定人们皆具备"智能"，同时强调从外部以礼义制度方式来规范人们的行为和社会秩序。荀子在德性培养过程中肯定了人自身，因而人均可以通过学习和熏陶加强道德自律能力的培养，同时又强调礼义等制度规范对于改造人性的重要性，以一种外在机制形成道德他律约束人们的行为，二者相结合，使得德性的培养建立在道德主体的自律意义上的他律约束。

中国宋代大儒张载总结历史上人性善恶的争论，提出人性有两层，一是天地之性，一是气质之性。天地之性即禀太虚之气而成，太虚之气的本性也就是人和物的共同本性，是先天的本性，也是善的来源，"性于人无不善，系其善反不善反而已"[1]，天地之性对于人来说是好的，人接受的不同只在于善于反省和不善于反省而已。"气质之性"指每个人生成之后，由于禀受阴阳二气的不同而形成的特殊本性，说"人之刚柔、缓急，有才与不才，气之偏也"。气质之性是人性中恶的来源。张载主张改变"气质之性"，回到"天地之性"，通过学习克服追求外物的情欲，则能变化气质，从而恢复本来的善性，即"天地之性"。朱熹接受张载的思想，亦用天地之性、气质之性的概念来解决人性论的问题。从张载、朱熹的思路，我们可以更好地理解性善论的本质和意义。人性本善的"善"，并不是伦理学意义上善恶相对的善，而是在形而上学意义上的善，是一种向善的趋向性，可以名之为"向善性"。向善性是人性最本质性的存在，是"天地之性"。因为人都是愿意活下去的，愿意活下去即证明他承认自己的生命是善的，否则，他就会为他的"生""活"而感到羞愧。所以说，人性本质上是向善的。这种向善性是人间道德存在的前提，它表明人是可以做善事的；是人类教化存在的前提，它表明人是可以教好的；是人类未来存在的前提，它表明人类不会自毁前程。

第二节　现实生活世界的人道落实

基于对人性的理解，我们对待他人就应该遵循基本的人道立场。人道，即以爱护人的生命、关怀人的幸福、维护人的尊严、保障人的自由为原则的为人之道。人道的立场，根本上就是把人当人看，包括不把人当神看，也不把人当物看，而是把人当作一个真实的人看。

不把人当神看。在生活世界中，我们所面对的，始终是一个个处在现实生活中的具体的人。每一个具体的人，都有受限的生命经历，受限的知识和智慧，以及其他诸多受限的因素。因此，任何一个鲜活的生命个体，

---

[1]　张横渠：《张子正蒙·诚明篇》。

都可能因为一些自己都不一定意识到的"局限性"而犯错、受困。因为他们也都只是常人，不是神，不是可以自己解决所有问题的全知全能的神。因此，当我们面对需要帮助的陌生人时，我们不必一开始就以"批评""吃惊""怀疑"的态度面对，而应该是耐心地倾听。"倾听"是要让当事人"真实地"自我呈现其现实生活状态，包括生活矛盾、生活感受，等等，其根本的精神意义在于，我们将每一个现实生活中的个体生命不当作一个"完美者"，不当做"神圣者"，而是当作一个具有七情六欲、具有各种局限性的常人，以便帮助发现他所处的困境、困顿的真实性。

不把人当物看。现实生活世界中的人，都有自己的人格，有其自主性，有自己的思想、情感、情绪、认知和感受。因此，我们不能将任何现实生活中的人"工具化""器物化"，因为这样的方式都是将"这个"活生生的人"物化"，从而缺少了对"这个"真实生命的尊重。人和万物不一样，作为一个"存在者"，他不是一个如同一块石头、一棵树、一张桌子一般的存在者。人以外的所有万物的"存在"都是"Been"，是一个完成时态的、固化的"在者"，除非人参与其中，"该物"便总是以"该物"自然的方式一直存在。但是"人"的"存在"不是一个完成时态，而是一个进行时态，每一个人的存在都只是一个"Bing"，是一个正在进行着的、随时都可以发生改变甚至根本性改变的存在者。这就意味着，我们绝对不能用"固化"的眼光看待每一个人，不能用"固化"的眼光看待一个人的不同阶段。

把人当人看。当我们说一个人是人时，首先意味着，每一个单个的人都不仅仅是人类的一个实例，就像一片铜是铜的例子一样。每一个人本来就是存在和行动的中心，他的行动是他自己的。他们是什么与他们做什么之间是有差别的。做一个人是一种能动的过程，做一个人就意味着可能越来越成为一个人。因此一个人，不管可以是别的什么，他首先是一个具有自我意识的认识者，是一个能够连续不断地自我认同的能动统一体。

任何一个人作为"人"，具有一些永远不变的相同的"人"的因素：（1）自我意识。虽然一切动物都有意识，但唯有人类才有自我意识。我们不仅有意识，而且意识到我们是有意识的这个事实。（2）抽象思维和反思的能力。我们能够追求真理，并且具有某种区别真理和谬误的能力。（3）道德区分与选择自由。我们可以意识到"是"与"应该"的区别，我们能够按照我们的准则区分是非，并感到对我们的行为负有责任。（4）审美评价。我们追求审美的快乐并区分美丑。（5）区分生活的基本意义。我们能够决定生活是否有意义，那种基本的意义适合我们。就我们所知，狗、猫、猴、金鱼和树木都没有这种能力。（6）创造性。我们能够随时创作，不断发明、制造最复杂的工具；我们能够穿戴各种装饰品，在天空飞行，在大气层外遨游，在海底游弋；我们能够绘制全球的投影图。（7）社会性。我们极力追求友谊、组织和合作。我们处于与他人的关系之中，我们不是孤立的生灵。（8）具有形体。我们是与环境相互作用的身心统一的行为者。

由此我们可以看到，把人当人看，根本的就是在任何时候都承认一个人具有永恒不变的"人"的特性。当我们用"一个人"来回答"我是谁""你是谁""他是谁"这样的问题时，实际上就包含着特定的道德观念。因为，如果我看重人类本质中的天性，那我就是从根本上看重所有的人。因为我相信，每一个人的根本价值来自其存在，而不是来自其行为活动。他是一个人，这就是他的根本价值。由此，我们就会发展出一种基本的道德意识，既包括尊重自己，也包括尊重别人。我认为自己和别人都具有价值，因此，应该既关心自己也关心别人。因为，他人就是我，他人就是另一个我，他人就是那个不是我的我，他人就是我所不是的人。

由此，要做真正的人，就意味着在私人生活和公共生活中，我们应当关心别人，应当准备帮助别人。我们决不能冷酷无情蛮横无理。每一个人都应对任何其他人表达出宽容和尊重，以及相当程度的赞赏。由此，要做真正的人，就意味着：我们必须培养一种对于受难者的同情精神，并且特别关注儿童、老人、穷人、残疾人、难民和孤独者；我们必须培养相互的尊重和关照；我们必须以节制与谦和的意识取代对于金钱、特权和消费的不息的贪婪！弗洛姆在《爱的艺术》中说："一切爱的形式都以博爱为基础。我指的博爱就是对所有的人都有一种责任感，关心、尊重和了解他人，也就是愿意提高其他人的生活情趣。"博爱是对所有人的爱，其特点是这种爱没有独占性。如果我具有爱的能力，我就会去爱我周围的人。在博爱中凝聚着同所有人的结合，人的团结和统一。博爱的基础是认识到我们所有的人都是平等的。

其实，"把人当人看"本质上就是一种普遍化的"生命的态度"。所谓生命的态度，就是我们在面对他人时，在任何时候都要将他看作一个真实存在的个体生命。生命之为生命，在于它只有一次，不可重复。因此，我们对生命必须敬畏和关怀。

著名思想家史怀泽提出"敬畏生命"的理念，并因其"敬畏生命"理论获得诺贝尔和平奖。敬畏生命理论把生命整体性作为思想的逻辑起点，指出人的存在不是孤立的，有赖于其他生命和整个世界的和谐，否定了生命的价值序列，进而将人类的伦理关怀从人扩展至所有生物和整个世界，倡导所有生命相互平等和相互尊重，倡导人类建立与万物休戚与共、生死相依的密切关系。史怀泽的"敬畏生命"理念，不仅应该是我们与大自然和谐相处的重要理念，在我们面对陌生人的情感道义中，也应该成为我们最基本的生命态度。生命存在于相互联结之中，不仅个人的生命总是与其他人的生命休戚相关，整个人类的生命也与自然界的其他生命休戚与共。在这种整体的生命相关性中，每一个人都不再能够仅仅只为自己活着。我们必须意识到，每一个人的生命都有他自身的独特价值，在任何时候，我们都不能够故意伤害他人生命，或者对于伤害他人生命的行为熟视无睹。对一切生命负责的根本理由，实际上是对自己负责。因为，如果没有对他人生命的尊重，人对自己的尊重也是没有保障的。善是保持生命、促进生命，使可发展的生命实现其最高的价值；恶则是毁灭生命、伤害生命，压制生命的发展。

敬畏生命是我们面对生命时应该有的最基本的和一般的态度，是对生命存在的神圣性、唯一性、不可重复性的敬重。在现实的存在中，生命存在的状态是不一样的，对于那些受到伤害的生命，对于那些处于痛苦境遇中的生命，对于那些处于灾难中的生命，以及一切值得我们同情和关怀的生命存在状态，我们应当给予生命关怀。关怀是爱的实现和表达，是将他人当作与我一样的人，是像爱自己一样爱他人。

第三节　走向全球伦理的仁爱信念

人性论和人道的立场，只是为我们处理陌生人社会的"人情"提供了一个切入点，那就是，不管我们面对什么样的人，我们都需要尊重人性，并且把人当人看。要真正处理好全球化时代陌生人社会的人情关系，还需要有基于全球伦理的仁爱精神，并对这种仁爱精神保持高度的信心。

人道立场的确立，根本上是基于仁爱的信念。仁爱思想具有深刻的人性意识和丰富的社会观念。仁爱思想首先建立在突出和尊重人的地位的基础上。普遍的仁爱思想，几乎是全世界最为重要的文化系统和主要的宗教信仰的共同主张。基督教有博爱，佛教有慈悲，儒家则称之为仁爱。不管是博爱还是慈悲，所坚守的都是对一切人都以爱相待，即儒家所说的"仁者爱人"。

1993 年 8 月 28 日至 10 月 4 日，在美国芝加哥召开了一次由来自几乎每一种宗教的 6500 人参加的世界宗教议会大会，9 月 4 日，世界宗教议会通过并签署了《走向全球伦理宣言》[①]。《走向全球伦理宣言》从世界各大宗教和文化的道德准则中，提出了全人类都应当遵循的一项基本要求：每个人都应受到符合人性的对待！并以耶稣的名言"你们愿意人怎样待你们，你们也要怎样待人"和孔子的名言"己所不欲，勿施于人"作为支持。这条规则被称为仁爱的黄金规则。

---

① 孔汉思（Hans Kung）、库舍尔（Karl-Josef Kuschel）编，何光沪译：《全球伦理——世界宗教议会宣言》，四川人民出版社 1997 年版，第 3-37 页。

这条仁爱的"黄金规则"在各古老宗教和信仰体系中，都有充分表述。

最古老的说法，应该是出自于琐罗亚斯德（公元前 628—551 年）："对一切人、任何人、不论什么人都是好的东西，对我就是好的……我认为对自己是好的东西，我也该认为对一切人都好。唯有普遍性的法则才是真实的法则。"①

在儒家，当孔子（公元前 551—479 年）被问到"有一言而可以终身行之者乎？"的时候，他说："己所不欲，勿施于人"②。孔子还用不同的说法来表述过同一意见："我不欲人之加诸我也，吾亦欲无加诸人"③。基于儒家的立场，基于情感的自然特性，我们的爱是有等差的。我们总是爱自己的亲人更甚于爱其他的人。《孝经》曰："父子之道，天性也，君臣之义也。父母生之，续莫大焉。君亲临之，厚莫重焉。故不爱其亲而爱他人者，谓之悖德；不敬其亲而敬他人者，谓之悖礼。"但是，儒家所主张的这种等差爱，并不否定普遍爱。恰恰相反，儒家主张，依据这种自然天性的等差爱，逐步向外扩充，"老吾老以及人之老，有无有以及人之幼"，最后必然要求爱天下所有的人。这种对天下所有人的爱，源自于我们内在的心性。《弟子规》告诉我们："凡是人，皆须爱；天同覆，地同载。"我们所有的人都生活在同一片蓝天下，生活在同一块大地上，我们享受着同样的阳光，禀赋着同样的理智之光。这样一种"己中求同""异中认同"的智慧，是仁爱精神在面向陌生人时应该有的基本仁爱立场。这种爱，在基督教，叫作博爱，在佛教称为慈悲，在儒家，叫作仁爱。

耆那教的创始人即筏驮摩那（公元前 540—468 年）以"大雄"知名；耆那教的种种经典出于较晚的时期，其中也涉及黄金规则："人应当到处漫游，自己想受到怎样的对待，就应该怎样对待万物"④。"你认为该挨打

---

① 《神歌》43・1。

② 《论语》，"颜渊第十二"；"卫灵公第十五"。

③ 《论语》，"公冶长第五"。

④ 《苏特拉克里－坦加》1・11・33。

的，除了你自己以外便无任何人……因此，他既不对别人施加暴力，也不让别人施行暴力。"①

印度史诗《摩诃婆罗多》（公元前第三世纪）宣称，其"黄金规则"（它既有肯定表述又有否定式表述）乃是全部印度教学说即"整个达摩"的总结："毗耶婆说：你自己不想经受的事，不要对别人做；你自己想往渴求的事，也该希望别人得到——这就是整修的律法；留心遵行吧"②。

在圣经的《利末记》（或书于公元前第 7 世纪）中，希伯来版本的"黄金规则"是以正面方式表述的："要爱邻如己"③。圣经次经的《多比传》写于公元前 200 年左右，它包含有反面方式（这是多数"黄金规则"表述的方式）的版本："你不愿意别人对你做的任何事情，都不要对别人做"④。耶稣用一种正面形式表述了"黄金规则"，并说明它总括了全部律法和先知教导："你们要别人怎样待你们，你们也要怎样待他们"⑤；"你们要别人怎样待你们，就得怎样待别人；这就是摩西律法和先知教训的真义"⑥。

穆罕默德（公元第 7 世纪）据称曾宣布"黄金规则"为"最高贵的宗教"："最高贵的宗教是这样的——你自己喜欢什么，就该喜欢别人得什么；你自己觉得什么是痛苦，就该想到对别的所有人来说它也是痛苦。"还有："人若不为自己的兄弟渴望他为自己而渴望的东西，就不是真正的信徒。"⑦

基于对不同文化传统和文化信仰体系中共存的"仁爱"黄金规则的尊重，《走向全球伦理宣言》还依据"不可杀人""不可偷盗""不可撒谎""不

---

① 《阿卡兰苏特拉》5·101—2

② 《摩诃婆罗多》"圣教王"113·8。

③ 《利末记》19：18。

④ 《多比传》4：15。

⑤ 《路加福音》6：31。

⑥ 《马太福音》7：12。

⑦ 《圣训集》。

可奸淫"四条古训，针对当代世界的状况，表述了四项"不可取消的规则"：珍重生命、正直公平、言行诚实、相敬互爱。

一切人都拥有生命、安全和人格自由发展的权利，只要不伤害别人的同等权利。任何人都没有权利在肉体上或精神上折磨、伤害、更不用说杀害任何其他的人。要做真正的人，就意味着在私人生活和公共生活中，我们应当关心别人，应当准备帮助别人。我们决不能冷酷无情蛮横无理。每一个人都应对任何其他人表达出宽容和尊重以及相当程度的赞赏。

任何人都没有权利以任何方式抢夺或剥夺他人或公众的任何东西。进一步说，任何人都没有权利毫不顾忌社会和地球的需要而使用自己的财产。财富即使是有限的，也同时带来了责任，财富的使用应该同时服务于共同的福利。要做真正的人，就意味着：我们必须培养一种对于受难者的同情精神，并且特别关注儿童、老人、穷人、残疾人、难民和孤独者；我们必须培养相互的尊重和关照；我们必须以节制与谦和的意识取代对于金钱、特权和消费的不息的贪婪！在贪婪中，人丧失了自己的"灵魂"、自由、宁静和内心的和平，从而丧失了使其成为人的那些东西。

《走向全球伦理宣言》尽管是由世界主要宗教组织提出来的，但是因为它涉及人之为人的基本人性和人道原则，所以，其基本精神和理念，可以作为我们处理与陌生"他人"关系时的一个基本参照。

仁爱作为走向全球伦理的黄金规则，一方面会延伸出我们待人的一些基本原则；另一方面，也需要我们有对人、对世界的基本信心，而这种信心建立在对仁爱和人的向善性的信念基础上。

首先，是对人的向善性的信念。在根本上，人与人是互相亲爱的。人在相互见面打招呼时，总是会微笑的，这自然的微笑表示人根本上是欢喜他的同类的。微笑之下也许掩藏着互相利用的心理，良善的语言后面也许会有人们的私欲。但是，人们必须以良善作为面具，这即证明人们是忘不了良善的。世间也许有不爱名誉、无恶不作的小人，也许这些小人还会以他的罪恶为自豪，说他敢于为恶。但是，他如此说时，他的内心实际上是自以为他如此做是"对"的了。"对"的这一观念是他始终忘不了的。他自以为"恶"是对的，所以他为恶了。他误以"恶"为善，所以他为恶了。他实际上是依于人类根本的向善之心而后有为恶之事，因此我们可以说，恶人的善端是不绝的，恶人根本上也都是可以为善的。你只要使恶人不再以他的"恶"为善，他就将为善了。人们善"善"，善以其自身为善，善自己肯定它自己。人们恶"恶"，恶以其自身为恶，恶自己否定它自己。因此，善最后是要胜利的。你如果真如此信仰，就不会感觉到世界永远充满罪恶。

其次，是对世界变好的信念。充满罪恶的世界是否真可以变好，根本上取决于我们每一个人是否觉得自己可以变好。只要你好，世界便可变好；因为扩大你的好，便成为世界的好。世界的好坏，并不系于世界本身，而是系于你自己。你自己可以变好吗？你当然可以变好。因为当你问世界可否变好时，你根本上是希望世界变好，而且怕世界最终不会好。你问你可否变好时，你实际上是希望你自己好，怕你自己最终不会好。可见，你发出这样的问题时，你已经在取好舍坏了。你在取好，你在向好，所以相信你可以变好。因为你可以变好，所以，你应当相信世界真可以变好。

最后，是相信他人的信念。当你同人接近接触的时候，如果没有确切的证据，你不应该设想别人或许有不好的动机。这不仅是因为你如此可能误会而诬枉他人，因而犯莫大的罪过；而且是因为，当你的根本人生态度是向善时，你的第一念必然是想他人也与你同样的好善。你是常常希望看见他人之善的，如此，你就应该先从好的角度去看人。如果你随时都是先从不好的角度去看人，那么，你就需要认真反省了：你的精神可能在下降。你要想发现值得你对他谦恭礼敬的人，你必须有自然发出的对人谦恭礼敬的态度；你要想发现可以相信的人，你必须先有愿意相信人的态度。也许有一天你发现，你所相信的他人，其所表现的好都只是在表面的，其内心全不可问，因此你没有办法相信他了。但是，你最好仍然应该指出他表面的好，向他表示，我相信你是向好的。因为他还要"表面的好"，这一点确实是好的。你相信他是如此，他也将相信他自己是如此。他表面的好，将慢慢从他心的外层沉入他心的内层，进而成为本质的好。人与人之间的嫌隙，常常是由彼此的疑虑而产生的。彼此疑虑，造成更多可以疑虑的事实；彼此互信，便造成更多可以互信的事实。

第十五讲　大地伦理与待物之道

　　我们不仅生活在人类社会中，而且首先是生活在天地万物构成的这个世界上。阳光、空气、水，不仅只是自然物，也是我们人类赖以存在的有机的身体的一部分；微生物、植物、动物等各种生物，不只是我们维持人类自己生存的资源，也是与我们共存共在的地球伙伴；矿物、土壤、岩石等无机物，也不只是供我们人类征服的对象，同时也是我们赖以生存和发展的家园。早在一百多年前，恩格斯就冷静地告诫人类："我们不要过分陶醉于我们对自然界的胜利。对于每一次这样的胜利，自然界都对我们进行报复。每一次胜利，起初确实取得了我们预期的结果，但是往后和再往后却发生完全不同的、出乎预料的影响，常常把最初的结果又消除了。"[①]如今，人类开始进入到资源枯竭的生存时代：大地几乎被掏空，地表资源差不多被扫荡干净，海洋成为资源争夺的主战场……人与天地万物的关系错乱，已经严重影响到人类当然也包括我们每一个个体生命自己的生存。宋儒张载就曾经说："民，吾同胞也；物，物与也。"[②]所以，如何待物，就像如何待人一样，是我们生命成长中必须学习的功课。

---

① 恩格斯：《自然辩证法》，《马克思恩格斯全集》第20卷，第519页。

② 张载：《张载集》，章锡琛点校，中华书局1978年版。

第一节　现代环境意识的觉醒

环境意识的出现和形成，和人类一样古老，当人们对自身主体以外的自然环境及社会环境有所区别和认识时，就产生了环境意识。但是，只是到了近代以来，短短三百年间，由于科学技术的巨大进步，大大增强了人类对自然环境作用的方式和力量，以至于可以从整体上动摇和摧毁包括人类在内的人类生存环境系统，因此，人类的环境意识才真正觉醒。美国海洋科学家 R·卡逊 1962 年出版《寂静的春天》一书，被当作是人类现代环境意识跃升到环境科学阶段的开始。卡逊（1907–1964 年）1962 年发表《寂静的春天》时，美国已成为世界上经济最繁荣、科技最发达、生活最富裕的国家。当《寂静的春天》深刻地揭露 DDT 及其他农药对环境的危害，并把这种危害与核污染性质等同起来论述的时候，立刻在美国甚至全世界掀起了轩然大波。作者甚至受到了生命的威胁。

现代环境保护意识得到世界公认的第一次高潮，是 1972 年 6 月 5 日联合国在瑞典首都斯德哥尔摩召开的第一次人类环境会议，有 117 个国家的 1300 多名代表参加，其中政府首脑除瑞典首相帕尔梅外只有印度总理甘地夫人两人。会议 6 月 12 日通过的《人类环境宣言》，向当时世界上的 40 多亿人发出了人类"只有一个地球"，人类必须共同关心、共同爱护的号召。1980 年，"国际自然及自然资源保护同盟"在联合国环境规划署及其他国际组织的支持下起草并发表了具有重大国际意义的《世界自然资源保护大纲》，提出自然保护的主要目标是保持基本的生态过程和生命维持系统，保存遗传的多样性，保证物种和生态系统的永续利用。并且建议各国采取国际行动。1982 年 10 月 28 日，为了统一和规范人类对待大自然的行为，联合国大会第 37 届会议还通过了《世界大自然宪章》，比较全面地，系统地规定了世界各国和人民在利用和保护大自然方面应该遵循的原则和应采取的基本措施。1992 年 6 月 3 日到 14 日，在巴西里约热内卢举行了有 183 个国家的代表和 70 多个国际组织代表参加的联合国环境与发展大会。会议有 102 位国家元首或政府首脑出席，因此这次会议又被称为第一次"地球高峰会议"。会议通过的《里约环境与发展宣言》和《21 世纪议程》，是两个全世界进行环境保护的纲领性文件。两个文件都提出要建立"新的全球伙伴关系"，为今后在环境与发展领域开展国际合作提出了一系列指导原则和行动纲领，为建立国际新秩序进行了积极的探讨。因此也有人把《里约宣言》称为《地球宪章》。

在理论上，环境意识的觉醒，是对哲学意义上的"人类中心主义"的反思和挑战。"人类中心主义"又称人类中心论，指的是一切以人类的利益和价值为中心，以人为根本尺度去评价和安排整个世界的价值观和思维方式。人类中心主义的本体论与西方近代笛卡儿以来的主客二分以及机械论世界观密切相关。在这种世界观中，物质与精神是两种完全不同的、彼此不可还原的实体，各自遵循根本不同的规律。按照主客二分的机械论世界观，只有人是主体，非人的一切皆为客体；主体力图认识客体，认识客体就是为了征服、控制、操纵和利用客体。由此形成了人类中心主义的核心观念：第一，人的利益是道德原则的唯一相关要素；第二，人是唯一的道德代理人，也是唯一的道德顾客，只有人有资格获得道德关怀；第三，人是唯一有内在价值的存在物，其他存在物都只是具有工具价值，大自然的价值只是人的情感投射的产物。主客二元的机械世界观是人类中心主义价值观的哲学依据；而人类中心主义又支持了资本主义生产方式的贪欲，支持了资本主义工业文明的生态扩张；而这种贪欲和文明的生态扩张，则导致了全球性的环境污染和生态破坏，使人类深陷生态危机。

美国的诺顿把人类中心论划分为"强式"和"弱式"的人类中心论。所谓"强式的人类中心主义"，就是把满足人类个体的任何感情偏好作为价值标准，不涉及个体感情偏好的合理性和非合理性的问题，从而导致人类对自然无限度的开发和掠夺;"弱式的人类中心主义"则是把人类个体的理性偏好的满足作为价值的标准。诺顿认为,如果坚持弱式的人类中心主义,就会拒斥那种毁灭自然的行为,避免环境问题的产生。

很显然,人类中心主义有其自身的片面性:虽然也主张保护环境、维护生态平衡,但他们看不到生态破坏与人类商业贪欲和征服欲之间的内在联系。他们总以为,通过行为规范的调整就可以解决环境问题,人类可以通过更强的力量解决环境问题。实际情况是:人类必须抑制自己的贪欲,彻底改变自己的世界观与道德观,才能认清人类生存所面临的巨大危险。人类必须培养起与自己强大的物质力量(即改造环境、控制自然系统的力量)相匹配的精神力量和道德力量,才能保证正确使用自己的强大物质力量,从而才不至于用自己的强大力量毁灭自己。人类必须根本改变文明的发展方向,即改变资本主义方向和工业主义方向。基于此,"非人类中心主义"的观点被提出来。

非人类中心主义最重要的洞见在于:否认人类就是宇宙的最高存在,认为在人之上还有须对之心存敬畏的大自然;大自然以其客观的生态规律为权威律令:人类如果不保护地球上非人生命的生存权利,也会失去自己的生存权利。非人类中心主义的环境伦理学通过批判近代人类中心主义的价值观念,形成了生物中心论和生态中心论的环境伦理学,其中最有影响的当数三大非人类中心主义环境伦理流派,即"动物解放权利论""生物平等主义"和"生态整体主义"。

以辛格为代表的"动物解放论",从功利主义伦理学出发,认为我们应当把"平等地关心所有当事人的利益"这一伦理原则扩展应用到动物身上去。在功利主义看来,凡是能够带来快乐的行为就是善的行为,凡是带来痛苦的行为就是恶的行为。动物也能感受痛苦和快乐,因此我们有义务停止那些给动物带来痛苦的行为。

以雷根为代表的"动物权利论",其理论基础是康德的道义论伦理学。他从"人是目的"这一基本原则出发,认为人的价值完全是内在的,动物的权利和人一样，也是内在的和天赋的。不能因为动物缺乏像人一样的特性，就认为它们比人类具有更少的权利。所以动物的权利和人的权利都是不可侵犯的。

生物平等主义的代表人物是法国学者史怀泽和美国学者保罗·泰勒。史怀泽认为，完整意义上的伦理学应该是包括人以及其他生物在内的伦理学，由此他提出"敬畏生命"的伦理学。在他看来，"善是保持生命，促进生命，使可发展的生命实现其最高价值。恶则是毁灭生命，伤害生命，压制生命的发展。这是必然的、普遍的、绝对的伦理原则"。一切生命，包括动物植物的生命都是神圣的。因此，我们要善待生命，敬畏生命。保罗·泰勒提出"尊重生命"的伦理学，其核心思想是：有生命的自然物不是实现人目的的手段，而是具有其固有价值的存在物；人只是地球生物共同体的一个成员，人并非天生就比其他生物优越；对人的优越性观念的抛弃，就是对物种平等观念的接受。因此，所有的物种都是平等的，都拥有同等的天赋价值。人们必须对一切生命保持尊重。

非人类中心主义的环境伦理学企图通过放弃人类的主体地位来求得人与自然的和谐。但是，人类的这种主体地位是自然界长期进化的结果。人类认识自然和改造自然既是人类的生存手段，又是人类的生存目的。如果人类为了自然利益而放弃自己作为主体的认识自然和改造自然的实践活动，这样就走进了为保护自然而保护自然的误区。由此，进一步发展出生态整体主义的现代生态伦理学。

第二节　现代生态伦理的建构

生态整体主义从维护整个生态环境系统的整体利益出发，认为人和其他存在物一样，都是地球生态共同体的普通一员，不应当拥有其他存在物没有的特权。因此，人应该平等地对待生态系统中的其他成员，维护生态系统的整体和谐。基于生态整体主义的生态伦理学认为，人们的道德观和价值观通过道德规范而制约着人们对自然环境的行为；因此，人应该从哲学的高度重新反省人类与自然之间的关系，认识人类对自然环境以及自然中各种动植物的责任。"大地伦理学""深层生态学"和"自然价值论"，作为生态整体主义最具代表性的三种理论，从不同角度阐述了保护生态系统的伦理理由，可以看作现代生态伦理学的代表。

美国的利奥波德是现代美国生态伦理学的开创者之一，其《沙郡年记》则被誉为"现代环境主义运动的一本新圣经"。利奥波德提出"大地共同体"概念，他认为，地球（大地）是一个有生命力的活生生的存在物；大地是包括了土壤、水、植物、动物，或由它们组成的整体；人类和大自然的其他构成者在生态上是平等的；生物个体（包括人）在重要性上低于生物共同体。由此，利奥波德提出其"大地伦理"："一个事情，当它有助于保护生命共同体的完整、稳定和美丽时，它才是正确的；反之，则是错误的。"大地伦理是一种整体主义伦理学。他主张以整体的方式思考，而不是只从人的立场思考。应该把道德思考的焦点由个体转移到生命整体，将整个生命共同体，即大地当作道德主体。

大地伦理把生命共同体的完整、稳定和美丽视为最高的善，并不把道德地位直接赋予植物、动物、土壤和水这类存在物。由此，大地伦理并不反对打猎、垂钓等这些行为（不管是否是为了生存），只要这些行为没有危及生命共同体的稳定、完整和美丽。利奥波德大地伦理学的宗旨是要把"扩展道德共同体的界线，使之包括土壤、水、植物和动物，或由它们组成的整体，并把人的角色从大地共同体的征服者改变成大地共同体的普通成员与普通公民"。这就意味着，当伦理的边界从个人推广到共同体时，它的精神内容就相应增加了。许多伦理学家对大地伦理的整体主义提出了诘难，他们认为其整体主义给我们提供了一种对环境的法西斯主义式的理解。为了生命共同体的完整、稳定和美丽，个体得牺牲给更大的生命共同体的"好"。他们把此称为环境法西斯主义的论点。

挪威哲学家阿伦·奈斯于1974年创立了深层生态学。深层生态学认为，今日的环境危机是起源于现代人的价值观和生活方式。而现今所采取解决环境危机的方法是基于浅层生态学的。以人类中心伦理的肤浅方法去解决环境问题，这是无济于事的。深层生态学把生态环境视为人的自我的一部分，并把保护环境理解为自我实现的内在要求。深层生态学认为，环境危机的解除唯有凭借改变现代人的价值观念、改变人们的生活方式，培养生态良知。深层生态学肯定任何生命形式存在和发展潜力的平等性，主张人的自我实现与所有生命自我实现的统一，要求人类通过"自我实现"来维护生物圈的繁荣。

深层生态学包括了两个基本的最高准则：生物圈平等主义，自我实现论。"生物圈平等主义"与生物平等主义的基本精神大致相通，其基本的思路是：生物圈中的所有生物及实体，作为与整体相关的部分，他们的内在价值是平等的。生物圈中每一个生命形式都拥有生存和发展的权利：若无充足的理由，我们没有任何权利毁灭其他生命。"自我实现论"是奈斯借鉴于印度的佛教"自我"这一观念发展而来的。佛教的"自我"是一个与大自然融为一体的"大我"，而不是狭隘的"自我"。"自我"不仅包括我自己，单个的人，还包括所有的人、动物、植物、微生物和作为整体的生态系统、高山河流，等等。奈斯认为，自我实现的过程，也就是逐渐扩展自我认同的对象范围的过程。自我实现论是深层生态学提出的最重要的伦理学结论。

深层生态学提出了八个纲领：（1）地球上的人类与其他生物均有内在价值（天赋价值），其他生物的价值不能以对人类是否有实用价值予以衡量。（2）生命的丰富性或多样性是其内在价值的现实。（3）人类没有权利减少生命的丰富性与多样性，除非为了自身维持生命的需要。（4）目前人类对非人类世界的干扰过多，且情况正在迅速恶化。（5）繁荣人类生命和文化要降低现有人口的数量，而为了繁荣非人类生命，这种降低是必要的。（6）现有政策必须改变，这种改变影响经济的、技术的和意识形态结构的改变。（7）意识形态的改变主要在于注重生活质量，而非高标准的生活方式。（8）同意上述观点的人有直接或间接的义务加入到完成这一转变的任务行列中来。

美国哲学家罗尔斯顿提出自然价值论，试图通过确立生态系统的客观的内在价值，为我们保护自然生态系统提供一个客观的、孤立于人们的主观偏好的道德依据。其依据的伦理学前提是："人们应当保护价值——生命、创造性、生物共同体——不管它们出现在什么地方"。在自然价值论看来，价值就是自然物身上所具有的那些创造性属性，这些属性使得自然物不仅极力通过对环境的主动适应来求得自己的生存和发展，而且它们彼此之间的相互依赖、相互竞争的协同进化也使得大自然本身的复杂性和创造性得到增加，使得生命朝着多样化和精致化的方向进化。

罗尔斯顿的自然价值论提出三种价值：工具价值、内在价值和系统价值。工具价值：自然物的外在价值，在满足人的需求下所具有的意义。内在价值：一个生命有机体或有生命有机体参加的系统能够自主地适应环境以维持自己的存在，称之为生命有机体或系统的内在价值。系统价值：生态系统中所具有的一种价值，生态系统的价值不仅在于它能护卫某些完整的生命形式，更主要的是它充满创造性的过程。另外，生态系统的性能，对生命来说也是至关重要的。有机体只护卫它们自己的身体或同类，但生态系统却在编织着一个更宏伟的生命故事。有机体只关心自己的延续，生态系统则促进新的有机体产生，并使新物种和老物种和睦相处。自然选择来自生态系统，而且是被强加在个体之上的。个体是按既定的程序去繁殖更多的同类，但发生在系统层面的事情却远不止于此：生态系统力图创造更多的种类。

联合国环境规划署（UNEP，中文简称"环境署"）、世界自然保护联盟（IUCN）和世界自然基金会（WWF）等机构于1991年出版《关怀地球：一个永续生存的策略》一书。书中建议，建立以人为中心，保育为基础的"世界伦理"。"世界伦理"的要素如下：（1）每个人都是生命社区的一部分，这个社区是由所有生物所组成。这社区将人类社会和自然连成一体。

（2）每个人都有基本的平等的权利，这权利包括个人生存、自由和安全、自由思想、宗教、集会和结社、参与公务、教育等。没有人有权利剥夺他人的谋生方法。每个人和每个社会必须尊重这些权利；并负责保护这些权利。（3）保证每个生物获得人类的尊重，不论它对人类有何价值。人类的发展不应威胁自然的完整，或其他物种的生存。人类应该适当地对待所有生物，并保护它们免于残暴、受苦和不需要的杀害。（4）每个人应负起他对自然影响的责任，人类应保育生态过程及自然的多样性，并节俭地和有效率地使用资源，并保证再生性资源的永续利用。（5）每个人应公平地分享资源使用的利益与成本。每个世代所遗留的世界，应像他传承的一样，多样的和具生产力的。一个社会或世代不应该限制其他社会或世代的机会。（6）保护人类的权利和自然的权利是全世界的责任，它超越文化、意识形态和地理。

综合现代生态伦理的主要学说和思想，生态伦理或环境伦理的核心是"公平"与"和谐"。公平包括代际公平以及不同地域、不同人群之间的代内公平；和谐则是指全球范围的人与自然的和谐。以此为基础，生态伦理学提出了一些最基本的规范，包括：（1）不作恶原则。一种消极的义务，即不能伤害自然环境中的生命有机体。（2）不干涉原则。其含义包括物种平等和不限制有机体追求其自身"好"的自由。（3）忠诚原则。作为道德代理人，我们不应打破野生动物对我们的"信任"。违背此原则的最通常的例子是打猎、垂钓等行为。（4）补偿正义原则。要求那些伤害了其他有机体的人对这些有机体做出补偿，恢复道德代理人与道德顾客之间的正义的"平衡"。

同时，生态伦理学也提出了一系列化解尊重其他生命与人之间义务的冲突的原则：（1）自卫原则。如果其他有机体对作为道德代理人的人的生命和基本健康构成了威胁和伤害，他们将被允许消灭或伤害这些有机体来进行自卫。但这并不是由于人比那些有机体拥有更大的天赋价值，而是由于我们没有充足的道德理由来要求人做出牺牲，因为其他有机体也不比人拥有更大的天赋价值。而根据物种平等原则，人所拥有的天赋价值与其他生命是同等的。（2）对称原则。当人的非基本利益与动物的基本利益发生冲突时，并且这一非基本利益有悖于"尊重自然"的态度时，人必须放弃自己的非基本利益。如：为制造昂贵的"时髦产品"而捕杀动物、娱乐和消费性的打猎、垂钓等行为。（3）最小错误原则。当人的非基本利益与动物的基本利益发生冲突时，但这一非基本利益与"尊重自然"的态度并非"水火不容"时，人应该在尽量减少对动植物的伤害的前提下追求自己的利益。如：为修建博物馆而伤害动植物。（4）分配正义原则。公平的分配地球上的资源，使人和其他生命的延续都得到保障。（5）补偿正义原则。即当某个生物有机体被伤害后，对该伤害行为负责任的人必须对该伤害行为做出补偿，以修复道德顾客和道德代理人之间的平衡。

第三节　天人合一的生态智慧

在处理人与天地万物的关系时，除了应该充分意识到现代环境伦理或生态伦理学带给我们的启示，我们也应该从东方古老的生态智慧中寻求支持，将中国传统中悠久而优秀的"天人合一"的生态智慧融入现代人的生命意识中。"天人合一"是中国古代先哲关于"天人关系"反思的成果。其中的"三才统一""民胞物与""以时禁发""与天地参"等生态智慧，对于现代人处理与天地万物的关系具有重要的启示作用。

"三才"即天、地、人，是中国传统哲学的一种宇宙模式。它把天、地、人看成是宇宙组成的三大要素，又把它们联结为一个整体，突出体现了中国传统有机统一的自然观，凸显了中国古代先民对人与自然关系认识所达到的水平。《周易》以天地人三才统一为立论基点。"是以立天之道曰阴与阳，立地之道曰柔与刚，立人之道曰仁与义。"《周易》中的"三才之道"就是把宇宙万物归纳为不同层次而又相互制约的三大系统，系统又相互联结为一个有机整体。天、地、人是合而为一的，三者相互作用，共同构成一个统一的宇宙大系统。"夫'大人'者，与天地合其德"，即是说"大人"与天地合其德，共同化育天地万物。董仲舒也说："天地与人，三而成德。""何为本？曰：天、地、人，万物之本也。天生之，地养之，人成之。……三者相为手足，合以成体，不可一无也。"[①]他把天、地、人看作不可或缺的整体，三者合一，化育万物。王夫之对《周易》的思想进行了发挥，"天地之大德者生也。珍其德之生者人也。""而天地之德，亦待圣人而终显其功。"天地的"生"之德，只有人参与其中才能"显其功"，也就是说人的主观能动性与客观规律相协调，才能"显其功"。由此，天、地、人才能形成一个统一的整体。儒家"三才"并行的思想正是儒家"天人合一"思想中生态自然和谐观的体现。

"民胞物与"是儒家仁爱思想运用到自然的体现。儒家在论述人与自然的关系时给自然赋予了道德的含义，认为人尊重自然也就是尊重自身，关爱其他生物的生命就是关爱自身的生命，即以一种"仁"的情怀对待世间万物。《周易》早就把"生生"（即尊重生命，长养生命，维护生命）作为人的"大德"，正可谓"天地之大德曰生"。这里的"德"是天地生生不息创生万物、哺育万物成长的本性。既然人和物都是天地创生的结果，并在这个宇宙大系统中谁也离不开谁，那么，人类就应该尊重和珍惜每一物种的存在，用德性（即"仁"）去关怀爱护万物。孔子从仁学出发，提出了"知者乐水，仁者乐山"，要求人们热爱自然，体现了孔子仁爱的精神。孟子进一步发展了孔子"仁爱"的思想，主张爱护生命。他说："君子之于物也，爱之而弗仁；于民也，仁之而弗亲。亲亲而仁民，仁民而爱物。"他把"仁爱"由人与人的关系推广到了人与物的关系之中。荀子甚至把对自然的保护视为"王道"的基础，提高到了"圣王之制"的高度。董仲舒则明确主张把儒家的"仁"从爱人扩展到爱物，"质于爱民，以下至于鸟

---

① 董仲舒：《春秋繁露·官制象天》。

兽昆虫莫不爱。不爱，奚足谓仁。"他认为"仁"就是对自然万物一视同仁，把道德关心从人扩展到自然万物。宋代张载"民胞物与"的命题，最能体现"仁民爱物"的生态道德。"乾称父，坤称母；予兹藐焉，乃浑然中处。故天地之塞，吾其体；天地之帅，吾其性。民吾同胞；物吾与也。"他把天地之体当作自己的身体，把天地变化的自然本性当作自己的本性，人民都是我的同胞，万物都是我的朋友。

　　"以时禁发"是儒家"天人合一"思想所彰显出的生态道德规范，是指根据不同节令对捕杀某种生物的封禁和开放所做的明确规定。在儒家思想中，先哲们已经意识到生产和生活环境对人类生存的重要性，主张对待自然资源要"以时禁发"。《论语·述而第七》中说："子钓而不纲，弋不射宿。"即说他捕鱼用钓竿而不用网，用带生丝的箭射鸟却不射杀巢宿的鸟。虽然孔子生活的那个时代不存在今天意义上滥捕滥杀野生动物的问题，但他从"仁爱"的角度出发，为了大多数人的生存而反对毁灭野生资源，是一种适度的、可持续的生态思想，把保护自然提到了道德行为的高度。孟子主张对生态资源取之以度，用之以节。他说："不违农时，谷不可胜食也。数罟不入洿池，鱼鳖不可胜食也。斧斤以时入山林，材木不可胜用也。"[①]荀子进一步将"时禁"的思想系统化、具体化。他说："圣王之制也，草木荣华滋硕之时则斧斤不入山林，不夭其生，不绝其长也；……而百姓有余材也。"[②]对处于生长期的动物与植物，不能任意砍伐与捕杀。《管子·立政》："修火宪，敬山泽林薮积草，天财之所出，以时禁发焉。"《礼记·月令》：孟春之月"命祀山林、川泽，牺牲毋用牝。禁止伐木"。《吕氏春秋·义赏》："竭泽而渔，岂不获得？而明年无鱼；焚薮而田，岂不获得？而明年无兽。"《吕氏春秋·长利》："利虽倍数于今，而不便于后，弗为也。"

　　"与天地参"是"天人合一"思想升华出的终极生态道德，是天人和谐、天人合一的崇高生态境界。无数古代思想家都以此作为他们毕生追求的目

①　《孟子·梁惠王上》。
②　《荀子·王制》。

标。春秋时期，就已经提出了"与天地参"的观点。《国语·越语》云："夫人事必将与天地相参，然后乃可以成功。"意思是说，人事活动必须有自然天地的相参与、相配合，才可能取得成功。《礼记·中庸》则提出了"与天地参"的途径，"唯天下至诚，为能尽其性。能尽其性，则能尽人之性；能尽人之性，则能尽物之性；能尽物之性，则可以赞天地之化育；可以赞天地之化育，则可以与天地参矣。"这是儒家关于人在宇宙中的地位和人与自然万物关系思想精髓的集中体现。人通过"至诚"尽人之性，进而尽物之性，最终达到"与天地参"的境界。

儒家"天人合一"的生态智慧，对当代社会解决人与自然关系的恶化，提供了许多思想智慧。它蕴涵的整体意识、和谐观念、适度原则及管理措施，对人与自然关系的缓和有重要启示。

"和"的思想集中体现在"天人合一"观念体系中。"天人合一"思想追求人与自然之间相通与相和谐。儒家学者认为要实现整个宇宙的整体和谐，就必须使人与天地万物融为一体，做到"万物并育而不相害，道并行而不悖"，以达到天人和谐的崇高境界，进而强调人与自然处在一个和谐、不冲突的境遇下才能得到自然界的赐予与恩惠，反之则会饱受自然界报复的恶果。在人与自然的关系中贯通"和"的理念，协调二者之间的关系，既是对自身生存合理性的考虑，也是对包括人在内的大生态可持续发展的考虑。要实现人与自然的和谐发展，首先，要尊重自然的存在权利，有效保护地球上有限的物种资源；其次，要把人由"自然的主宰者"转变成"自然之子"。

"仁"的思想是"天人合一"思想的价值要求。在大力倡导环境保护的当代社会，处理人与自然的关系时应赋予"仁"以新的含义，融入"仁"的情怀，对自然万物赋予同情心、仁爱之心，把自然万物当作自己的同类一样关心和爱护；对自然界的山水花木飞禽走兽持有一种出自生命的关怀，而不是去占有它、主宰它、统治它。对物施予"仁爱"，有利于在人与自然之间建立一种具有道德情感的和谐关系。人类既然生活在自然界就要懂得珍爱自然，用一颗"仁爱"的心，把自然当作人生命的一部分；人类要像爱自己的生命那样爱护自然万物。因为人身体的"这个部分"一旦出现问题，就会危及人的生命。

"中"的原则是"天人合一"思想的现实原则。"中"是中庸概念的核心，有着无过无不及和因时而中的思想。在处理人与自然的关系中运用"中"的原则，对自然保持一种适度的开发，不能过与不及，对人克制过分的欲望，树立适度、节约的意识，对保护大自然的生态平衡意义重大。以一种"中"的原则爱护自然，保护自然，是对人类利益的最大保障。因此，一方面，要克制人类过分的欲望，人们满足自身利益不应以损害自然为代价；另一方面，要树立节约意识，过简朴低碳的生活，适度利用自然资源，节约自然资源，用可持续发展的眼光为后代的生存发展保留可供利用的自然资源。

从生命教育角度说，我们还需要强化"利用厚生"的教育。"利用以阜财"，是指只有开源节流、止役禁夺才可多生其财。阜财乃生财、多财。阜的本体是土地，但阜的本质却是生长。在生生不息的大地上，凡物皆生长；平治水土，使万物生长，这便是"利用"。但是，"阜财"还需要开源节源，止役禁夺，所以《后汉书·刘陶传》曰："无欲民殷财阜，要在止役禁夺，则百姓不劳而足。""厚生以养民"，是指滋养人民以使之贵生、重生、乐生。养民以厚生，首先是爱民，即"临下以简，御众以宽；罚弗及嗣，赏延于世。宥过无大，刑故无小；罪疑惟轻，功疑惟重；与其杀不辜，宁失不经；好生之德，洽于民心，兹用不犯于有司"。其次"在安民"，其三是教民。后来孟子将此养民思想予以充分阐发，形成重民、善民、尊民的民生主义。

如果从生命和人本的双重视角来重新审视利用和厚生，利用与厚生之间，实质上蕴含了一种本原性的生成关系：利用源于厚，厚的本质含义乃生。故而，利用源于生，利用也是为了生，利用最终必指向生。而"厚生"的首要语义，就是重生，即尊重、善待自然、万物、生命以及人之生的本性，唯有如此，才有可利用者；其次才是使其生，这就是滋养、养的含义。不过，使其生者，不仅仅是民，而且包括地球上的所有生命、所有物，以及整个自然世界。因为自然、生命、人，天生就有"使其生"的本性，所以才尊重、善待其生的本性。

现代责任伦理学家约纳斯强调："为了阻止包含在整个过程中的抢劫、物种退化和星球污染，为了预防星球资源的枯竭，甚至人为造成的世界气候不可救药的变化，一种新的简朴在我们的消费习惯中就非常必要了。""如果简朴是在保持地球的整体平衡这一长远视角上被要求的，那么，它就是未来责任伦理学的一个缩影。"①在中国传统智慧中，这种"伦理学"就是"利用厚生"。提倡利用厚生教育，就是通过引导人们重建生存方式，一是改变其死境化的自然环境生态状况，使自然全面恢复其自我承载力和自净化力；二是促进社会环境生态生境化，重建可持续生存能力和恢复社会自净化力。为此，人人必须学会利用厚生，且必须人人具备利用厚生之德。学会善待一切资源，善待所有的物和每一件用具、工具，爱护它们，使它们充分释放其使用价值。学会对物的节制，只买生活所需要的，不买自己所喜欢的。养成"生活所需要的"是一种必需的观念，"生活所喜欢"的是一种奢侈的观念、浪费的观念。学会节俭，以节俭为有德，以节俭为美，以节俭为生存幸福的基本准则，养成浪费就是犯罪、奢华就是违背人性、无限度的享乐就是违反天地良心，就会遭到谴责的生活态度和生存观念。学会使家庭生活低污染、无污染；学会个人生活低碳化、环保化；学会在家庭生活环境中，从各个方面相互督促、鼓励克服过度或无度的懒、馋、贪等恶习，养成理性、节制、节俭、勤劳的生活品质。

---

① ［德］汉斯·约纳斯：《技术、医学与伦理学》，上海译文出版社2008年版，第45、46页。

后 记

早在 2014 年年初，《生命教育十五讲》就列入了我们的写作计划，而且与出版社草签了初步协议。一方面，是因为我们在开设《大学生心理健康与生命教育》课程，需要有一个可以作为基本依据的讲课内容；另一方面，也是希望借此梳理我们对生命教育的一些基本认识，并尽可能以比较系的方式呈现出来。可是，写作提纲草拟了一次又一次，资料整理了一批又一批，我们关于生命教育的一些思考也透过《大学生心理健康与生命教育》教材（2014 年）、《身心灵全人生命教育》（2015 年）、《生命教育的思与行》（2016 年）、《生命教育演讲录》（2016 年）等著作有一些呈现，却始终没能实现撰写这"十五讲"的愿望。其中的缘由当然有很多，但主要的还是，自己希望能够透过"十五讲"呈现一个比较清晰的生命教育视域。

如今，《生命教育十五讲》终于脱稿，尽管还有些不甚满意的地方，但也算了却这份心愿，实现了我们对生命教育理解的一个转向性表达。"生命教育"本身并非一个独立的学科，作为一种教育理念，它有赖于其他学科提供学理的支撑。所以，我们在开展生命教育之初，就将"生命学"这一概念与"生命教育"这一概念并列，我们建立的研究机构就叫"生命学与生命教育研究所"。经过十年的思考与实践，我们对生命教育的理解与推展，已经从抽象的学理与教育实践转向到基于中华人文传统的具体的学理与教育实践，从"身心灵全人生命教育"转向"国学生命教育""儒学生命教育"的视角。这也是"十五讲"迟迟未能面世的一个原因。

《生命教育十五讲》以"儒学生命教育取向"为副标题，主要在彰显本书的基本学理定位。全书十五讲，大体可以分为四个部分：第一讲"生命教育的前世今生"，可以视作全书的导论。主体部分共十四讲，则是分别侧重于"生""死""活"三个关键字。

我们认为，生命是由生死两面构成的，或者说，生和死是生命存在的两面，是生命存在的两端。用孔子的话说，我们要理解生命，需要"扣其两端"，即分别了解和理解"生"与"死"。此"分别"了解，其实是"以生观死"和"以死观生"。第二讲"生命起源与生命诞生"、第三讲"生命成长与生命任务"、第四讲"生命困顿与生命守护"、第五讲"生命超越与生命境界"，这四讲，即是从生命的诞生、成长、困顿、超越去充分彰显"生"的内涵。第六讲"死亡处境与死亡难题"、第七讲"死亡权利与死亡准备"、第八讲"生命传承与生死态度"、第九讲"现代科技与生死伦理"、第十讲"生命困惑与生死智慧"，这五讲，则是从死亡处境、死亡权利、生死态度以及生死伦理、生死智慧充分展现死亡对于人生的智慧启迪。

　　"生"与"死"尽管是生命的两端，但并不代表生命的全部。"扣其两端"是为了寻找中间的答案。实际上，人生既不是纯粹的"生"也不是单纯的"死"，而恰恰是在"生"与"死"两端的中间，是生死之间的"活"，亦即通常人们所说的"生活"。"生活"，即是处于"生""死"两端的生命存在的现实呈现，这种现实呈现即是将抽象的个体生命置于具体而真实的生命关系之中。这些纷繁复杂的生命关系，一些现代生命教育实践者往往从人与自我、人与他人、人与自然、人与神灵的维度来概括。中国儒家则以"五伦"即父子、夫妇、兄弟、朋友、君臣来展现现实生活中的人与人的多元真实生命关系，又以人与天、地的关系来呈现其他维度的生命关系。本书则以中国儒家传统的"五伦"关系与"天地人"三才关系为基础，将现实"生活"中人的真实生命关系概括为人生五情，即夫妇关系的"爱情"、父子关系的"亲情"、朋友关系的"友情"、一般人伦关系的"人情"以及人与天地万物关系的"物情"。发乎情，止乎礼。"情"之所生，必须要求相应的"道义"，由此才可能构成人的价值生活与价值世界，亦即人的"情义人生"。本书第十一讲"天地之德与夫妇之道"、第十二讲"天伦之乐与父子之道"、第十三讲"人伦之乐与朋友之道"、第十四讲"人际之礼与待人之道"、第十五讲"大地伦理与待物之道"，这五讲，即是呈现现实"生活"中人的"情义人生"的内容。

　　《生命教育十五讲》可以视为我们生命教育研究与教学实践的一部转向性著作。在接下来的研究和教学中，我们将围绕"儒学生命教育"开展更为具体而深入的思考与实践，以让生命教育真正扎根于深厚的中华文化土壤；让优秀的中华文化通过现代生命教育的创造性转化而释放出新的生命力；根本上是让"华人生命教育"成为具有真正"华人"本色的生命教育。

本书是 2016 年浙江省教育科学规划立项课题"华人生命教育的发展与反思：海峡两岸生命教育范式及策略比较研究"（课题编号 2016SCG202）的成果。

何仁富　汪丽华

2017 年 12 月 26 日于桐乡

图书在版编目（CIP）数据

生命教育十五讲 ： 儒学生命教育取向 / 何仁富，汪
丽华著.--北京 ： 中国广播影视出版社，2018.7
ISBN 978-7-5043-8132-3

Ⅰ.①生… Ⅱ.①何… ②汪… Ⅲ.①儒学－生命哲
学－研究 Ⅳ.①B222.05

中国版本图书馆CIP数据核字（2018）第099917号

生命教育十五讲——儒学生命教育取向
何仁富　汪丽华　著

责任编辑：许珊珊
封面设计：宋晓璐·贝壳学术

出版发行：中国广播影视出版社
电　　话：010-86093580　010-86093583
社　　址：北京市西城区真武庙二条9号
邮　　编：100045
网　　址：www.crtp.com.cn
电子信箱：crtp8@sina.com

经　　销：全国各地新华书店
印　　刷：北京金康利印刷有限公司

开　　本：710毫米×1000毫米　1/16
字　　数：237（千）字
印　　张：16
版　　次：2018年7月第1版　2018年7月第1次印刷

书　　号：ISBN 978-7-5043-8132-3
定　　价：48.00元